임동석중국사상100

한비자

韓非子

韓非 撰 / 林東錫 譯註

〈韓非子〉

"상아, 물소 뿔, 진주, 옥. 진괴한 이런 물건들은 사람의 이목은 즐겁게 하지만 쓰임에는 적절하지 않다. 그런가 하면 금석이나 초목, 실, 삼베, 오곡, 육재는 쓰임에는 적절하나 이를 사용하면 닳아지고 취하면 고갈된다. 그렇다면 사람의 이목을 즐겁게 하면서 이를 사용하기에도 적절하며, 써도 닳지 아니하고 취하여도 고갈되지 않고, 똑똑한 자나 불초한 자라도 그를 통해 얻는 바가 각기 그 자신의 재능에 따라주고, 어진 사람이나 지혜로운 사람이나 그를 통해 보는 바가 각기 그 자신의 분수에 따라주되 무엇이든지 구하여 얻지 못할 것이 없는 것은 오직 책뿐이로다!"

《소동파전집》(34) 〈이씨산방장서기〉에서 구당(丘堂) 여원구(呂元九) 선생의 글씨

책머리에

이 책의 역주를 마치고 나서 '한비는 천재'라는 느낌으로 표현하고 싶다. '인간을 부리는(驅使) 방법'에서 말이다. '그 당시 어쩌면 이런 생각을 했을까' 그 발상에 놀라움을 금치 못하고 있다. 더구나 잔인殘忍할 정도의 관점에서 통치를 보는 눈은, 오늘 같은 법치 시대가 결국 출발이 그런 것이었나 할 만큼 두려움까지 앞선다. 말더듬이 한비는 그러한 사상을 언변으로 내놓기 어려우니 글쓰기에 매달렸을 것이다. 그 글은 정말 대단하고 충격적이다.

한비의 사상은 '성악설'에 기초를 두고 있다. 이익이 없이는 그 어떤 일도 시킬 수 없으며, 사람은 이익만을 위해 일을 한다는 대전제는 지금 이 시대의 현실을 보는 것만 같다. 부모자식 사이에도 강제와 이익이 없이는 움직이게 할 수 없다는 극단적 기준을 세우고 있는데 이해타산으로 맺어진 임금과 신하 사이에 무슨 인간적 호소가 필요하겠는가? 나아가 지배를 받는 백성이 어찌 지배자의 은덕이라는 기준에 의해서 움직이겠는가? 그러니 힘이 필요하고 칼이 필요하고 공포가 필요한 것이다. 그것을 직접 쓰면 폭군이요 악인이 되는 것이니 법이라는 거창한 그물을 만들어 명분으로 하되 위세와 권력, 나아가 생사여탈권을 그대로 집행할 수 있는 칼자루까지 쥐고 통치해야 한다는 주장이다. 따라서 자신의 말대로 움직였고 나아가 그로 인해 공적을 이루었다면 반드시 상을 내려야 하며, 이 두 가지가 병행될 때만이 군주는 그 자리를 잃지 않게 된다는 뜻이다.

인간이 너무 영악해졌다는 전제가 깔려 있다. "나라에 정책이 있으면 개인에게는 대책이 있다"고 자신하는 피지배자들에게, 유가에서 말하는 인의도덕

따위는 허울 좋은 하소연일 뿐 아무런 효과를 발휘할 수 없다고 하였다.

유가나 법가가 언필칭 들먹이는 법고法古는 앞으로만 흐르도록 되어 있는 시간의 논리에 전혀 맞지 않으며 다가올 미래밖에 없는 시간에서 창신創新만이 그 줄에서 떨어지지 않을 수 있는 절대적 가치라고 보는 것이다. 그 창신이 바로 법치요, 술수요, 궤휼詭譎이며 권병權柄이라는 것이다.

도가는 그 밑바탕에 세상의 네거티브 요소, 즉 결여성缺如性을 깔고 고차원적인 논리로 우리를 수긍하게 하는 맛이 있다. 그러한 도가에 근원을 두고 있는 법가는 이를 직접 실행에 옮기도록 강요하면서 효율의 극대화를 꾀하는 행동대원인 셈이다.

그 때문에 뒷사람들은 "도가·황로술·법가 셋은 모두가 같은 뿌리로서 한결같이 '인忍'이라는 대원칙에서 출발하였으나 그 '인'의 갈래가 다를 뿐이다. 그리하여 '인내忍耐'의 길을 터득한 자들은 노장老莊의 학술로 발전하였고, '은인隱忍'의 방법을 터득한 자들은 황로술의 일파로 흘렀으며, '잔인殘忍'으로 변질된 원리를 터득한 자들은 한비와 같은 법술法術로 변화하였다" 이르는 것이리라.

이 때문에 법가의 유가나 묵가는 마치 전쟁터에서 적군에게 인의를 부르짖는 것과 같으며 사람은 싸움을 싫어하지만 피할 수 없는 싸움이라면 어떤 술수를 써서라도 이기는 것이 옳다는 것이다. 이러한 논리를 한비는 아주 뚜렷하게 분석하고 있다. 그리고 이런 논리체계를 군주의 통치에 두어 그 때문에 그의 이론을 '군주론'이라 한다. 그러나 군주만을 위한 것이 아니다. 만물의 원리를 그에 맞추어보면 어디에나 잘 맞는다. 다만 소은少恩이라는 것에 대한 당송 이래 많은 문인, 나아가 유가를 신봉하는 이들은 격렬하게 이를 비판하고 나섰지만 이는 단장취의斷章取義한 것일 뿐이다. 시대가 바뀌면 일을 처리하는 방법도 달라야 한다. 전국시대 그 난마 같은 정세, 참혹한 생존 속에 어찌 인의도덕만 외우며 참고 또 참고 꿇어앉아만 있을 수 있겠는가?

물론 파괴적인 삶만을 강요한 것은 아니다. 뒤집어보면 해결책이 있다는 주장이다. 뒤집어보려고도 하지 않는 세태를 안타까워한 것이리라.

자! 이제 한비의 논리가 어떤 것인지 차분히 일독해 보기를 권한다. 그리하여 도리어 사람에 따라서는 반면교사의 지혜도 얻을 수 있으며 처세의 바른 길을 터득할 수도 있으리라. 고전은 큰 저수지와 같다. 그 물을 쓰는 자, 그리고 그 물을 뜨러 나선 자의 그릇의 크기, 나아가 왜 그 물이 필요한지에 따라 얻는 소득과 효용, 떠가는 양이 저마다 다르리라.

莎浦 林東錫이 負郭齋에서 적다

일러두기

1. 이 책은 《韓非子集解》(王先愼, 新編諸子集成本, 中華書局 2010 北京)와 《韓非子集釋》(陳奇猷. 河洛圖書出版社 1974 臺北)을 저본으로 하여 전체를 완역한 것이다.

2. 현대 백화어 역주본도 수집하여 참고하였으며 큰 도움을 받았다. 특히 《韓非子今註今譯》(邵增樺 臺灣商務印書館 1995 臺北)과 《韓非子全譯》(張覺 貴州人民出版社 1992 貴陽) 등은 구체적인 주석이 세밀하여 번역에 많은 참고가 되었음을 밝힌다.

3. 총 762장으로 나누었으나 이는 절대적인 것이 아니며 필자가 임의로 나눈 것이다. 아울러 매 장마다 일련번호를 매기고 괄호 안에 해당 편별 번호도 제시하여 찾아보기 쉽도록 하였다.

4. 각 편별로 전면에 간단한 해제를 실어 이해에 도움이 되도록 하였다.

5. 각 장마다 제목을 달았으나 이는 그 장의 전체를 아우를 수 있는 것은 아니며 필자가 임의로 작성하여 읽기 편하도록 한 것일 뿐이다.

6. 해석은 되도록 직역을 위주로 하였으나 일부 의역한 곳도 있다.

7. 한글 번역을 먼저 싣고 원문을 제시하였으며 원문은 줄바꾸기 등을 통하여 시각적으로 잘 통하도록 구성하였고, 문장 부호는 중국 현대 표점법을 따랐다.

8. 주석은 인명, 지명, 사건명, 역사 내용 등을 위주로 하되 이미 거론한 표제어도 반복하여 실었으며 이는 읽는 이로 하여금 다시 찾는 번거로움을 피하기 위한 것이다.

9. 매 장마다 여러 전적에 전재되거나 혹 이미 실려 있는 고사, 문장, 내용 등은 여러 사서史書 및 제자서諸子書, 유서類書 등에서 일일이 찾아내어 해당 부분 끄트머리 「참고 및 관련 자료」 난에 실어 대조와 연구에

도움이 되도록 하였다.

10. 부록으로 서발序跋 등《韓非子》관련 자료를 되도록 모두 찾아 실어 연구에 도움이 될 수 있게 하였다.

11. 해제에는 전국시대 법가의 개황과 한비자의 인물됨, 서적의 교주 상황 등을 실어 이해에 도움이 되도록 하였다.

12. 이 책의 역주에 참고한 문헌은 대략 다음과 같다.

❋ 참고문헌

1. 《韓非子集解》淸, 王先愼(撰) 鍾哲(點校) 新編諸子集成 中華書局(活字本) 2010 北京

2. 《韓非子集解》淸, 王先愼(撰) 新編諸子集成 世界書局(活字本) 1978 臺北

3. 《韓非子集釋》陳奇猷(校注) 河洛圖書出版社 1974 臺北 臺灣

4. 《韓非子》四庫全書(文淵閣本) 子部 法家類 臺灣商務印書館 印本 臺北 臺灣

5. 《韓非子》四部叢刊(本) 初編 子部

6. 《韓非子今註今譯》(上下) 邵增樺(註譯) 臺灣商務印書館 1995 臺北 臺灣

7. 《韓非子全譯》(上下) 張覺(譯注) 貴州人民出版社 1992 貴州 貴陽

8. 《韓非子》(上下) 〈漢籍國字解全書(本)〉 早稻田大學出版部 明治 44년(1911) 東京

9. 《韓非子》百子全書(本) 岳麓書社 1993 湖南 長沙

10. 《韓非子集釋》續修四庫全書本

11. 《春秋左傳注》楊伯峻(編) 中華書局 2009 北京

12. 《戰國策》林東錫(譯註) 東西文化社 2010 서울

13. 《老子》林東錫(譯註) 東西文化史 2010 서울

14. 《諸子平議》(兪樾) 新編諸子集成 世界書局(活字本) 1978 臺灣 臺北

15. 《群書治要》唐, 魏徵(等) 四部叢刊本

16. 《北堂書鈔》唐, 虞世南(等) 學苑出版社(印本) 1998 北京

17. 《意林》唐, 馬總(撰) 四部備要本

18. 《初學記》唐, 徐堅(等) 鼎文書局(活字本) 1976 臺北

19. 《藝文類聚》唐, 歐陽詢(等) 文光出版社(印本) 1977 臺北

20. 《白孔六帖》唐, 白居易(編) 四庫全書本

21. 《太平御覽》宋, 李昉(等) 中華書局(印本) 1995 北京

22. 《事類賦》宋, 吳淑 廣陵古籍刻印社(印本) 1989 揚州 江蘇

23. 《老子》林東錫(譯註) 東西文化史 2010 서울

24. 《商君書解詁》朱師轍 鼎文書局 1979 臺北

25. 《史記》,《漢書》등 二十五史 鼎文書局(活字本) 臺北

26. 《尚書》,《詩經》,《周易》,《禮記》,《公羊傳》,《穀梁傳》,《管子》,《墨子》,
    《莊子》,《列子》,《愼子》,《公孫龍子》,《吳越春秋》,《越絶書》,《國語》,
    《韓詩外傳》,《說苑》,《新序》,《晏子春秋》,《論衡》,《淮南子》,《呂氏春秋》,
    《孫子》,《吳子》등

27. 기타 工具書는 기재를 생략함.

해제

I. 先秦諸子學과 法家

1. 戰國시대 諸子學

서주西周 말 유왕幽王 때에 이르러 포사褒姒로 인해 신후申侯와 서융西戎의 난이 일어나고 이에 나라가 망하자 태자 宜臼(東周 平王)가 洛邑으로 도읍을 옮겨 다시 주나라를 일으켜 동주東周가 되면서 왕실의 위세는 급격히 저하되었고, 제후들 또한 패권 다툼에 여념이 없는 시대로 변질되고 말았다. 추상적이며 형식적이었던 예禮에 의해 소위 '봉건제封建制'라는 주나라 특유의 제도는 무너지고 오로지 힘에 의해 천하 질서가 겨우 유지되던 시기가 되었던 것이다. 그리하여 천하 권력은 제후 가운데 힘이 센 자에 의해 강압적으로 국제 질서를 이끌어가던 '패자霸者'에게 주어지게 되었고, 이 또한 불안전한 변화를 겪었지만 그나마 기치旗幟는 '존왕양이尊王攘夷'를 내걸었었으며, 중원中原의 제후국들은 명분도 지켜 '公'을 칭하기는 하였으나 이미 무너진 예교禮敎는 필연적 시대 변화에 따라 돌이킬 수 없게 되었다.

이를 한탄한 공자孔子가 '예교 회복'의 구호를 외치며 육경六經을 정리하고 주유천하의 길에 나섰으나 대세는 이미 기울고 만 상황이었다. 이에 난신적자亂臣賊子를 가려 포폄褒貶과 미언대의微言大義를 기준으로 《춘추春秋》를 저술하는 작업으로 생을 마치게 되었고, 이 기간, 즉 노魯 은공(隱公, B.C.722) 원년부터 애공哀公 17년(B.C.478)까지 242년간을 역사적으로는 속칭 '춘추시대'라 일컫게 되었다.

그러나 춘추 말에 이르러 각 제후국조차 경卿, 대부大夫들이 각기 자신들의 군주를 시해하고 왕권을 찬탈하며 이웃 약소국을 겸병하여 격심한 투쟁의 길로 들어서게 된다. 즉 중원의 진晉나라는 육경六卿의 발호 끝에 결국 삼진(三晉: 韓, 魏, 趙)으로 쪼개지고, 노魯나라는 삼환三桓, 송宋나라는 대씨戴氏의 난, 제齊나라는 진씨(陳氏, 田氏)의 찬탈 등을 거쳤으며, 그 밖에 소국들도 내부 혼란과 강대국의 공격을 견뎌내지 못하고 결국 역사 속으로 사라지면서, 남은 일곱 나라를 중심으로 국제 정세가 판도를 확정한 소위 전국칠웅戰國七雄의 시대가 진시황秦始皇의 천하통일 때까지 이어진다. 이 시기에 종주국 주나라는 아무런 실권은 물론 명분조차도 없는 존재로 전락하였고, 제후국들은 누구나 '王'을 참칭하며 심지어 한때 제帝를 칭하고자 국제 관계에서 명분 싸움의 알력까지 벌인 경우도 있었다.

이 시대의 기록은 유향劉向이 정리한 《전국책戰國策》에 자세히 나타나 있어 역사적으로 흔히 '전국시대'라 부른다. 따라서 동주의 전반기는 '춘추', 후반기는 '전국'시대인 셈이다.

특히 전국시대는 미증유의 치열한 전쟁과 복잡한 국제 관계, 온갖 사기와 궤휼詭譎이 난무하는 '상상할 수 있는 모든 일이 실제로 있었던' 시대였다.

이처럼 나라는 물론 개인들조차 온갖 참혹한 고통에 시달리자 선각자들은 저마다 자신들의 철학을 내세워 어떻게 하든 그러한 국면은 해결되어야 하고 인간을 그러한 질곡에서 구제해야 한다는 사명을 가지고 나서게 되었다. 이들은 집단을 이루어 자신들의 주의주장을 널리 알리기도 하고 제후 왕들을 찾아다니며 유세를 하기도 하였으며 도제徒弟들을 모아 교육과 실행에 온 힘을 기울이기도 하였다. 제자들은 그 스승을 '子'라 불렀으며 그들의 이론이나 언행을 기록하여 제목을 역시 '子'라 불렀다. 그 때문에 뒷날 이들의 학술을 흔히 '제자학諸子學', '선진제자학先秦諸子學'이라 한다. 이들 제자학은 중국 학술 분류의 '經史子集'에서 '子'에 해당하며 '文史哲'로 나눌 때는 철학에 속한다. 그러나 그 철학은 '순수철학'이라기보다 전국시대 특유의 국제 정세에 따른 천하관天下觀과 통치관統治觀을 나름대로 주창主唱한 '정치철학'이며 예교까지 무너진 상황을 수습하고자 나선 규범정립의 사회철학이다.

한대漢代에 들어서서 유씨부자(劉向, 劉歆)에 의해 이러한 제자학을 유가儒家, 도가道家, 묵가墨家, 명가名家, 음양가陰陽家, 종횡가縱橫家, 법가法家, 소설가小說家, 잡가雜家, 농가農家의 열 가지로 나누되 그중 농가는 정치적 주의주장이 약하다고 보아 열 번째의 '家'라 하여 흔히 '구류십가九流十家'로 불렀다.

즉 예교와 인의를 숭상하여 요堯, 순舜, 우禹, 탕湯, 문文, 무武, 주공周公을 종지로 삼고 공자를 지성선사至聖先師로 모시고 맹자孟子, 순자荀子로 이어져 오늘날까지 중국은 물론 동양 사상의 근간을 이룬 것이 유가이며, 자연과 무위를 종지宗旨로 황제黃帝와 노자老子를 모시고 열어구列禦寇와 장주莊周 등이 이어받아 뒤에 종교로까지 발전한 것이 도가이다.

그리고 겸애兼愛와 각고刻苦, 애타적 평화만이 전국시대 혼란을 해결할 수 있다고 믿었던 부류가 묵적墨翟을 시작으로 한 묵가이며, 사물의 이름과 명분이 정확하기만 하면 정치도, 국제정세도 해결될 수 있다고 주장한 공손

룡자公孫龍子, 혜시惠施 등의 주장이 명가이며 이는 인명학因名學이나 나집학 (邏輯學, Logic)으로 발전하기도 하였다.

음양오행을 기본으로 한 천지 자연의 순환을 바탕으로 길흉화복을 내세워 난국타파의 길을 찾고자 했던 부류가 추연鄒衍을 중심으로 한 음양가이며, 국제정세가 서쪽 진나라와 산동육국山東六國의 대립관계로 변질되자 합종(合縱: 六國聯合)과 연횡(連橫: 각국 개별적으로 秦과 우호관계 조성)을 주장하여 외교가를 풍미했던 소진蘇秦과 장의張儀의 주장이 종횡가이다.

무엇보다 본업(農事)을 권장하여 생산량을 늘리고 경제정책이 바로서면 나라 사이에 분쟁도 없어진다는 주장을 편 것이 허행許行 등의 농가이며, 일반 백성의 여론을 수렴하여 이를 정책 결정에 적극 반영하여야 한다는 주장이 소설가이고, 이상의 모든 제자들 주장을 발췌하여 종합적으로 재구성하여 통치의 자료로 삼고자 한 것이 여불위呂不韋를 중심으로 한 잡가이다.

2. 법가(法家)

그러나 이상 여러 학설이나 주장은 그 어느 것도 '오로지 힘만이 정의'였던 전국시대를 해결할 열쇠는 되지 못하였다. 예컨대 이것들이 개인생활이나 통치, 수양과 우주관, 사물에 대한 인식론 등에 많은 영향은 미쳤다 할지라도 전국시대 국제정세를 해결하기에는 너무나 무력한 논리들이었다. 더구나 현실적으로 눈앞에 닥친 난제, 죽고 사는 절박한 상황이

간단間斷없이 압박하고, 국파신망國破身亡의 변화가 나날이 벌어지고 있던 그 무렵, 공리허담空理虛談의 이론은 아무런 도움도 되지 못하였다.

이에 오로지 강력한 법으로써 무자비할 만큼 실행함으로써만이 통치를 이룰 수 있고 나아가 전국시대 국제정세 속에서 패자의 면모를 실천하며 끝내 천하통일까지 이룰 수 있다는 생각을 가진 급진적 개혁 사상을 가진 이들이 등장하게 된다. 인의도덕과 예교가 무너진 상태에서 더 이상 강제적 수단을 쓰지 않고는 그 어떤 일도 해낼 수 없다는 절박함과 이익에 의해 움직이는 인간 군상群像을 부릴 수 있는 것은 그 어떤 다른 인간적 호소로도 통하지 않는다는 인식이 팽배한 것이다. 법이란 치사治事의 준칙으로 만인에게 공리公理로 인정되기만 하면 통치, 법치의 정치도구로서 가장 강한 힘을 발휘한다고 믿은 것이다.

이러한 법을 빈틈없이 제정하고 사사로움 없이 적용, 평등을 추구하여 낭비요소를 없애며 효율성을 극대화하자는 중법(重法思想)이 바로 법가의 주장이었던 것이다. 그 때문에 사마담司馬談은 〈논육가요지論六家要旨〉에서 "法家嚴而少恩; 然其正君臣上下之分, 不可改矣"라 압축하여 정의를 내렸던 것이다.

이러한 법가 사상의 기원은 매우 일찍 시작되었다. 일반적으로 이 법가는 도가道家에서 비롯된 것으로 보고 있다. 즉 도가에서 '忍'이 분화되어 노장老莊은 '인내忍耐'로, 한대漢代의 황로술黃老術은 '은인隱忍'으로, 법가는 '잔인殘忍'으로 각기 갈 길을 달리했다는 것이다. 이에 대해 임윤林尹은《中國學術思想大綱》에서 "皆基于忍之一道, 忍之流別不同. 於是得其'忍耐'之途者, 遂成爲'老莊'之學; 得其'隱忍'之方者, 乃流爲'黃老'一派; 得其'殘忍'之變者, 遂有韓非之法術"이라 하였다.

이 때문에 사마천도 《사기史記》에서 도가와 법가를 하나로 묶어 '老莊申韓列傳'으로 처리하였으며 아울러 "韓非者, 喜刑名法術之學, 而其歸本於黃老"라 하였던 것이다.

물론 그러한 법가의 이론은 춘추시대 제齊 환공桓公을 보필하여 패자로 만들었던 관중管仲으로부터 시작되었다. 즉 동주시대가 시작되면서 이미 예교가 무너져 패자의 시대가 되었기 때문이다. 그 뒤를 이어 이회李悝는 《법경法經》을 지어 본격적인 체계를 세우기 시작하였고, 상앙商鞅에 이르러서는 드디어 진나라에서 직접 법치를 실행해 보였으며, 한비에 이르러 대성을 이룬 것이다.

한편 이러한 법가 사상이 유독 진秦나라에서 성공을 거두게 된 이유는, 사회 변화의 기본 원리대로 법가 역시 중원 각국 중에서도 가운데 있는 위衛나라나 한韓나라로부터 싹이 텄지만 이들 나라에는 이미 각기 자신들의 토종 사상이 뿌리를 내리고 있었고, 기득권 세력과 수구 권신들의 반발로 빛을 볼 수가 없었다. 이에 도리어 지나친 급진 사상이라 배척을 받게 되자 그러한 반발이 전혀 없었던 무주공산無主空山의 진나라에서 마음놓고 자신들의 이론을 펼쳐 실행에 옮겨 볼 수 있었으며, 진나라 역시 이러한 통치 방법을 필요로 하고 있었다. 이로써 마침내 진나라로 하여금 천하통일의 대권을 이룰 수 있도록 해 주었던 것이다.

이러한 법가 사상은 《한서漢書》 예문지藝文志에 "法家者流, 蓋出於理官. 信賞必罰, 以輔禮制. 《易》曰「先王以明罰飭法」, 此其所長也. 及刻者爲之,

則無敎化, 去仁愛, 專任刑法而欲以致治, 至於殘害至親, 傷恩薄厚"라 하여
그 장점과 폐단을 함께 논하고 있다.

따라서 마땅히 신상필벌信賞必罰로써 친소親疏나 귀천貴賤에 관계없이 법
앞에 일률평등－律平等이었으며, 효율의 극대화, 군주의 통치력 제고, 나아가
성악설性惡說에 바탕을 둔 강제성, 이익을 미끼로 한 유도, 공구恐懼를 무기로
구사驅使하는 방법이었다. 따라서 유가의 관점에서 송대에 이르도록 비판이
심했으나 결국 시대에 부응하여 혼란을 마무리 한 공의 일면도 없지 않다.

《한서》 예문지에 의하면 아래 목록에서 보듯이 그 무렵까지 법가 관련
전적은 다음과 같이 무려 10가家 217편篇이나 실려 있으며, 특히 《관자管子》
(管仲, 86편)는 도가의 유위파有爲派로 소속시켰으나 《수서隋書》 경적지經籍志
에는 법가로 보았으며 이제는 대체적으로 누구나 법가로 보고 있어 실제로는
11가에 201편이나 되는 셈이다.

《李子》三十二篇(名悝, 相魏文侯, 富國强兵).

《商君》二十九篇(名鞅, 姬姓, 衛后也, 相秦孝公, 有《列傳》).

《申子》六篇(名不害, 京人, 相韓昭侯, 終其身諸侯不敢侵韓).

《處子》九篇.

《愼子》四十二篇(名到, 先申, 韓, 申, 韓稱之).

《韓子》五十五篇(名非, 韓諸公子, 使秦, 李斯害而殺之).

《遊棣子》一篇.

《鼂錯》三十一篇.

《燕十事》十篇(不知作者).

《法家言》二篇(不知作者).

이상의 여러 법가는 그 주장과 주의에 따라 다시 5파로 분류하기도 한다.

(1) 첫째, 부강富强을 도모하고 실업實業을 장려하며 무용武勇을 권장한 이회李悝와 관중을 대표로 하는 상실파尚實派이다. 대표 저술로는 《관자》가 전하고 있으며 《사기》 관안열전管晏列傳을 참고할 수 있다.

(2) 둘째, 신상필벌과 엄격한 법치, 연좌법連坐法 등을 만들어 실질적인 통치에 적용한 상앙商鞅을 대표로 하는 상법파尚法派이다. 《상군서商君書》가 전하고 있으며 《사기》 상군열전을 참고할 수 있다.

(3) 셋째, 군주가 실권을 잃지 않도록 술術을 사용해야 하며 법집행의 중심을 군주에게 실어준 신불해申不害를 대표로 하는 상술파尚術派 이다. 저술은 전하지 않으며 《사기》 노장신한열전을 참고할 수 있으며 《한서》 예문지에 《신자申子》가 저록되어 있었으나 전하지 않는다.

(4) 넷째, 군주는 위세威勢로써 그 위치를 지키되 법을 최대한 활용해야 한다고 여겨 '군주론君主論' 쪽으로 기울기 시작한 신도愼到를 대표로 하는 상세파尚勢派이다. 《한서》 예문지에 《신자愼子》 42편이 저록되어 있으나 지금은 사라지고 청대 엄가균嚴可均이 《군서치요群書治要》을 근거로 집일輯佚한 《愼子》7편가 있으며 전희조錢熙祚의 교정본이 〈제자집성諸子集成〉에 실려 있다.

(5) 다섯째, 법法과 술術을 중시하고 세勢와 이利를 채찍과 당근처럼 사용하여 절대 권위를 이루어야 한다는, 종합적 대작을 이룬 한비를 대표로 하는 대성파大成派이다. 한대漢代에는 《한자韓子》, 송대 이후에는 《韓非子》라 일컬었으며 55편 그대로 전하고 있다.

Ⅱ. 韓非(B.C.280~B.C.233)

1. 생애

유물주의唯物主義 철학자이며 법가法家 대성파의 완성자이다. 그는 전국 말 한韓나라 서얼 공자이며 그의 아버지는 아마 한나라 이왕釐王이거나 환혜왕 桓惠王이었을 가능성이 있으나 구체적으로는 알 수 없다. 그는 전국말 가장 극심한 국제 정세와 특히 진秦나라의 세력이 곧 천하를 집어삼킬 시기에 태어났다. 그는 그러한 상황에서 앞서 법치를 주장했던 관중管仲, 자산子産, 오기吳起, 상앙商鞅 등의 주장이었던 형명법술刑名法術 이론에 심취하였고, 특히 신불해申不害가 자신의 조국 한나라 소후昭侯를 도와 치국강병을 이루 었던 시절을 역사적 교훈으로 삼고 싶어 하였다. 그리하여 뒤에 남쪽 초楚 나라에 가서 그 무렵 큰 스승이었던 순자荀卿에게 공부하였으며 그 무렵 초나라 출신 이사李斯와 함께 배웠던 것으로 알려져 있다. 이사는 한비에 비하여 훨씬 낮은 재능을 가지고 있었지만 곧바로 진나라로 들어가 여러 단계를 거쳐 높은 지위에 오르게 된다. 한비는 귀국하고 나서 여러 차례 한왕韓王에게 법치를 실행하여 부국강병을 이룰 것을 주장하였으나 한왕은 귀담아 듣지 않았다. 한비는 본래 말더듬이(口吃)로서 언담에는 자신이 없었고 게다가 그 무렵 권신들조차 그의 주장을 배척하던 터라 아예 글 로써 자신의 의견을 피력하고자 하였다. 그리하여 한비는 이미 〈고분孤憤〉, 〈오두五蠹〉, 〈내저설內儲說〉, 〈외저설外儲說〉, 〈세림說林〉, 〈세난說難〉 등 10여 만언萬言의 글을 저술하여 세상에 널리 퍼뜨렸다. 그 글이 마침 진왕秦王 정(政, 뒤의 진시황)에게 들어가 이를 읽은 진왕은 "내 능히 이러한 글을 쓴 사람을 만나 함께 교유할 수 있다면 죽어도 여한이 없으리라!"(嗟乎, 寡人得見此 人與之游, 死不恨矣! -《史記》)라며 자신의 뜻과 일치함을 감탄하였다. 이를 들은 이사가 그 자가 한비라고 일러주었고, 뒤에 진왕이 한나라를 공격하자 한왕은

한비를 진나라에 사신으로 파견하여 진나라의 공격을 늦추고자 하였다. 진왕
13년(B.C.234) 진나라 함양咸陽에 도착한 한비는 진왕으로 하여금 한나라는
존속시키고 대신 조나라를 치는 것이 진나라에게 유리할 것임을 설득, 유도
하면서 진나라 대신들의 오류도 함께 지적하였다. 그 때에 요가姚賈라는
인물도 자연스럽게 거명하게 되었다. 진왕은 한비의 계책을 따를 참이었다.
마침 한비를 마음속으로 기피하고 있던 이사는 한비가 진나라에서 중용
重用되면 자신의 위치까지 악영향을 미칠 것임을 직감하고 요가와 결탁,
한비를 모함하기 시작하였다. 나아가 진왕에게 한비는 자신의 나라를 위해
온 것이지 결코 진나라를 돕기 위한 것이 아님을 강조하고 나섰다. 그리하여
진왕에게 한비를 법으로 처리할 것을 강력하게 건의하여 마침내 진왕도
그를 법관에게 넘기는 상황이 벌어지고 말았다. 이 틈을 이용한 이사는 몰래
한비에게 독약을 보내어 자살하도록 협박하였고, 한비는 견디다 못해
운양(雲陽, 지금의 陝西 淳化縣) 옥중에게 자살하고 말았다. 뒤에 진왕이 자신의
결정을 후회하고 한비를 다시 찾았을 때 한비는 이미 죽은 뒤였다. 이상의
내용은 《史記》 韓非子傳(老莊申韓列傳)에 자세히 실려 있다.

   2. 학설

   그때까지의 제자학은 그 나름대로 전국시대의 얽히고설킨 국제 관계와
국내 혼란을 해결하고자 하는 역사 인식에 대해 대체로 두 가지 방향의
기본 견해를 가지고 있었다.

하나는 하夏, 은殷, 주周 삼대 개국 군주들의 덕치와 왕도를 이상으로 여겨 그 시대로 돌아갈 것을 주장하는 법고파法古派이다. 유가와 묵가가 대표적이며 하나의 보수주의인 셈이다.

다른 하나는 아예 새롭게 틀을 짜야 한다는 창신파創新派이다. 법가를 대표로 하며 개혁, 진보주의인 셈이다.

한비는 바로 이러한 창신파의 이론을 총결하였으며 그는 인류 사회의 진화와 변화는 피할 수 없는 것으로 시대에 적응해야 하며 그에 따라 법치 사회로 옮아가는 것은 필연이니만큼 먼 옛날을 그리워하고 본받고자 한다는 것은 논리에 맞지 않을뿐더러 그렇게 할 수도 없다는 주장을 가졌던 것이다.

그에 따라 한비는 "하후 때인데도 그 전 수인씨 때처럼 나무를 비비거나 뚫어 불을 지피려 한다면 곤이나 우가 웃을 것이요, 은주 시대인데 치수를 덕치로 삼는다면 탕, 무가 웃을 것이다. 마찬가지로 전국시대 지금 요, 순, 우, 탕, 무의 통치방법을 훌륭하다고 떠들고 다닌다면 지금 사람들이 웃을 것이다. 세상이 바뀌면 일도 달라지게 마련이며 일이 달라지면 그 변화에 대비해야 한다"(今有構木鑽燧於夏后氏之世者, 必爲鯀·禹笑矣; 有決瀆於殷·周之世者, 必爲湯·武笑矣. 然則今有美堯·舜·湯·武·禹之道於當今之世者, 必爲新聖笑矣. …時異則事異; 事異則備變 - 〈五蠹篇〉)라고 주장하였다.

그리하여 순경의 영향으로 성악설에 근거, 오로지 법만이 사람을 움직일 수 있으며 그러한 법을 강력하게 실행할 수 있는 조직이 바로 국가요, 그 국가를 바르게 쥐고 있어야 할 자가 왕이라는 구도를 설정하고 극단에 가까운 〈군주독제론〉, 〈군주론〉의 공포, 궤휼, 술術, 수數, 세勢, 위威, 권權, 병柄 등의 개념을 정립하게 된다. 그리고 그 실행방법은 신상필벌, 이익권의 독점, 임면권의 독단, 효율극대를 위해서는 인간성 소멸 등까지 내세워 유가와 묵가의 덕치나 예교, 혹 인간 본성에 호소하는 따위의 통치 방법에는 강한 거부감을 표시하였다.

그리하여 한비는 심지어 "명석한 군주의 나라라면 문자가 필요치 않으니 법을 교육 목표로 하면 되고, 선왕의 말씀도 필요치 않으니 관리가 스승이면 된다(明主之國, 無書簡之文, 以法爲敎; 無先王之語, 以吏爲師 - 〈五蠹篇〉)"라고까지 하였다. 그 때문에 장태염章太炎 같은 이는 "한비의 눈에는 나라만 보이고 개인은 보이지 않았으며, 집단만 보이고 외로운 자는 보이지 않았다"(韓非有見於國, 無見於人; 有見於群, 無見於孑)라고 비판한 것이다.

한편 그는 군주의 통치로서 "법은 널리 알릴수록 효용성이 크고, 술은 감출수록 군주의 통치가 쉽다"(法莫如顯, 而術不欲見 - 〈難三〉)라는 논리를 내세워 금법禁法은 명시하여 많은 백성들로 하여금 지키기 쉽도록 하고, 자신의 통치술은 속으로 숨긴 채 드러내지 않고 이것으로써 신하를 부려야 권병을 지킬 수 있다고 하였다. 법法은 양陽이요 술術은 음陰으로서 음양陰陽이 조화를 이루어야 명군明君이 된다는 것이 '군주론'의 핵심 논리이다.

이러한 법가의 논리는 그대로 진나라에 적용되었고, 그로 인해 진시황은 난마亂麻 같던 전국시대를 마감할 수 있었던 것이다. 이처럼 법가는 시대 요청에 따라 필연적으로 대두된 학술이요, 그러한 국세를 최대한 활용한 것이 진나라였던 것이니, 지금의 입장에서 법가를 시비是非나 호오好惡, 장단長短, 우열優劣로 평가할 일은 아니다.

Ⅲ.《韓非子》

《한비자》 책은 송대 이전까지는 《한자韓子》라 일컬었으나 한유韓愈 역시 '韓子'로 일컫게 되면서 혼란을 피하기 위해 《한비자》라 부르게 되었다. 《한서漢書》 예문지藝文志에 《한자韓子》 55편이 저록되어 있고, 《수서隋書》와 《구당서舊唐書》 경적지經籍志, 《신당서新唐書》와 《송사宋史》 예문지 등에는 모두 20권으로 되어 있어 지금 전하는 것과 일치한다.

북위北魏 때 유병劉昞의 《한자주韓子注》가 있었다는 기록이 있으나 자세히 알 수 없으며, 《신당서》 예문지에 의하면 윤지장尹知章의 주注도 있었다 하나 이제는 모두 사라지고 없다. 이렇게 보면 당 이전에는 한비자에 대한 연구가 그리 활발하지 않았으나 당송唐宋 유서류類書類 편찬이 유행하면서 거기에 인용된 일부 문장들은 뒷날 한비자 연구에 많은 도움을 주고 있다.

이를테면 당대 《군서치요群書治要》(魏徵), 《북당서초北堂書鈔》(虞世南), 《意林》(馬總), 《初學記》(徐堅), 《藝文類聚》(歐陽詢), 《白孔六帖》(白居易)과 송대 《太平御覽》(李昉), 《事類賦》(吳淑) 등이 그렇다.

한편 지금 전하는 최고最古 역주본은 원元나라 때 하변何犿이 말한 이찬李瓚의 〈주본注本〉이 있었으며 이는 《태평어람太平御覽》, 《사류부事類賦》, 《초학기初學記》 등에 인용되어 있어 그 주문注文을 근거로 보면 이찬은 송대 이전 사람으로 보인다. 다만 주가 천루淺陋하고 오류도 많은 것으로 알려져 있다. 〈하변본〉은 원나라 지원至元 3년(1337)에 나온 것으로 되어 있으나 명대 조용현趙用賢의 교주본校注本은 그보다 앞선 〈송본宋本〉을 근거로 한 것으로 이 역시 탈락과 오류가 심하다. 이 조용현의 〈교주본〉과 명대 주공교周孔敎의 〈대자본大字本〉은 일치하며, 청대 「사고전서四庫全書」의 《韓非子》는 이 주공교의 본을 싣되 조용현 본을 바탕으로 교정한 것이다. 다만 조용현 본은 연구 결과 억측과 원문을 고친 부분이 있는 것으로 밝혀졌다.

명나라 정통正統, 만력萬曆 연간에 〈도장본道藏本〉이 이루어지면서 그러한 오류 또한 바로잡지 않았으나, 대신 명나라 때 교정을 거치지 않은 것으로서 〈금본今本〉의 교수校讎 작업에는 상당한 가치를 지니고 있다.

한편《한자우평韓子迂評》은 명나라 때 오군吳郡 사람 유씨兪氏 성의 문무자 門無子라는 호를 가진 사람이 지은 것으로서 원나라 시대 하변의 〈교정본〉을 저본으로 하여 "구두를 찍고 글자를 알아볼 수 있도록 하고 간혹 하변의 주를 절충하였다"(句爲之讀, 字爲之品, 間取何氏注而折衷之)라고 밝혔으며 아울러 자신의 평론을 덧붙인 것으로 지금도 참고하고 있다.

청대 오자吳鼒는 다시 남송 〈건도본乾道本〉을 얻어 고광기顧廣圻의《한비자 지오韓非子識誤》에 부록으로 실어 출간, 지금 가장 뛰어난 작업으로 평가받고 있다.

그 뒤《한비자》에 대한 연구는 점차 활발해져서 왕념손王念孫의《독서 잡지讀書雜誌》, 노문초盧文弨의《한비자습보韓非子拾補》, 유월兪樾의《한비자 평의韓非子平議》, 손이양孫詒讓의《찰이札迻》등이 쏟아져 나왔으며, 왕선신 王先愼이 마침내 이를 종합하여《한비자집해韓非子集解》를 냄으로써 어느 정도 완성을 보게 된다. 그러나 왕선신의 이 작업 또한 대략적인 훈석訓釋에 그쳤으며 구주舊注의 오류를 바로잡지 못한 부분도 상당수에 이른다.

이에 다시 오여륜吳汝綸의 《한비자점감韓非子點勘》, 도홍경陶鴻慶의 《독한비자찰기讀韓非子札記》, 유사배劉師培의 《한비자각보韓非子斠補》, 윤동양尹桐陽의 《한자신석韓子新釋》, 고형高亨의 《한비자보전韓非子補箋》 등이 나오게 되었다. 그리고 진계천陳啓天은 이를 종합적으로 정리, 일본인들의 저작까지 참고하여 비교적 방대한 50만 자의 《한비자교석韓非子校釋》을 내어 문단을 나누고 표점을 가미하여 상세하게 작업하였다.

　근대에 이르러 다시 진기유陳奇猷는 《한비자집석韓非子集釋》을 내어 널리 활용되기 시작하였고 양계웅梁啓雄의 《한비자천해韓非子淺解》 또한 널리 알려져 있다. 한편 대만臺灣 상무인서관商務印書館의 《한비자금주금역韓非子今註今譯》(邵增樺, 1995)은 진계천의 《한비자교석》을 바탕으로 하여 백화어로 작업하였으며 진계천의 교열을 거친 것으로 비교적 자세하나 목차의 순서가 아주 다르게 바뀌어 있다.

　아울러 귀주인민출판사貴州人民出版社의 《한비자전역韓非子全譯》(張覺, 1992)은 세밀하게 주석을 달고 백화어로 번역하여 참고에 큰 도움을 주고 있다.

차례

❧ 책머리에
❧ 일러두기
❧ 해제
   Ⅰ. 先秦諸子學과 法家
   Ⅱ. 한비(韓非: B.C.280~B.C.233)
   Ⅲ.《韓非子》

韓非子 등

20. 해로解老

22. 세림상說林上

23. 세림하說林下

24. 관행觀行

25. 안위安危

26. 수도守道

27. 용인用人

韓非子 上

1. 초견진初見秦

2. 존한存韓

3. 난언難言

4. 애신愛臣

9. 팔간八姦

10. 십과十過

11. 고분孤憤

12. 세난說難

韓非子 를

30. 내저설상內儲說上 칠술七術

31. 내저설하內儲說下 육미六微

32. 외저설좌상外儲說左上

韓非子 ♣

33. 외저설좌하外儲說左下

34. 외저설우상外儲說右上

36. 난일難一

37. 난이難二

韓非子 둘

38. 난삼難三

39. 난사難四

40. 난세難勢

41. 문변問辯

42. 문전問田

43. 정법定法

44. 설의說疑

45. 궤사詭使

54. 심도心度

55. 제분制分

⊛ 부록

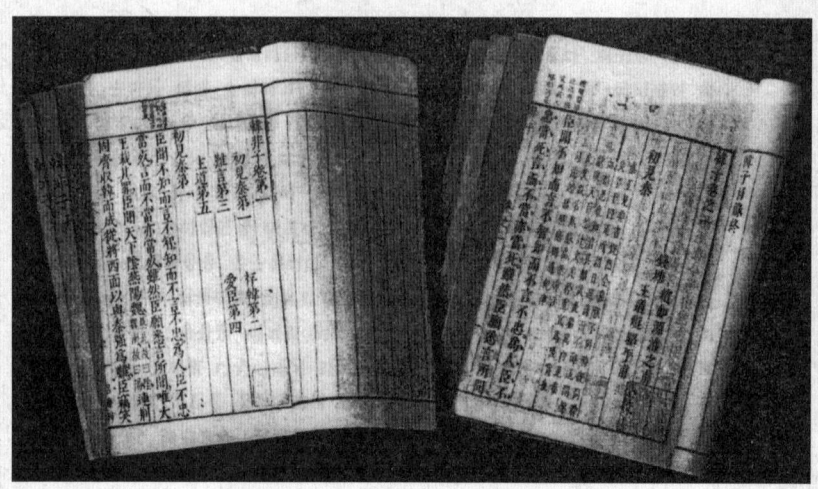

《韓非子》明 萬曆 6년(1578) 刊本

〈韓非〉夢谷 姚谷良(畫) "國無常彊, 無常弱. 擧法者强則國彊, 擧法者弱則國弱."

韓非子卷一

　　　　　　元　何犿註

初見秦第一

臣聞不知而不言不智知而不言不忠為人臣不忠當死

言而不當亦當死雖然臣願悉言所聞唯大王裁其罪

臣聞天下陰燕陽魏（燕北故曰陰魏南故曰陽）連荊固齊收韓而成

從將西面以與秦強為難臣竊笑之世有三亡而天下

得之（知三亡）其此之謂乎臣聞之曰以亂攻治者亡

以邪攻正者亡以逆攻順者亡今天下之府庫不盈倉空虛悉其士

民張軍數十百萬其頓首戴羽為將斷死於前不至

千人皆以言死白刃在前斧鑕在後而却走不能死也

非其士民不能死也上不能故也言賞則不與言罰則

不行賞罰不信故士民不死也今秦出號令而行賞罰

有功無功相事也出其父母懷衽之中生未嘗見寇耳

聞戰頓足徒裼犯白刃蹈鑪炭斷死於前者皆是也夫

斷死與斷生者不同而民為之者是貴奮死也夫一人

奮死可以對十十可以對百百可以對千千可以對萬

萬可以剋天下矣今秦地折長補短方數千里名師數

十百萬秦之號令賞罰地形利害天下莫若也以此

與天下天下不足兼而有也是故秦戰未嘗不剋攻未嘗

不取所當未嘗不破開地數千里此其大功也然而兵

甲頓士民病蓄積索田疇荒囷倉虛四鄰諸侯不服霸

王之名不成此無異故其謀臣皆不盡其忠也臣敢言

之往者齊南破荊東破宋西服秦北破燕中使韓魏土

地廣而兵強戰剋攻取詔令天下齊之清濟濁河足以

為限長城巨防足以為塞齊五戰之國也（謂五戰之迹闕）一戰

不剋而無齊由此觀之夫戰者萬乘之存亡（言禍敗）

也且聞之曰削迹無遺根無與禍鄰禍乃不存（言福敗言秦宜以齊為成）秦與荊人戰大破荊襲郢取洞庭五

欽定四庫全書

韓非子卷一

元　何犿　註

初見秦第一

臣聞不知而言不智知而不言不忠為人臣不忠當死

言而不當亦當死雖然臣願悉言所聞唯大王裁其罪

欽定四庫全書　韓非子

臣聞天下陰燕陽魏 燕北故曰陰 魏南故曰陽 連荆固齊收韓而成

從將西面以與秦強為難臣竊笑之世有三亡而天下

得之其此之謂乎臣聞之曰以亂攻治者亡 知三亡者 得天下

以邪攻正者亡今天下之府庫不盈囷倉空虛悉其士

民張軍數十百萬其頓首戴羽為將軍斷死於前不至

千人皆以言死白刃在前斧鑕在後而却走不能死也

非其士民不能死也上不能故也言賞則不與言罰則

不行賞罰不信故士民不死也今秦出號令而行賞罰

《韓非子》四庫全書 文淵閣本(電子版)

韓非子集 三十卷

光緒丙申孟夏十二月刊

初見秦第一 注。顧廣圻曰戰策
　　此篇作秦始皇案韓非本傳云人
　　或傳其書至秦秦王見孤憤五蠹
　　之書曰嗟乎寡人得見此人與之
　　遊死不恨矣李斯曰此韓非之所
　　著書也秦因急攻韓韓王始不用
　　非及急乃遣非使秦秦王悅之未
　　信用李斯姚賈害之下吏治非非
　　死雲陽是此篇乃上始皇書史記
　　秦始皇本紀六年韓非使秦秦用
　　李斯謀留非非死雲陽年表十四
　　年韓使非我殺之並是也

　　臣聞不知而言不智知而不言不
　　忠當死言而不當亦當死

臣昧死願望見大王言所以破天下
之從與唯大王裁其罪亦。先慎曰
　　難韓王難裁皆度字譌其作裁皆
　　非。

臣聞天下陰燕陽魏連荆固齊收韓
　　而成從將西面以與秦強為難臣
　　竊笑之世有三亡而天下得之其
　　此之謂乎臣聞之曰以亂攻治者
　　亡以邪攻正者亡以逆攻順者亡
　　今天下之

《韓非子》續修四庫全書本

臣聞不知而言不智，知而不言不忠，為人臣不忠當死，言而不當亦當死。雖然，臣願悉言所聞，唯大王裁其罪。臣聞天下陰燕陽魏，連荊固齊，收韓而成從，將西面以與強秦為難。臣竊笑之。世有三亡，而天下得之，其此之謂乎！臣聞之曰：以亂攻治者亡，以邪攻正者亡，以逆攻順者亡。今天下之府庫不盈，囷倉空虛，悉其士民，張軍數十百萬，其頓首戴羽為將軍，斷死於前不至千人，皆以言死。白刃在前，斧鑕在後，而卻走不能死也，非其士民不能死也，其上不能殺也。言賞則不與，言罰則不行，賞罰不信，故士民不死也。今秦出號令而行賞罰，有功無功相事也。出其父母懷衽之中，生未嘗見寇耳，聞戰頓足徒裼，犯白刃，蹈爐炭，斷死於前者皆是也。夫斷死與斷生者不同，而民為之者，是貴奮死也。夫一人奮死可以對十，十可以對百，百可以對千，千可以對萬，萬可以剋天下矣。今秦地折長補短，方數千里，名師數十百萬，秦之號令賞罰，地形利害，天下莫若也。以此與天下，天下不足兼而有也。是故秦戰未嘗不剋，攻未嘗不取，所當未嘗不破，開地數千里，此其大功也。然而兵甲頓，士民病，蓄積索，田疇荒，囷倉虛，四鄰諸侯不服，霸王之名不成，此無異故，其謀臣皆不盡其忠也。

臣敢言之：往者齊南破荊，東破宋，西服秦，北破燕，中使韓、魏，土地廣而兵強，戰剋攻取，詔令天下，齊之清濟濁河足以為限，長城巨防足以為塞。齊，五戰之國也，一戰不剋而無齊。由此觀之，夫戰者萬乘之存亡也。

且臣聞之曰：削株無遺根，無與禍鄰，禍乃不存。秦與荊人戰，大破荊，襲郢，取洞庭、五湖、江南，荊王君臣亡走，東服於陳。當此時也，隨荊以兵則荊可舉，荊可舉則其民足貪也，地足利也，東以弱齊、燕，中以凌三晉，然則是一舉而霸王之名可成也，四鄰諸侯可朝也。而謀臣不為，引軍而退，復與荊人為和，令荊人得收亡國，聚散民，立社稷主，置宗廟，令率天下西面以與秦為難，此固以失霸王之道一矣。天下又比周而軍華下，大王以詔破之，兵至梁郭下。圍梁數旬則梁可拔，拔梁則魏可舉，舉魏則荊、趙之意絕，荊、趙之意絕則趙危，趙危而荊孤，東以弱齊、燕，中以凌三晉，然則是一舉而霸王之名可成也，四鄰諸侯可朝也。而謀臣不為，引軍而退，復與魏氏為和，令魏氏反收亡國，聚散民，立社稷主，置宗廟，此固以失霸王之道二矣。

前者穰侯之治秦也，用一國之兵而欲以成兩國之功，是故兵終身暴露於外，士民疲病於內，霸王之名不成，此固以失霸王之道三矣。

趙氏，中央之國也，雜民所居也，其民輕而難用也，號令不治，賞罰不信，地形不便，下不能盡其民力，彼固亡國之形也，而不憂其民氓，悉其士民，軍於長平之下，以爭韓上黨。大王以詔破之，拔武安。當是時也，趙氏上下不相親也，貴賤不相信也，然則邯鄲不守。拔邯鄲，筦山東河間，引軍而去，西攻修武，踰華，絳上黨，代四十六縣，上黨七十縣，不用一領甲，不苦一士民，此皆秦有也。以代、上黨不戰而畢為秦矣，東陽、河外不戰而畢反為齊矣，中山、呼沱以北不戰而畢為燕矣，然則是趙舉，趙舉則韓亡，韓亡則荊、魏不能獨立，荊、魏不能獨立，則是一舉而震

《韓非子》百子全書本

隋祕書郎虞世南　撰
南海孔廣陶　校註

帝王摠載二
誕載三
帝王摠載一

帝系二
奇表四

皇者天人之摠稱〇字惟太平御覽七十六引與本鈔合又近本及御覽引稱上惟太御覽引稱上惟今案見白虎通號篇近本無下脇八

帝者天號及文〇今案見西京賦注引尚書藝文類聚十一及後漢書郎顗傳注引春秋演

正氣為帝〇漢書郎顗傳注引春秋演

帝者天下之所適王者天下之所往也〇今案見呂氏春秋慎大覽惠

孔圖〇

帝者天下之所適王者天下之所往也〇半農校本脫兩所字惟御覽七十引與本鈔合但注文子今案見家語五帝篇陳七引與本鈔合

法五行相生本〇及本鈔皆誤連下句孫

本案見禮記坊記俞本誤分作二條

20. 해로解老

이는 《노자老子》의 구절들을 해석한 것이며 《노자》 해석의 최고 기록이기도 하다.

이 때문에 사마천司馬遷은 《史記》에서 법가法家는 그 근본이 황로黃老에 기원을 두고 있다고 한 것이다.

장병린章炳麟은 《國故論衡》에서 "凡周秦解故之書, 今多亡佚, 諸子尤寡. 韓子獨有〈解老〉·〈喩老〉二篇, 後有說《老子》者, 宜據韓非爲大傳, 而疏通證明之"라 하였다.

그러나 호적胡適은 《中國古代哲學史》에서 이는 다른 사람의 저술일 것이라 주장하기도 하였다. 특히 《노자》에 대하여 법가의 입장에서 해석함으로써 위진魏晉 시대 시각과는 많은 부분에 차이가 있다.

097(20-1)
가장 높은 덕은 덕이 아닌 것처럼

덕德이란 내부적인 것이며 득得이란 외부적인 것이다.

"최상의 덕은 덕이 아니다"라고 한 것은 정신이 외부에 의해 더럽혀지지 않음을 말한 것이다.

정신이 외부에 의해 더럽혀지지 않으면 몸이 온전해진다.

몸이 온전한 것을 일러 '득'이라 하며 득이란 몸을 통해 얻는 것이다.

무릇 덕이란 무위無爲함으로써 집중되고 무욕無欲을 통해 성취되며, 아무런 사려를 하지 않음으로써 안정되고 전혀 쓰지 않음으로써 견고해진다.

작위를 하고자 하면 덕은 자리를 잡지 않으며, 덕이 자리를 잡지 않으면 몸이 온전해지지 못하다.

사용하려 하고 생각을 하려 하면 견고해지지 못하고, 견고해지지 못하면 효과가 없고 효과가 없으면 덕을 가지려는 생각이 생기게 된다.

덕을 앞세우면 덕이 없게 되고 덕을 앞세우지 않으면 덕이 있게 된다.

그러므로 노자老子에 "최상의 덕은 덕이 아닌 것처럼 한다. 이런 까닭에 덕이 있는 것이다"라고 말한 것이다.

德者, 內也; 得者, 外也.
「上德不德」, 言其神不淫於外也.

神不淫於外, 則身全.

身全之謂得. 得者, 得身也.

凡德者, 以無爲集, 以無欲成, 以不思安, 以不用固.

爲之欲之, 則德無舍; 德無舍, 則不全.

用之思之, 則不固; 不固, 則無功; 無功, 則生有德.

德則無德, 不德則有德.

故曰:「上德不德, 是以有德.」

【德者】 사람 마음속에 지니고 있는 본성의 자질.

【得者】 有爲에 의해 얻어지는 것.

【上德不德】 上德은 덕의 최상의 상태. 뒤의 글자를 득(得)으로 보아 上德은 외부에 의해 얻어지는 것이 아니라는 뜻으로도 해석함.

【其神不淫】 '神'은 '心', '淫'은 '亂'자와 통함. 외부 요인에 의해 혼탁해지거나 더럽혀짐.

【舍】 '舍'는 '宿'과 같음. 자리를 잡음. 머물러 있음.

【德則無德】 뒤의 '德'자는 '得'으로 풀이하기도 함.

〈老子 李耳〉

<hr />

참고 및 관련 자료

1.《老子》38장

上德不德, 是以有德; 下德不失德, 是以無德.

098(20-2)
무위無爲와 무불위無不爲

'무위無爲', '무사無思', '위허爲虛'를 귀하게 여기는 이유는 그 의지에 구속을 당하는 바가 없음을 이르는 것이다.

무릇 술수를 터득하지 못한 자는 고의로 '무위', '무사', '위허'로써 하려고 한다.

대체로 고의로 '무위', '무사', '위허'를 하는 자는 그 의식에 언제나 '허虛'를 잊지 않으려 하는 것이니 이는 '위허'에 제약을 받고 있는 것이다.

'허'라는 것은 의식이 아무런 제약을 받지 않고 있음을 말한다.

그런데 지금 '위허'에게 제약을 받고 있다면 이는 '허'가 될 수 없다.

'허'의 상태에서의 '무위'란 그 '무위'를 가지고 일정한 원칙을 삼지 않는 것이다.

'무위'를 가지고 일정한 원칙을 삼지 않으면 '허'가 될 수 있으며, '허'의 상태가 되면 덕이 풍성해지며, 덕이 풍성해지면 이를 일러 '상덕'이라 한다.

그러므로 "최상의 덕은 무위하면서도 하지 않음이 없다"라고 말한 것이다.

所以貴無爲・無思・爲虛者, 謂其意無所制也.

夫無術者, 故以無爲・無思・爲虛也.

夫故以無爲·無思·爲虛者, 其意常不忘虛, 是制於爲虛也.

虛者, 謂其意所無制也.

今制於爲虛, 是不虛也.

虛者之無爲也, 不以無爲爲有常.

不以無爲爲有常, 則虛; 虛, 則德盛; 德盛之謂上德.

故曰:「上德無爲而無不爲也.」

【所制】 제약받음. 구속을 당함.

【爲虛】 虛는 마음을 비움. 허심의 상태로 됨.

【有常】 정해진 일정한 원칙.

【無不爲】 무위에 상대되는 말. 아무것도 하지 않는 것 같으나 그 어떤 사안에도 작용하지 않음이 없는 것.

참고 및 관련 자료

1. 《老子》 38장

上德無爲而無以爲; 下德無爲而有以爲. 上仁爲之而無以爲; 上義爲之而有以爲. 上禮爲之而莫之應, 則攘臂而扔之.

〈老子騎牛圖〉

099(20-3)
최상의 인仁

인仁이란 마음속에 흔연히 남을 사랑하는 것을 말한다.

다른 사람에게 복이 있는 것을 기뻐하고, 다른 사람에게 화가 미치는 것을 싫어하는 것은 나면서부터 그만둘 수 없는 것이며, 보답을 바라고 그렇게 하는 것도 아니다.

그러므로 "최상의 인이란 그것을 하면서도 하고자 함도 없는 것이다" 라고 말한 것이다.

仁者, 謂其中心欣然愛人也.

其喜人之有福, 而惡人之有禍也; 生心之所不能已也, 非求其報也.

故曰:「上仁爲之而無以爲也.」

【中心】 內心. 마음속의 진심을 가리킴. '忠'과 같음.
【生心】 나면서부터 마음속에 타고난 본성.
【無以爲】 어떤 목적을 가지고 그렇게 하고자 하는 것이 아님.

1. 《老子》38장

上德無爲而無以爲; 下德無爲而有以爲. 上仁爲之而無以爲; 上義爲之而有以爲.

100(20-4)
최상의 의義

의義란 군신과 위아래의 업무 원칙이며, 부자와 귀천의 차등이며, 아는 사이 벗과 교제의 접촉이며, 친소와 내외에 있어서의 구분이다.

신하가 군주를 섬기는 것이 마땅한 것이며, 아랫사람이 윗사람을 따르는 것도 마땅한 것이며, 자식이 부모를 섬기는 것도 마땅한 것이며, 신분 낮은 자가 높은 자를 공경하는 것도 마땅한 것이며, 아는 사이 벗들이 서로 돕는 것도 마땅한 것이며, 친한 자를 안으로 하고 소원한 자를 밖으로 하는 것도 마땅한 것이다.

의란 그 마땅함을 일컫는 것이니 마땅한 만큼 그렇게 행하는 것이다.

그러므로 "최상의 의는 그것을 행하면서 그렇게 해야 한다고 여기는 것이다"라고 말한 것이다.

義者, 君臣上下之事, 父子貴賤之差也, 知交朋友之接也,
親疏內外之分也.

臣事君宜, 下懷上宜, 子事父宜, 賤敬貴宜, 知交友朋之
相助也宜, 親者內而疏者外宜.

義者, 謂其宜也, 宜而爲之.

故曰:「上義爲之而有以爲也.」

【知交】知友와 같음. 친구. 朋友의 다른 표현.

【宜】마땅히 해야 할 공식. '義'와 '宜'는 同音互訓을 이루고 있음. 이러한 풀이를 聲訓(音訓)이라 함.

【懷上】윗사람을 따름. '歸'와 같음.

【有以爲】'義'는 '仁'과 달리 그렇게 해야 할 목적이나 당위성이 있음을 뜻함.

참고 및 관련 자료

1. 《老子》38장.

上仁爲之而無以爲; 上義爲之而有以爲.

2. 기타 《太平御覽》(421)을 볼 것.

101(20-5)
최상의 예禮

예禮란 마음속의 정서가 겉으로 드러나는 것이며 여러 가지 뜻을 수식하는 표정이며, 군신과 부자 사이의 교제이며 귀천과 현불초를 구별하는 수단이다.

마음속에 품고는 있으나 알려주지 못하므로 급히 달려 나가 몸을 낮추어 절을 하면서 그것을 표명하며, 실제로는 사랑하면서도 알 수 없으므로 좋아하는 말과 번잡한 언사로써 그것을 믿도록 하는 것이다.

예란 밖으로 꾸며 안에 든 정서를 알려주기 위한 수단이다.

그 때문에 "예는 마음속의 정서가 겉으로 드러나는 것"이라 말한 것이다.

무릇 사람이란 외물을 위해 움직이므로 그것이 자신을 위한 예임을 알아내지 못한다.

일반 무리들이 예를 행하는 것은 다른 사람을 높이기 위한 것이므로 때로는 힘을 쓰고 때로는 적당히 게을리하기도 한다.

군자가 예를 행하는 것은 자기 자신을 위한 것이며, 자신을 위하므로 마음속을 펴 보이는 것을 최상의 예로 여기는 것이며, 마음속을 펴 보이는 것을 최상의 예로 여기기에 일반 무리들과는 다르며, 그 때문에 서로 상응할 수가 없는 것이며, 서로 상응할 수 없으므로 "최상의 예를 행해도 이에 남들이 응해주지 못한다"라고 하는 것이다.

일반 사람들과 비록 어긋난다 해도 성인은 거듭 공경의 도를 수족手足을 움직이는 예로 끝까지 표현하여 게으름이 없는 것이다.

그 때문에 "소매를 걷어붙이고 제창한다"라고 말한 것이다.

禮者, 所以貌情也, 群義之文章也, 君臣父子之交也, 貴賤賢不肖之所以別也.

中心懷而不諭, 故疾趨卑拜而明之; 實心愛而不知, 故好言繁辭以信之.

禮者, 外飾之所以諭內也.

故曰: 禮以貌情也.

凡人之爲外物動也, 不知其爲身之禮也.

衆人之爲禮也, 以尊他人也, 故時勤時衰.

君子之爲禮, 以爲其身; 以爲其身, 故神之爲上禮; 上禮神而衆人貳, 故不能相應; 不能相應, 故曰:「上禮爲之而莫之應.」

衆人雖貳, 聖人之復恭敬盡手足之禮也不衰.

故曰:「攘臂而仍之.」

【貌情】貌는 겉으로 드러난 표정. 情은 속마음. 《荀子》大略篇에 "文貌情用, 相爲表裏"라 함.

【群義之文章】義는 뜻. 文章은 문식과 꾸밈.

【好言繁辭】좋은 말과 번거로운 언사. 듣기 좋은 말로 상대의 호감을 삼.

【故曰禮以貌情也】서술 체계로 보아 《老子》의 말이어야 하나 현행본에는 없어 '曰'자를 연문으로 봄. 〈集解〉에 "顧廣圻曰: 當衍曰字. 案此及〈喩老〉凡「故曰」之下, 例必引《老子》文, 其不然者, 卽有誤也. 今皆正之"라 함.

【爲外物動】외부 사물에 의해 움직임.

【時衰】'衰'는 '怠'와 같은 뜻임.

【神】'申'과 같으며 이는 '伸'과 같음. 펴서 보여줌.

【貳】하나로 고정되어 있지 않음. 혹은 서로 어긋남.

【手足之禮】손이나 발, 몸으로 표현하는 각종 예절. 《禮記》玉藻에 "足容重,

手容恭"이라 하였고 祭統에는 "手足不拘動, 必依於禮"라 함.

【攘臂而仍】팔뚝을 걷어붙이고 일반 사람들에게 禮에 근거할 것을 主唱함.
'仍'은 '扔'과 같음.《經典釋文》에 "仍作扔"이라 하였고 王先愼은 "仍, 王弼作扔"
이라 하였으며《說文》에는 "仍, 因也; 扔, 亦因也"라 함. '던지다 걷어붙이다'의 뜻.

참고 및 관련 자료

1.《老子》38장
上仁爲之而無以爲; 上義爲之而有以爲. 上禮爲之而莫之應, 則攘臂而扔之.

2.《太平御覽》(542)
禮者, 所以飾貌情也.

102(20-6)
도를 잃고 난 다음에야

도道에는 쌓임이 있으며 덕에는 공功이 있어, 덕德이란 도의 효과이다.

공에는 실질이 있으며 실질에는 빛이 있어, 인仁이란 덕의 빛이다.

빛에는 윤택이 있으며 윤택에는 일이 있어, 의義란 인의 일이다.

일에는 예禮가 있으며 예에는 꾸밈이 있어, 예란 의義의 꾸밈이다.

그러므로 "도를 잃고 난 다음에야 덕을 잃게 되고, 덕을 잃고 난 다음에야 인을 잃게 되며, 인을 잃고 난 다음에야 의를 잃게 되고, 의를 잃고 난 다음에야 예를 잃게 된다"라고 말한 것이다.

道有積而德有功; 德者, 道之功.

功有實而實有光; 仁者, 德之光.

光有澤而澤有事; 義者, 仁之事也.

事有禮而禮有文; 禮者, 義之文也.

故曰:「失道而後失德, 失德而後失仁, 失仁而後失義, 失義而後失禮.」

【有積】덕이 쌓임.

【道之功】도의 효과.

【文】꾸밈. 禮는 形式과 節次, 儀典 등을 구비하게 되어 있음을 뜻함.

참고 및 관련 자료

1. 《老子》38장

上德不德, 是以有德; 下德不失德, 是以無德. 上德無爲而無以爲; 下德無爲而
有以爲. 上仁爲之而無以爲; 上義爲之而有以爲. 上禮爲之而莫之應, 則攘臂而
扔之. 故失道而後德, 失德而後仁, 失仁而後義, 失義而後禮.

103(20-7)
실질과 꾸밈

예禮는 마음속을 겉으로 드러내는 것이며 문文은 실질을 꾸미는 것이다.

무릇 군자는 속마음을 취하고 겉모습은 버리며, 실질을 좋아하고 꾸밈은 싫어한다.

대체로 겉모습을 믿고 속마음을 논하는 것은 그 속마음이 좋지 않기 때문이며, 꾸밈을 필수로 여겨 실질을 논하는 것은 그 실질이 뒤떨어지기 때문이다.

어찌하여 이러한 논리를 펴는가?

화씨지벽和氏之璧은 오채五采로 꾸미지 않았고 수후지주隋侯之珠는 은황銀黃으로 꾸미지 않았다.

그 바탕이 매우 아름다워 다른 물건으로 아름답게 꾸밀 필요가 없기 때문이었다.

무릇 물질이 수식을 기다린 뒤에야 제 행세를 하는 것은 그 바탕이 아름답지 않기 때문이다.

이 까닭으로 부자 사이에는 그 예절이 소박하면서 분명하지도 않아 그 때문에 "예가 박하다"라고 한 것이다.

모든 사물이 동시에 다 성할 수는 없으니 음과 양이 그러한 것이며, 그 이치가 서로 빼앗고 주는 관계이니 위엄과 덕이 그러한 것이며, 실질이 후한 것은 겉모습이 박하게 마련이니 부자 사이의 예가 그것이다.

이로 말미암아 보건대 예가 번다한 것은 실질의 속마음이 빈약한 것이다.

그렇다면 예를 행한다는 것은 사람의 소박한 마음을 소통시키기 위한 일이다.

보통 일반 사람은 예를 행하면서 남이 응해 주면 섣불리 즐거워하고, 남이 응해주지 않으면 책망하고 서운해한다.

지금 예를 행하는 것은 사람의 소박한 마음을 소통시키도록 하는 것이라면서 이를 이유로 서로 책망할 명분의 바탕이 된다면 능히 다툼이 없을 수 있겠는가?

다툼이 일어나면 혼란이 생긴다.

그 때문에 "무릇 예라는 것은 진심과 믿음이 박함을 뜻하며 혼란의 발단이 되는 것"이라 하였으리라!

禮爲情貌者也, 文爲質飾者也.

夫君子取情而去貌, 好質而惡飾.

夫恃貌而論情者, 其情惡也; 須飾而論質者, 其質衰也.

何以論之?

和氏之璧, 不飾以五采; 隋侯之珠, 不飾以銀黃.

其質至美, 物不足以飾之.

夫物之待飾而後行者, 其質不美也.

是以父子之間, 其禮樸而不明, 故曰「禮薄」也.

凡物不竝盛, 陰陽是也; 理相奪予, 威德是也; 實厚者貌薄, 父子之禮是也.

由是觀之, 禮繁者, 實心衰也.

然則爲禮者, 事通人之樸心者也.

衆人之爲禮也, 人應則輕歡, 不應則責怨.

今爲禮者事通人之樸心而資之以相責之分, 能毋爭乎?
有爭則亂.
故曰「夫禮者, 忠信之薄也, 而亂之首」乎!

【文】모양을 꾸밈. 文飾(紋飾)은 禮를 가리킴.
【和氏之璧】춘추 때 楚나라 卞和가 楚山 아래에서 玉璞을 구하여 厲王・武王・
文王을 거쳐 진상한 끝에 다듬어 만든 천하 보물. 본서 〈和氏篇〉(068)을 참조
할 것.
【五采】采는 彩와 같음. 五色과 같음. 靑・黃・赤・白・黑의 다섯 가지 색깔.
【隋侯之珠】漢水 동쪽에 姬姓의 隋나라 군주가 상처를 입은 큰 뱀을 고쳐준
보답으로 받았다는 구슬. 干寶의 《搜神記》(20)에 "隋縣溠水側, 有「斷蛇丘」. 隋侯
出行, 見大蛇, 被傷中斷, 疑其靈異, 使人以藥封之, 蛇乃能走. 因號其處「斷蛇丘」.
歲餘, 蛇銜明珠以報之. 珠盈徑寸, 純白, 而夜有光明, 如月之照, 可以燭室. 故謂之
「隋侯珠」, 亦曰「靈蛇珠」, 又曰「明月珠」"라 하였고,《水經注》(31)에도 "春秋魯莊
公四年, 楚武王伐隨, 令尹鬪圉祁莫敖屈重除道梁溠, 軍臨於隨, 謂此水也. 水側有
斷蛇丘, 隨侯出而見大蛇中斷, 因擧而藥之, 故謂之斷蛇丘, 後蛇銜明珠報德, 世謂
之隨侯珠, 亦曰靈蛇珠, 丘南有隨季梁夫池"라 하였고,《太平廣記》(402)에도
"隋侯行, 見大蛇被傷而治之, 後啣珠以報, 其珠徑寸, 純白, 夜有光明, 如月之照,
一名隋侯珠, 一名明月珠"라 하였으며《淮南子》覽冥訓 注에도 같은 내용이
실려 있음. 한편 '隋'는 지금의 湖北省 隋縣. 古代 隋나라가 있던 곳. 隋나라
楊堅이 아버지 楊忠이 北周의 개국공신으로 隨國公에 봉해졌으며 楊堅이
北周를 멸하고 隋나라를 세우면서 '隨'자가 불안정한 뜻이 있다 하여 '辶'를
없애고 '隋'자를 만들어 국호로 삼음.
【銀黃】일반적으로 '黃'은 '黃金'으로 보았으나 '銀黃'은 琅玕 등과 함께 별개의
물질임.《山海經》에 "集濩之水, 其陽多丹粟, 其陰多銀黃"이라 하였고, 楊愼의
補注에 "宋人小說云: 其物貴於黃金"이라 함. 한편 何晏의 〈景福殿賦〉에도
"點以銀黃, 爍以琅玕"이라 함.
【禮薄】《韓非子翼毳》에 "經文云:「夫禮者忠信之薄」下擧全文, 故略於此曰禮
薄也"라 함.
【威德】威嚴과 德惠. 즉 刑罰과 恩賞. 서로 상반되는 개념.

1. 《老子》38장

夫禮者, 忠信之薄, 而亂之首.

〈老子〉像

104(20-8)
전식前識

사물보다 먼저 행동하고 이치보다 먼저 움직이는 것을 일러 전식前識
이라 한다.

전식이란 근거 없이 제멋대로 억측하는 것이다.

어찌 이렇게 논리를 펼 수 있는가?

첨하詹何가 앉아 있을 때 제자가 곁에 모시고 있었는데 밖에서 소의
울음소리가 들렸다.

제자가 말하였다.

"이는 검은 소이며 그 이마에 흰 부분이 있습니다."

이에 첨하가 말하였다.

"그렇다. 이것은 검은 소이며 뿔에 흰 부분이 있다."

사람을 시켜 살펴보도록 하였더니 과연 검은 소였으며 천으로 뿔을
싸매고 있었다.

첨하의 술수로써 일반 사람들의 마음을 끌어당긴다면 화려하지만
위태로울 것이다.

그러므로 "도의 화려한 꽃이다"라고 말한 것이다.

시험 삼아 첨하의 추측을 버리고 다섯 자의 어리석은 동자로 하여금
그것을 살펴보도록 한다 해도 역시 검은 소에 흰 천으로 뿔을 싸맨 것임을
알 수 있을 것이다.

그러므로 첨하의 예측으로 마음을 괴롭히고 정신을 손상시킨다 해도

그 뒤에 다섯 자의 어리석은 동자와 결과는 같을 것이니 이 때문에 "어리석음의 시초이다"라고 말한 것이다.

그 때문에 "전식이라는 것은 도의 화려한 꽃이며 어리석음의 시작이다"라고 한 것이다.

先物行·先理動之謂前識.

前識者, 無緣而忘意度也.

何以論之?

詹何坐, 弟子侍, 有牛鳴於門外.

弟子曰:「是黑牛也, 而白在其題.」

詹何曰:「然, 是黑牛也, 而白在其角.」

使人視之, 果黑牛而以布裹其角.

以詹子之術, 嬰衆人之心, 華焉殆矣!

故曰:「道之華也.」

嘗試釋詹子之察, 而使五尺之愚童子視之, 亦知其黑牛而以布裹其角也.

故以詹子之察, 苦心傷神, 而後與五尺之愚童子同功, 是以曰:「愚之首也.」

故曰:「前識者, 道之華也, 而愚之首也.」

【前識】실제 경험을 통해 아는 것이 아니라 미리 예측을 하여 아는 것. 韓非는 이를 부정적으로 보았음.

【忘意度】'忘'은 '妄'과 같음. 意度는 '억탁'으로 읽으며 '臆度'과 같음. 度은 忖度의 뜻. 〈集解〉에 "先愼曰: 忘與妄通,《左傳》哀二十七年注「言公之多忘」,

釋文:「忘, 本又作妄」《莊子》盜跖篇「故推正不忘耶」, 釋文:「忘, 或作妄」. 此忘·妄古通之證"이라 함.

【詹何】楚나라 은자이며 도술과 예지·낚시 등에 능했던 인물.《列子》說符篇 注에 "詹何, 蓋隱者也"라 하였고, 湯問篇 注에는 "楚人, 以善釣聞於國"이라 함.

【白題】'題'는 '額(額)'과 같음.《說文》에 "題, 額也"라 함. 이마에 흰 털이 남.

【嬰】'嬰'은 '攖'과 같음.《莊子》在宥篇에 "昔者, 黃帝始以仁義攖人之心"의 '攖'과 같으며 大宗師 成玄英 注에는 "攖, 擾動也"라 함. 얽어붙임. 끌어들임.

【華焉殆】겉보기에 화려하나 실질은 曖昧함. 확실치 않음.

【五尺】어린 아이를 가리키는 말. 周나라 때 尺度는 1尺이 19.91㎝였다 함. 따라서 5척은 1m 쯤의 키를 뜻함.

【愚之道】《老子》에는 '首'가 '始'로 되어 있음.

참고 및 관련 자료

1.《老子》38장
前識者, 道之華, 而愚之始.

2. 기타《太平御覽》(899),《事類賦》(22)를 볼 것.

105(20-9)
대장부大丈夫

이른바 '대장부'란 지혜가 큰 것을 말한다.

이른바 '후한 데 거처하며 박한 데 거처하지 않는다'라는 것은 속마음의 진실을 행하고 예의의 겉모습을 없앤다는 말이다.

이른바 '실질에 몸을 두고 화려함에 처하지 않는다'는 것은 모름지기 도리를 따를 뿐 지름길로 홀로 뛰어가려 하지 않음을 말한다.

이른바 '저쪽을 버리고 이쪽을 취한다'라는 것은 겉모습이나 지름길로 뛰어가려는 것을 제거하고 도리를 따르고 속마음의 진실을 좋아함을 말한다.

그러므로 "저쪽을 버리고 이쪽을 취한다"라고 한 것이다.

所謂「大丈夫」者, 謂其智之大也.

所謂「處其厚不處其薄」者, 行情實而去禮貌也.

所謂「處其實不處其華」者, 必緣理不徑絶也.

所謂「去彼取此」者, 去貌·徑絶而取緣理·好情實也.

故曰:「去彼取此.」

【緣理】'緣'은 '因'・'沿' 등과 같음. 도리에 따름.

【徑絶】'徑'은 지름길. '絶'은 홀로 絶對를 추구함. 王先愼은 "徑絶, 卽妄意度也"라 함.

【去彼取此】彼는 大丈夫・薄・華를 뜻하며 此는 厚・實을 뜻함.

참고 및 관련 자료

1. 《老子》 38장

是以大丈夫處其厚, 不居其薄, 處其實, 不居其華. 故去彼取此.

106(20-10)
화복은 서로 의지하고 있다

사람은 재앙을 당하면 마음에 두려움과 공포를 느끼며, 마음에 두려움과 공포를 느끼면 행동이 단정하고 바르게 된다. 행동이 단정하고 바르게 되면 사려思慮가 원숙해지고, 사려가 원숙해지면 사물의 바른 이치를 터득하게 된다.

행동이 단정하고 곧으면 재앙을 입지 않을 것이요, 재앙을 입지 않으면 천수를 누리게 될 것이다.

사물의 바른 이치를 터득하게 되면 틀림없이 공을 이룰 것이요, 천수를 누리게 되면 온전하여 장수하게 된다.

반드시 공을 이루게 되면 부유해지고 또한 귀한 신분이 될 것이다.

천수를 모두 누리고 부귀해지는 것을 일러 복이라 하나니, 복이란 재앙에 근본을 두고 있는 것이다.

그러므로 "화란 복이 기대어 의존하는 곳이다"라 하였으니 이로써 공을 이루게 되는 것이다.

人有禍, 則心畏恐; 心畏恐, 則行端直; 行端直, 則思慮熟; 思慮熟, 則得事理.

行端直, 則無禍害; 無禍害, 則盡天年.

得事理, 則必成功; 盡天年, 則全而壽.

必成功, 則富與貴.

全壽富貴之謂福, 而福本於有禍.

故曰:「禍兮福之所倚.」

以成其功也.

【盡天年】'天年'은 '天壽'와 같음.

【得事理】사물의 이치를 터득함.

참고 및 관련 자료

1.《老子》58장

禍兮福之所倚, 福兮禍之所伏.

107(20-11)
재앙은 복의 근본

사람은 복이 있으면 부귀가 이르러 오고, 부귀가 이르러 오면 먹고 입는 것이 아름답게 되며, 먹고 입는 것이 호화롭게 되면 교만한 마음이 생기며, 교만한 마음이 생기면 행하는 일이 사악하고 편벽되어 움직임에 이치를 버리게 된다.

행하는 일이 사악하고 편벽되면 그 몸은 일찍 죽게 되고 움직임에 이치를 포기하면 공을 이룰 수 없게 된다.

무릇 속으로는 일찍 죽을 재난이 들어 있고 밖으로는 공을 이룰 수 있는 명성이 없게 되는 것, 이것이 큰 재앙이다.

그러니 재앙이란 근본이 복이 있는 데에서 생겨나는 것이다.

그러므로 "복이란 재앙이 엎드려 숨겨져 있는 곳이다"라고 한 것이다.

人有福, 則富貴至; 富貴至, 則衣食美; 衣食美, 則驕心生; 驕心生, 則行邪僻而動棄理.

行邪僻, 則身死夭; 動棄理, 則無成功.

夫內有死夭之難而外無成功之名者, 大禍也.

而禍本生於有福.

故曰:「福兮禍之所伏.」

【邪僻】 사악하고 편벽됨.
【棄理】 도리를 버림. 도에 벗어난 행동을 하게 됨.
【所伏】 '伏'은 '隱'과 같음.

참고 및 관련 자료

1. 《老子》 58장 : 앞장 참조.
2. 기타 《太平御覽》(472)을 볼 것.

108(20-12)
누가 그 끝을 알겠는가

무릇 도리에 따라서 일을 하는 자는 능히 이루지 못할 것이 없다.

이루지 못할 것이 없는 자는 크게는 천자의 권세와 존귀함을 이루게 되고, 작게는 경상卿相이나 장군의 상과 봉록쯤은 쉽게 얻을 수 있다.

무릇 도리를 버리고 제멋대로 행동하는 자는 비록 위로 천자나 제후의 권세나 존귀함을 얻고, 아래로 의돈猗頓·도주陶朱·복축卜祝같은 부유함을 얻는다 해도 오히려 백성에게 버림을 받고 그 재산과 물자를 잃게 된다.

많은 사람들이 경솔하게 도리를 버리고 안이하게 제멋대로 행동하는 것은 화와 복의 나타남이 그토록 심각하며 도가 이토록 넓고 큰 것임을 알지 못하기 때문이다.

그러므로 사람들에게 "누가 그 궁극을 알겠는가?"라고 일러준 것이다.

夫緣道理以從事者, 無不能成.

無不能成者, 大能成天子之勢尊, 而小易得卿相將軍之賞祿.

夫棄道理而妄擧動者, 雖上有天子諸侯之勢尊, 而下有倚頓·陶朱·卜祝之富, 猶失其民人而亡其財資也.

眾人之輕棄道理而易妄擧動者, 不知其禍福之深大而
道闊遠若是也.
故諭人曰:「孰知其極?」

【猗頓】전국시대의 富豪. 鹽鐵로 장사를 시작하여 그 부유함이 왕과 같을
정도가 되었다 함.《史記》貨殖列傳에 "猗頓用鹽鹽起, 而邯鄲郭縱以鐵冶成業,
與王者埒富"라 하였고, 裴駰의 注에《孔叢子》를 인용하여 "猗頓, 適西河, 大畜
牛羊於猗氏之南, 十年之間, 其息不可計, 貲擬王公, 馳名天下. 以興富於猗氏,
故曰猗頓"이라 함.
【陶朱】越나라 공신 范蠡. 越王 句踐을 도와 吳王 夫差를 멸한 뒤 이름을 鴟夷
子皮로 바꾸고 家屬과 財物을 싣고 몰래 陶라는 곳에 이르러 상업을 일으켜
큰 부자가 되어 陶朱公이라 불림.《史記》越王句踐世家를 참조할 것. 한편
《史記》貨殖列傳에는 "范蠡旣雪會稽之恥, 乃喟然而歎曰:「計然之策七, 越用
其五而得意. 旣已施於國, 吾欲用之家.」 乃乘扁舟浮於江湖, 變名易姓, 適齊爲
鴟夷子皮, 之陶爲朱公. 朱公以爲陶天下之中, 諸侯四通, 貨物所交易也. 乃治産
積居, 與時逐而不責於人. 故善治生者, 能擇人而任時. 十九年之中三致千金, 再分
散與貧交疏昆弟. 此所謂富好行其德者也. 後年衰老而聽子孫, 子孫脩業而息之,
遂至巨萬. 故言富者皆稱陶朱公"이라 함.
【卜祝】무지한 사람을 현혹시켜 재물을 모은 자. 이름으로 볼 수 없음. 仲長統
《昌言》論天道에 "巫醫卜祝之伍, 下愚不齒之民也"라 함.
【諭人】'諭'는 '告'와 같음.

> **참고 및 관련 자료**

1.《老子》58장
孰知其極? 其無正. 正復爲奇, 善復爲妖.

109(20-13)
미혹함

사람이라면 누구나 부귀와 전수全壽를 바라지 않는 이가 없건만 그럼에도 빈천과 사요死夭의 재앙을 면할 수가 없다.

마음으로는 부귀와 전수를 누리면서도 지금 빈천과 사요에 시달리는 것은 이르고자 하는 곳에 능히 이르지 못하기 때문이다.

무릇 가고자 하는 길을 잃고 망령되이 행동하는 것을 일러 '미迷'라 하나니 미혹하게 되면 자신이 이르고자 하는 곳이 이르지 못하게 된다.

지금 많은 사람들이 이르고자 하는 곳에 이르지 못하므로 그 때문에 미혹에 빠지는 것이다.

많은 사람들이 이르고자 하는 곳에 이를 수 없는 것은 천지가 갈라진 이래 지금에 이르도록 그렇게 이어져 왔다.

그러므로 "사람이 미혹함에 빠지는 것은 그렇게 된 시일이 이미 쌓인 것이다"라고 한 것이다.

人莫不欲富貴全壽, 而未有能免於貧賤死夭之禍也.

心欲富貴全壽, 而今貧賤死夭, 是不能至於其所欲至也.

凡失其所欲之路而妄行者之謂迷, 迷則不能至於其所欲至矣.

今衆人之不能至於其所欲至, 故曰:「迷.」

衆人之所不能至於其所欲至也, 自天地之剖判以至於今.

故曰:「人之迷也, 其日故以久矣.」

【富貴】富는 물질적인 것. 貴는 신분이나 지위에 관한 것. 貧賤은 이에 상대되는
말임.

【全壽】몸을 온전히 하여 장수함.

【死夭】夭는 요절함. 자신의 천수를 다하지 못하고 일찍 죽음.

【迷】길을 잃고 헤맴. 미혹함에 빠짐.

【剖判】쪼개져 열림. '開闢'과 같음.

참고 및 관련 자료

1.《老子》58장
人之迷, 其日固久.

110(20-14)
방렴직광方廉直光

이른바 '방方'이란 내심과 외모가 서로 상응하며, 언행이 서로 일치함을 뜻한다.

이른바 '염廉'이란 반드시 생사를 천명에 맡기며 재화 따위에는 담담함을 뜻한다.

이른바 '직直'이란 주장이 반드시 공정하며, 마음이 한쪽으로 치우치거나 편당을 짓지 않음을 말한다.

이른바 '광光'이란 관작이 존귀하며 복장이 훌륭함을 말한다.

지금 도술을 터득한 사람은 자신이 비록 내심과 외모가 신실하며 바르다 해도 그것으로써 궁타窮墮한 자를 비방하지 않으며, 자신이 비록 절의를 지키고 재화에 담담하다 해도 그것으로써 지친 자를 모욕하거나 탐욕스러운 자에게 치욕을 퍼붓거나 하지 않으며, 자신이 비록 행동이 바르고 편당을 짓지 않는다 해도 그것으로써 사악한 자를 제거하거나 사리를 챙기는 자를 벌하지 않으며, 자신이 비록 권세가 높고 복장이 훌륭하다 해도 그것으로써 낮은 자에게 자랑하거나 가난한 자를 속이지 않는다.

그 까닭은 무엇인가?

예컨대 길을 잃은 자로 하여금 그 길에 익숙하고 잘 아는 이에게 묻고 듣도록 한다면 그는 헤매지 않게 될 것이다.

지금 많은 사람들이 성공하기를 바라면서도 도리어 실패하게 되는 까닭은 도리를 알지 못하면서도 잘 아는 이에게 묻거나 능력 있는 자에게 의견을 들으려고 하지 않는 데에서 생기는 것이다.

많은 사람들이 잘 아는 이에게 묻거나 능력 있는 자에게 의견을 들으려 하지 않는데도 성인이 억지로 그 실패를 나무라면 그들은 원망을 한다.

많은 사람은 수가 많고 성인은 그 수가 적으니 적은 수가 많은 수를 이기지 못하는 것은 마땅한 이치이다.

지금 행동을 취하여 천하 사람들과 원수 사이가 되는 것은 몸을 온전히 하여 오래도록 사는 길이 아니기에 그 까닭으로 궤절軌節에 맞추어 행하면서 그렇게 더불어 살아가고 있는 것이다.

그 때문에 "방方하되 찢지 않으며, 염廉하되 상처를 입히지 않으며, 직直하되 마구 굴지 않으며, 광光하되 빛을 발하지 않는다"라고 한 것이다.

所謂「方」者, 內外相應也, 言行相稱也.
所謂「廉」者, 必生死之命也, 輕恬資財也.
所謂「直」者, 義必公正, 心不偏黨也.
所謂「光」者, 官爵尊貴, 衣裘壯麗也.
今有道之士, 雖中外信順, 不以誹謗窮墮; 雖死節輕財, 不以侮罷羞貪; 雖義端不黨, 不以去邪罪私; 雖勢尊衣美, 不以夸賤欺貧.
其故何也?
使失路者而肯聽習問知, 卽不成迷也.
今衆人之所以欲成功而反爲敗者, 生於不知道理而不肯問知而聽能.
衆人不肯問知聽能, 而聖人强以其禍敗適之, 則怨.
衆人多而聖人寡, 寡之不勝衆, 數也.

今擧動而與天下之爲讐, 非全身長生之道也, 是以行
軌節而擧之也.
　故曰:「方而不割, 廉而不劌, 直而不肆, 光而不耀.」

【方廉直光】이는《老子》58장 원문의 네 가지 사항을 낱개로 분석하여 설명한 것.
　方은 方正, 廉은 稜角과 같음. 直은 正直, 光은 光輝.
【相稱】'稱'은 副·合자와 같은 뜻임.
【必生死之命】生死의 命을 인정하고 死節도 지켜냄.
【輕恬】恬은 淡泊함. 즉 재화 따위는 가볍고 담담하게 여김.
【義】主義主張.
【窮墮】窮은 不通達, 墮는 墮落·不正의 뜻. 그러나 이 구절은 앞뒤 文型으로
　보아 "誹窮謗墮"가 되어야 함.《韓非子札記》에 "疑當作「誹窮謗墮」, 與下「侮罷
　羞貪」, 「去邪罪私」, 「夸賤欺貧」, 文同一例"라 함.
【侮罷羞貪】罷는 지치고 게을러짐. 羞는 욕보임. 즉 무능하고 탐욕스런 것을
　깔봄.
【夸賤欺貧】夸는 誇자와 같음. 신분 낮은 자에게 자랑함. 欺는 속이거나 업신
　여김.
【禍敗適之】適은 謫·讁과 같음.
【軌節】道理와 法度. 혹은 節度에 맞음.
【擧之】'擧'는 '與'와 같음. 세상과 함께 함.
【不割】'割'은 '裂'과 같음.
【不劌】劌는 칼로 베어 상처를 냄. 損傷을 입힘.
【不肆】肆는 제멋대로 자행함. 恣意를 말함.
【不耀】耀는 남의 耳目을 끌기 위해 그 빛을 의도적으로 보임.

　　　　참고 및 관련 자료

1.《老子》58장
是以聖人方而不割, 廉而不劌, 直而不肆, 光而不耀.

111(20-15)
총명예지

총명聰明과 예지睿智는 하늘이 내린 것이요, 동정動靜과 사려思慮는 사람이 하는 행동이다.

사람이란 하늘이 준 시력에 의지하여 사물을 보며, 하늘이 준 청력에 기탁하여 소리를 들으며, 하늘이 준 지력에 의하여 생각을 한다.

그러므로 눈에 무리가 가해지면 잘 보이지 않고, 귀에 무리가 가해지면 잘 들을 수 없으며, 생각이 지나치게 깊으면 지혜가 혼란을 일으킨다.

눈이 잘 보이지 않으면 흑백을 구분할 수 없고, 귀가 밝지 않으면 청탁의 소리를 분별할 수 없으며, 지혜가 혼란을 일으키면 득실을 제대로 가려낼 수 없다.

눈이 흑백을 구분하지 못하는 것을 일러 맹盲이라 하고, 귀가 청탁의 소리를 분별해 내지 못하는 것을 일러 농聾이라 하며, 마음이 득실의 장소를 가려낼 수 없는 것을 일러 광狂이라 한다.

눈이 멀면 대낮에도 위험한 것을 피할 수 없고, 귀가 먹으면 천둥의 피해도 알아낼 수 없으며, 광인이 되면 이 세상에서 법령을 어겨 받는 재앙을 면할 수 없다.

서書에 이른바 '치인治人'이란 동정에 절도를 알맞게 취하며, 사려에 낭비를 줄이는 것을 말한다.

이른바 '사천事天'이란 청력이나 시력을 끝까지 쓰지 않고, 지식智識의 작용을 끝까지 다하지 않음을 말한다.

만약 끝까지 다하면 정신에 많은 소비가 있을 것이요, 정신에 많은 소비가 있으면 눈이 멀고 귀먹고 도리에 어긋난 미치광이의 화가 다가오기 때문에 이 까닭으로 아껴써야 한다는 것이다.

아껴쓴다는 것은 그 정신을 아끼고 그 지식을 아낌을 말한다.

그 까닭으로 "치인과 사천은 아끼는 것만 같지 못하다"라 한 것이다.

聰明睿智, 天也; 動靜思慮, 人也.

人也者, 乘於天明以視, 寄於天聰以聽, 託於天智以思慮.

故視强, 則目不明; 聽甚, 則耳不聰; 思慮過度, 則智識亂.

目不明, 則不能決黑白之分; 耳不聰, 則不能別淸濁之聲; 智識亂, 則不能審得失之地.

目不能決黑白之色則謂之盲; 耳不能別淸濁之聲則謂之聾; 心不能審得失之地則謂之狂.

盲則不能避晝日之險, 聾則不能知雷霆之害, 狂則不能免人間法令之禍.

書之所謂「治人」者, 適動靜之節, 省思慮之費也.

所謂「事天」者, 不極聰明之力, 不盡智識之任.

苟極盡, 則費神多; 費神多, 則盲聾悖狂之禍至, 是以嗇之.

嗇之者, 愛其精神, 嗇其智識也.

故曰:「治人·事天, 莫如嗇.」

【聰明】 원래는 귀로 듣고 잘 알아차리는 똑똑함을 '聰'이라 하고, 눈으로 보아 민첩하게 깨닫는 것을 '明'이라 하였으나 이를 묶어 사리에 밝고 영민(靈敏)함을 뜻하는 말로 쓰임.《尚書》堯典에 「昔在帝堯, 聰明文思, 光宅天下」라 하였고, 孔穎達의 疏에 「言聰明者, 據人近驗, 則聽遠爲聰, 見微爲明. ……以耳目之 聞見, 喩聖人之智慧, 兼知天下之事」라 함.

【睿智】 叡智로도 표기하며 高度의 지혜.

【天】 하늘이 부여해 준 것임을 말함. 천부적·태생적으로 보고 듣고 생각하는 능력을 뜻함.

【乘於天明】 天然 상태대로의 시력에 의존함. '乘'은 '因'과 같음.

【智識】 智慧. 智와 識 모두 사물을 이해하는 능력을 뜻함.

【得失之地】 이해 득실이 있는 곳. '地'는 '境'의 뜻.

【書】 竹帛에 써 놓은 글. 여기서는《老子》의 글을 가리킴.

【事天】 天然 상태를 유지 보존함.《孟子》盡心(上)에 "存其心, 養其性, 所以事 天也"라 함.

【嗇】 嗇은 원래 '창고에 곡식을 비축함'을 뜻하는 말이었으나 뒤에 '愛'·'惜'의 뜻으로 씀.

참고 및 관련 자료

1.《老子》59장

治人·事天, 莫若嗇. 夫唯嗇, 是以早服. 早服謂之重積德; 重積德則無不克; 無不克則莫知其極;

112(20-16)
미리 복종한다

많은 사람들은 정신을 씀이 조급하며, 조급하면 많은 소비가 있게 되니, 많은 소비가 있게 되는 것을 일러 치侈라 한다.

성인은 정신을 씀이 조용하며, 조용하면 적은 소비가 있게 되니 적은 소비가 있게 되는 것을 일러 색嗇이라 한다.

아끼면서 일을 처리하는 것을 術술이라 하며 이는 도리에서 나온다.

무릇 능히 아낄 수 있음은 이것이 도道를 따르며 이理에 복종한다는 것이다.

많은 사람들은 우환에 걸리고 재난에 빠져들어도 오히려 물러설 줄도 모른 채 도리에 복종하지 않는다.

성인은 비록 우환이나 재난의 형태가 아직 나타나지 않아도 모든 것을 비운 채 도리에 복종하니, 이를 조복蚤服이라 일컫는다.

그 때문에 "무릇 아끼므로 이에 미리 복종한다"라고 한 것이다.

衆人之用神也躁, 躁則多費, 多費之謂侈.

聖人之用神也靜, 靜則少費, 少費之謂嗇.

嗇之謂術也, 生於道理.

夫能嗇也, 是從於道而服於理者也.

衆人離於患, 陷於禍, 猶未知退, 而不服從道理.
聖人雖未見禍患之形, 虛無服從於道理, 以稱蚤服.
故曰:「夫謂嗇, 是以蚤服.」

【用神也躁】用神은 의식이나 관념·통념·생각 등을 말함. '躁'는 들뜨고 부산
하며 떠들썩하고 조급함. '靜'에 상대되는 개념.
【嗇】비용·시간·정력 등을 아낌. '惜'과 같음.
【離於患】憂患이나 患難에 걸려듦. '離'는 '罹'·'遭'와 같은 뜻임. '걸리다'의 의미.
【服從】'服'과 '從' 두 글자를 분리하여 쓴 것.
【蚤服】'蚤'는 '早'와 같으며 시간적으로 사물의 결과가 드러나기 전에 미리 道理
(자연법칙)에 복종함을 뜻함. 《老子》에는 '早服'으로, 《困學紀聞》(10)에는 '早復'
으로 되어 있으며, 朱子는 "不遠而復"라 하였고, 王弼은 "早服常也"라 함.

참고 및 관련 자료

1. 《老子》59장
治人, 事天, 莫若嗇. 夫唯嗇, 是以早服. 早服謂之重積德; 重積德則無不克;
無不克則莫知其極; 莫知其極, 可以有國; 有國之母, 可以長久. 是謂深根固柢,
長生久視之道.

113(20-17)
거듭된 적덕積德

치인治人을 아는 자는 그 사려가 조용하며, 사천事天을 아는 자는 그 이목구비가 텅 비어 있다.

사려가 조용하기에 본래의 덕이 사라지지 않는 것이며, 이목구비 등이 비어 있으면 화기和氣가 날마다 들어온다.

그러므로 "덕을 거듭 쌓는다"라고 한 것이다.

무릇 능히 본래 지닌 덕이 떠나가지 않도록 하고 새롭게 화기를 날마다 이르게 하는 것은 조복早服이라는 것이다.

그 때문에 "조복함을 일러 중적덕重積德이라 한다"라 한 것이다.

적덕積德 후라야 정신이 안정되며, 정신이 안정된 뒤에야 화기가 많아지며, 화기가 많아진 뒤에야 계산이 맞아떨어지고, 계산이 맞아떨어진 뒤에는 능히 만물을 제어할 수 있으니, 능히 만물을 제어할 수 있다면 전투에서 쉽게 적을 이길 수 있으며 전투에서 쉽게 적을 이기면 반드시 세상을 다 덮을 일을 논하게 될 것이며, 이처럼 세상을 다 덮을 일을 논하게 되니 그 때문에 "이기지 못할 것이 없다"라고 한 것이다.

이기지 못하는 것이 없음은 거듭 덕을 쌓는 데에 근본을 두는 것이니, 그 때문에 "거듭 덕을 쌓으면 이기지 못하는 것이 없다"라고 한 것이다.

전투에서 쉽게 적을 이긴다면 천하를 모두 겸병하여 차지할 수 있고, 천하를 다 덮을 일을 논의한다면 백성들이 따르게 될 것이다.

앞으로는 천하를 겸병하고 뒤로는 백성을 따르게 하여 그러한 도술이

심원하다면 많은 백성들은 그 발단을 알아차릴 수도 없게 된다.

그 발단을 알아차릴 수도 없으니 이 까닭으로 그 궁극을 알아내지 못하는 것이다.

그 때문에 "이기지 못하는 것이 없으면 그 궁극도 알아낼 수 없게 된다"라고 한 것이다.

知治人者, 其思慮靜; 知事天者, 其孔竅虛.

思慮靜, 故德不去; 孔竅虛, 則和氣日入.

故曰:「重積德.」

夫能令故德不去, 新和氣日至者, 嗇服者也.

故曰:「嗇服, 是謂重積德.」

積德而後神靜, 神靜而後和多, 和多而後計得, 計得而後能御萬物, 能御萬物則戰易勝敵, 戰易勝敵而論必蓋世, 論必蓋世, 故曰「無不克.」

無不克本於重積德, 故曰「重積德, 則無不克.」

戰易勝敵, 則兼有天下; 論必蓋世, 則民人從.

進兼天下而退從民人, 其術遠, 則衆人莫見其端末.

莫見其端末, 是以莫知其極.

故曰:「無不克, 則莫知其極.」

【治人】人爲로써 이루어지는 사안을 다스리고 통제함.

【孔竅】孔竅는 '구멍'의 뜻으로 사람의 신체에서 耳目口鼻 등 외부와 소통하는 기관을 가리킴.

【和氣】조화를 이루는 기운.《老子》에서 말하는 '沖氣'와 같음.

【早服】일부 판본에는 '蚤服'으로 표기함.
【蓋世】세상을 모두 덮은 기세. 項羽의 詩에 "力拔山, 氣蓋世"라 함.
【端末】시작과 종결. 사건의 經緯를 뜻함. 그러나 〈乾道本〉에는 '末'자가 없음.

참고 및 관련 자료

1.《老子》59장
治人, 事天, 莫若嗇. 夫唯嗇, 是以早服. 早服謂之重積德; 重積德則無不克;
無不克則莫知其極; 莫知其極, 可以有國; 有國之母, 可以長久. 是謂深根固柢,
長生久視之道.

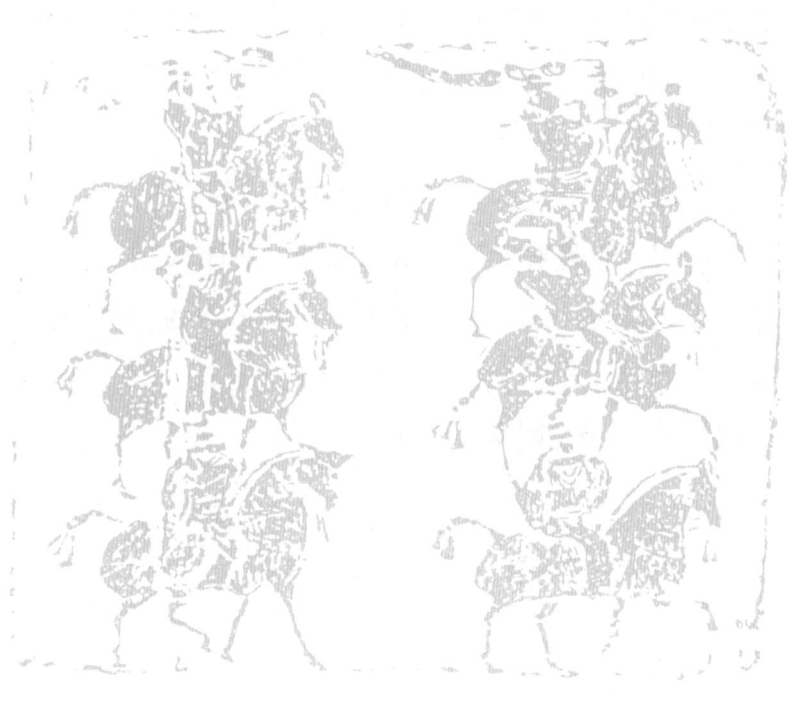

114(20-18)
몸과 나라의 궁극

무릇 나라를 가지고 있다가 뒤에 잃거나 몸을 가지고 있다가 뒤에 재앙을 만난다면, 이는 능히 나라를 보유했으며 능히 그 몸을 지니고 있었다고 말할 수 없다.

대체로 능히 나라를 가지고 있다면 모름지기 그 사직을 안정시켜야 하며, 몸을 보유하고 있다면 모름지기 그 수명을 다해야 하는 것이며, 그러한 이후에야 능히 그 나라를 가지고 있었고 그 몸을 보존하고 있었다고 말할 수 있을 것이다.

무릇 능히 나라를 가지고 있고 그 몸을 보존할 수 있기 위해서는 반드시 도를 체득해야 한다.

도를 깨우치면 지혜가 깊어지고 지혜가 깊어지면 계책이 원대해지며, 계책이 원대해지면 많은 일반 사람들은 그 궁극을 능히 알아 볼 수 없게 된다.

오직 사람들로 하여금 그 일의 궁극을 알아차릴 수 없도록 하되, 그 일의 궁극을 알아차릴 수 없도록 하는 자만이 능히 그 몸을 보존하고 그 나라를 보유할 수 있다.

그 때문에 "그 궁극을 알아보지 못한다"라 하였고 "그 궁극을 알아보지 못하면 가히 나라를 보유할 수 있다"라고 한 것이다.

凡有國而後亡之, 有身而後殃之, 不可謂能有其國·能保
其身.

夫能有其國, 必能安其社稷; 能保其身, 必能終其天年;
而後可謂能有其國·能保其身矣.

夫能有其國·保其身者, 必且體道.

體道, 則其智深; 其智深, 則其會遠; 其會遠, 衆人莫
能見其所極.

唯夫能令人不見其事極, 不見其事極者, 爲能保其身·
有其國.

故曰:「莫知其極.」「莫知其極, 則可以有國.」

【必且體道】 '體'는 '履'와 같은 뜻. 몸소 행함.

【會遠】 '會'는 '會計'의 뜻. 計策·計算·謀策·謀事 등의 뜻.

【唯夫能令人】 顧廣圻의 《韓非子識誤》에는 '唯夫' 다음에 '體道' 두 글자가
있어야 한다고 하였음.

【莫知其極】 앞의 "莫知其極"은 衍文이 아닌가 함. 盧文弨는 "複「莫知其極」四字,
疑衍"이라 함.

참고 및 관련 자료

1. 《老子》 59장
治人·事天, 莫若嗇. 夫唯嗇, 是以早服. 早服謂之重積德; 重積德則無不克;
無不克則莫知其極; 莫知其極, 可以有國; 有國之母, 可以長久. 是謂深根固柢,
長生久視之道.

115(20-19)
뿌리를 견고하게 하라

이른바 "나라를 보유하는 어머니"라 한 말에서 어머니란 도道를 뜻한다.

도라는 것은 나라를 보유하는 수단인 술術에서 생겨나며, 나라를 보유하는 수단이므로 이를 일러 "나라를 보유하는 어머니"라 한 것이다.

무릇 도는 이 세상과 함께 주선周旋하는 것으로써 그 생명을 세움은 길고, 녹祿도 오래도록 지속시킨다.

그 때문에 "나라를 보유하는 어머니는 가히 장구할 수 있다"라 한 것이다.

수목에는 가는 실뿌리가 있고 곧은뿌리가 있다.

곧은뿌리란 서書에서 이른바 저柢라고 한다.

곧은뿌리란 나무의 생명을 세워주는 것이며, 실뿌리란 나무의 생명을 지속시키는 것이다.

덕이란 사람의 생명을 세워주는 것이며, 녹이란 사람이 생명을 지속시켜 주는 것이다.

지금 이치에 이를 세워놓는다면 그 녹을 유지함이 오래도록 이어질 것이다.

그 때문에 "그 실뿌리를 깊게 하라"라고 한 것이다.

그 도를 깨우친 자는 생명이 날로 길어질 것이므로 그 때문에 "그 곧은 뿌리를 견고하게 하라"라고 한 것이다.

곧은뿌리가 견고하면 생명이 길어지고, 실뿌리가 깊으면 길게 살아 움직일 수 있게 될 것이다.

그 때문에 "그 실뿌리를 깊게 하고 그 곧은뿌리를 튼튼하게 하는 것이 생명을 길게 하고 오래 살아 움직이는 길이다"라고 한 것이다.

所謂「有國之母」: 母者, 道也.

道也者, 生於所以有國之術; 所以有國之術, 故謂之 「有國之母.」

夫道以與世周旋者, 其建生也長, 持祿也久.

故曰:「有國之母, 可以長久.」

樹木有曼根, 有直根.

直根者, 書之所謂「柢」也.

柢也者, 木之所以建生也; 曼根者, 木之所以持生也.

德也者, 人之所以建生也; 祿也者, 人之所以持生也.

今建於理者, 其持祿也久,

故曰:「深其根.」

體其道者, 其生日長, 故曰:「固其柢.」

柢固, 則生長; 根深, 則視久.

故曰:「深其根, 固其柢, 長生久視之道也.」

【周旋】 돌아다님. 끊임없이 變轉하고 접촉함.
【持祿】 俸祿을 계속 받음. 祿은 福과 같음.
【曼根】 '曼'은 '蔓'과 같음. 이리저리 蔓延하게 길게 뻗은 실뿌리들. 細根.

【直根】 곧게 내린 곧은뿌리 '主根'을 말함. 본장의 내용에서 直根은 柢에, 曼根은 根에 해당함.

【根者, 書之所謂柢也】 兪樾의 《諸子平議》에 "根上當有直字. 上云曼根, 有直根, 此云直根者, 下云曼根者, 蓋承上而分釋之. 韓子之意, 以老子所謂深根固柢, 根卽曼根, 柢卽直根也, 今奪直字, 失其旨矣"라 함.

【書】 《老子》 59장의 기록을 가리킴.

【柢】 柢는 直根에 해당함. 곧은뿌리. 근거란 뜻.

【長生視久】 '視'는 '活'과 같음. 《呂氏春秋》 重己篇, 《荀子》 榮辱篇, 《孔子家語》 賢君篇, 《說苑》 脩文篇 등에 모두 '長生久視'라는 말이 있으며 《呂氏春秋》 高誘注에 "視, 活也"라 하였음. 한편 陳奇猷의 《韓非子集釋》에는 "生則能視, 死者無視, 故高以視爲活也"라 함.

참고 및 관련 자료

1. 《老子》 59장

治人·事天, 莫若嗇. 夫唯嗇, 是以早服. 早服謂之重積德; 重積德則無不克; 無不克則莫知其極; 莫知其極, 可以有國; 有國之母, 可以長久. 是謂深根固柢, 長生久視之道.

116(20-20)
공인工人이 자주 직업을 바꾸면

공인工人이 자주 업종을 바꾸면 성과를 잃게 될 것이며, 경작을 하는 자가 자주 옮겨 다니면 그 성과를 망치게 될 것이다.

한 사람의 작업에서 하루에 반나절씩 잃게 되면 열흘이면 다섯 사람 성과가 사라지는 것이며, 만 사람의 작업에서 매일 반나절씩 잃게 되면 열흘이면 오만 명 몫의 성과가 사라지는 것이다.

그렇다면 업종을 자주 바꾸는 것은 그 인원이 많으면 많을수록 손실은 그만큼 커지는 것이다.

무릇 법령을 고치면 이해 당사자들이 바뀌고 이해 당사자들이 바뀌면 백성은 변화에 매달리게 되며, 백성이 변화에 매달리게 되는 것을 일러 변업變業이라 한다.

그러므로 이치로써 이를 보건대 많은 무리에게 일을 시키면서 자주 흔들게 되면 공을 이룸이 적어질 것이요, 큰 그릇에 물건을 갈무리하면서 자주 옮기게 되면 파손이 많을 것이며, 작은 물고기를 끓이면서 자주 휘저으면 주장을 괴롭히는 것이며, 큰 나라를 다스리면서 법을 자주 바꾸면 백성들은 고통스러워할 것이다.

이 까닭으로 도를 터득한 군주는 허정虛靜을 귀히 여기면서 법 고치기를 신중히 하는 것이다.

그 때문에 "큰 나라를 다스리는 자는 마치 작은 물고기를 끓이듯이 하라"라고 한 것이다.

工人數變業則失其功, 作者數搖徙則亡其功.

一人之作, 日亡半日, 十日則亡五人之功矣; 萬人之作, 日亡半日, 十日則亡五萬人之功矣.

然則數變業者, 其人彌衆, 其虧彌大矣.

凡法令更則利害易, 利害易則民務變, 民務變謂之變業.

故以理觀之, 事大衆而數搖之, 則少成功; 藏大器而數徙之, 則多敗傷; 烹小鮮而數撓之, 則賊其宰; 治大國而數變法, 則民苦之.

是以有道之君貴虛靜, 而重變法.

故曰:「治大國者若烹小鮮.」

【數變業】'數'은 '삭'으로 읽으며 빈번하게 자주 함.

【作者】耕作者. 농사짓는 일에 종사하는 사람. 농부.

【彌衆-彌大】무리가 많을수록 그 손실도 커짐. 미는 愈·越과 같음.

【大器】나라의 소중한 器物을 가리킴.

【賊其宰】'宰'는 다른 판본에는 '澤'으로 되어 있어 물고기의 광택을 뜻하는 것으로 보았음. 그러나 王先愼은 〈集解〉에서 "各本宰作澤. 案澤字誤, 當作宰. 割烹, 宰夫之職, 當烹時而頻數撓亂, 則宰夫不能盡其烹飪之功, 是謂賊害其宰. 宰與罜, 隷形相似, 因譌爲罜, 賤人不審, 妄加水旁作澤耳"라 하여 이에 따라 풀이함.

【而重變法】다른 판본에는 '不重變法'으로 되어 있으며, 이에 대해 〈集解〉에는 "而作不, 案不字誤"라 함. 그러나 陳奇猷는 《韓非子集釋》에서 '不'자를 그대로 두고 "重, 猶尙也"라 하여 "변법을 숭상하지 않는다"로 보았음.

참고 및 관련 자료

1. 《老子》60장

治大國, 若烹小鮮.

2. 《藝文類聚》(54)

《韓子》曰: 治大國而數變法, 則民苦之. 是以有道之君, 貴虛靜而重變法.

3. 기타《太平御覽》(638) 및《群書治要》를 볼 것.

117(20-21)
병을 만나야 의원이 귀한 줄 안다

사람이 병에 걸리면 의원醫員을 귀하게 여기고, 재앙을 만나면 귀신을 두려워하게 된다.

성인이 윗자리에 있으면 백성들은 욕심을 적게 부리고, 백성이 욕심을 적게 부리면 혈기가 잘 통하여 거동이 이치대로 움직이게 되며, 거동이 이치대로 움직이게 되면 재앙과 손해를 줄일 수 있다.

무릇 몸 안에 종기나 등창·치질 따위의 상해가 없고, 밖으로 형벌이나 법에 의한 재앙이 없다면 마음이 편안하여 귀신을 아무것도 아닌 것으로 여기기가 심할 것이다.

그 때문에 "도로써 천하에 임하면 귀신도 신령함을 부릴 수 없다"라 한 것이다.

치세의 백성들은 귀신과 서로 해를 입히지 않는다.

그러므로 "귀신이 신령스럽지 않은 것이 아니라 그 신령함이 사람에게 상해를 입히지 않는다"라고 한 것이다.

귀신이 재앙이 되어 사람에게 질환을 입히는 것을 일러 '귀신이 사람을 해친다'라 하고, 사람이 귀신을 몰아 없애는 것을 일러 '사람이 귀신을 해친다'라고 하는 것이다.

마찬가지로 백성이 법령을 범하는 것을 일러 '백성이 윗사람을 해친다'라고 하고, 윗사람이 백성에게 형을 내리고 죽이는 것을 일러 '윗사람이 백성을 해친다'라고 하는 것이다.

백성이 법을 범하지 않으면 윗사람도 또한 형벌을 집행하지 않을 것이니 윗사람이 형벌을 집행하지 않는 것을 일러 '윗사람이 사람을 해치지 않는다'라고 하는 것이다.

그 때문에 "성인도 또한 백성을 해치지 않는다"라고 한 것이다.

윗사람과 백성이 서로 해치지 않으니 사람도 귀신과 더불어 서로 해치지 않는 것이다.

그러므로 "양쪽이 모두 서로 해치지 않는다"라고 한 것이다.

백성이 감히 법을 범하지 않으면 윗사람은 안으로 형벌을 가하지 않고, 밖으로는 산업의 이익만을 위하지 않게 된다.

윗사람이 안으로 형벌을 사용하지 않고, 밖으로 그 산업을 이익이라 여기지 않으면 백성들은 번성하여 불어나게 될 것이다.

백성들이 번성하여 불어나면 축적이 많아지게 될 것이니, 백성들이 번식하여 불어나고 축적이 많아지는 것을 일러 '유덕有德'이라 한다.

무릇 소위 귀신의 재앙이라는 것은 혼백魂魄이 떠나가고 정신精神이 혼란해지는 것이니 정신이 혼란하다면 이는 무덕無德 때문이다.

귀신이 사람에게 재앙을 입히지 않으면 혼백이 떠나가지 않을 것이며 혼백이 떠나가지 않으면 정신도 혼란해지지 않을 것이니 정신이 혼란해지지 않는 것을 일러 '유덕'이라 한다.

윗사람이 축적을 풍성하게 하고 귀신이 그 정신을 혼란스럽게 하지 않으면 덕이 백성에게 모두 갖추어져 있게 될 것이다.

그 때문에 "양쪽이 서로 해치지 않으면 덕은 서로 제자리로 돌아간다"라고 한 것이다.

이는 그 덕이 아래위로 교차되어 풍성해져서 함께 백성에게로 돌아가게 됨을 말한 것이다.

人處疾則貴醫, 有禍則畏鬼.

聖人在上, 則民少欲; 民少欲, 則血氣治而擧動理; 擧動理則少禍害.

夫內無痤疽癉痔之害, 而外無刑罰法誅之禍者, 其輕恬鬼也甚.

故曰:「以道莅天下, 其鬼不神.」

治世之民, 不與鬼神相害也.

故曰:「非其鬼不神也, 其神不傷人也.」

鬼崇也疾人之謂鬼傷人, 人逐除之之謂人傷鬼也.

民犯法令之謂民傷上, 上刑戮民之謂上傷民.

民不犯法, 則上亦不行刑; 上不行刑之謂上不傷人,

故曰:「聖人亦不傷民.」

上不與民相害, 而人不與鬼相傷.

故曰:「兩不相傷.」

民不敢犯法, 則上內不用刑罰, 而外不事利其產業.

上內不用刑罰, 而外不事利其產業, 則民蕃息.

民蕃息而蓄積盛, 民蕃息而蓄積盛之謂有德.

凡所謂崇者, 魂魄去而精神亂, 精神亂則無德.

鬼不崇人則魂魄不去, 魂魄不去則精神不亂, 精神不亂之謂有德.

上盛蓄積而鬼不亂其精神, 則德盡在於民矣.

故曰:「兩不相傷, 則德交歸焉.」

言其德上下交盛而俱歸於民也.

【在上】'上'은 군주를 가리킴. 윗자리에서 통치를 맡음.
【少欲】욕심을 적게 가짐. 寡慾과 같음.

【血氣治】血氣는 체력을 말함. 治는 관리함. 건강상태가 양호함.

【擧動理】理는 治로 통함. 순리에 맞게 동작이 이루어짐.

【痤疽癉痔】痤·疽·癉·痔 모두 악성 종기류의 질환.

【輕恬】가볍게 보고 업신여김. 귀신에 대하여 지나친 두려움을 갖지 않게 됨을 말함.

【莅天下】'莅'는 '蒞'와 같으며 '臨'의 뜻. 雙聲互訓.

【神】신령함. 영험함.

【祟也疾人】'祟'는 '수'로 읽으며 殃禍를 내리는 빌미. 사람에게 고통을 주는 재앙의 원인.

【事利】이익을 탐냄. 백성을 혹사하여 경제적인 이익을 얻고자 함. 백성의 노동력을 착취함.

【蕃息】'繁殖'과 같음.

【德交歸】귀신과 성인이 서로 함께 德에 귀착함.《小爾雅》에 "交, 俱也"라 함.

참고 및 관련 자료

1.《老子》60장
以道莅天下, 其鬼不神; 非其鬼不神, 其神不傷人; 非其神不傷人, 聖人亦不傷人. 夫兩不相傷, 故德交歸焉.

118(20-22)
이웃한 적에게 원한을 품지 않는다

도가 있는 임금은 밖으로 이웃한 적에게 원한을 품지 않으며, 안으로는 백성에게 덕택을 베푼다.

무릇 밖으로 이웃한 적에게 원한을 품지 않는다는 것은 그가 제후들을 예우하여 밖으로 예의를 지키는 것이요, 안으로 백성에게 덕택을 베푼다는 것은 그 다스림이 근본에 힘씀을 말한다.

제후들을 예우하여 예의를 지킨다면 전쟁이 거의 일어나지 않을 것이며, 백성에게 근본을 힘쓰도록 다스린다면 사치가 그치게 될 것이다.

대체로 말이 크게 소용되는 까닭은 밖으로는 무기를 공급하고 안으로는 사치품을 실어 나르기 때문이다.

지금 도가 있는 임금이 밖으로 무기를 거의 쓰지 않고 안으로 사치를 금하게 되면 임금은 말을 전투나 쫓기는 적을 추격하는 일에 쓰지 않을 것이며, 백성은 말로써 멀리 있는 사치품 나르는 데 쓰지 않은 채 그 힘을 쏟는 곳은 오직 논밭 농사일일 뿐일 것이다.

논과 밭에 힘을 쏟으면 틀림없이 나아가 땅을 일구고 물을 대게 될 것이다.

그 때문에 "천하에 도가 행해지면 내닫던 말을 멈추게 하여 논밭을 갈게 될 것이다"라고 한 것이다.

有道之君, 外無怨讐於鄰敵, 而內有德澤於人民.

夫外無怨讐於鄰敵者, 其遇諸侯也, 外有禮義; 內有德澤於人民者, 其治人事也務本.

遇諸侯有禮義, 則役希起; 治民事務本, 則淫奢止.

凡馬之所以大用者, 外供甲兵而內給淫奢也.

今有道之君, 外希用甲兵, 而內禁淫奢.

上不事馬於戰鬪逐北, 而民不以馬遠淫通物, 所積力唯田疇.

積力於田疇, 必且糞灌.

故曰:「天下有道, 卻走馬以糞也.」

【怨讐】 원한을 품거나 원수 관계가 되도록 외교를 악화시킴.

【遇諸侯】 예를 가지고 제후와 교제함. 遇는 예우의 뜻.

【務本】 '本'은 농사일을 가리킴. 농사에 먼저 힘씀.

【役希起】 '役'은 戰役. 전쟁. '希'는 '稀'와 같으며 '末'의 뜻. '大音希聲'의 '希'와 같음.

【淫奢】 '淫'은 度를 넘어선 逸脫 행동·奢는 奢侈.

【逐北】 '北'는 '배'로 읽음. 달아나는 적을 추격함.

【田疇】 '疇'는 밭도랑. 논밭을 뜻하며 농사일을 가리킴.

【糞灌】 施肥와 灌漑. '糞'은 '施肥'를 통해 농토를 기름지게 함. 灌은 물을 댐.

【卻走馬】 '卻'은 '却'과 같음. 전투에서 물러나도록 함. 전투 임무를 그치게 함. 《說文》에 "卻, 止也"라 함. '走馬'는 '戰馬'. 잘 달리는 말.

참고 및 관련 자료

1. 《老子》 46장

天下有道, 却走馬以糞; 天下無道, 戎馬生於郊.

119(20-23)
암말까지 전투에

임금 된 자가 무도하면 안으로는 그 백성에게 포학한 짓을 하고, 밖으로는 이웃 나라를 침해하며 기만하게 된다.

안으로 포학한 짓을 하면 백성의 산업이 멸절될 것이요, 밖으로 침해와 속임수를 쓰면 전쟁이 자주 일어나게 될 것이다.

백성의 산업이 멸절되면 가축이 감소할 것이요, 전쟁이 자주 일어나면 병사들이 다 죽어 없어지게 될 것이다.

가축이 줄면 군마가 모자라게 될 것이요, 병사들이 죽어 없어지면 군대가 위태롭게 될 것이다.

군마가 모자라면 새끼 밴 암말까지 전투에 나서야 할 것이요, 군대가 위태로우면 측근의 신하들까지도 전투에 나서야 할 것이다.

말이란 군에서 크게 쓰이는 것이요, 교郊란 도성에서 가까운 곳을 말한다.

지금 군에 공급되어 갖추어야 할 것들이, 암말이나 측근 신하들로 채워지게 된다.

그 때문에 "천하에 도가 행해지지 않으면 군마가 근교에서 새끼를 낳는다"라고 한 것이다.

人君者無道, 則內暴虐其民, 而外侵欺其鄰國.

內暴虐, 則民産絶; 外侵欺, 則兵數起.

民產絶, 則畜生少; 兵數起, 則士卒盡.

畜生少, 則戎馬乏; 士卒盡, 則軍危殆.

戎馬乏, 則將馬出; 軍危殆, 則近臣役.

馬者, 軍之大用; 郊者, 言其近也.

今所以給軍之具於將馬近臣.

故曰:「天下無道, 戎馬生於郊矣.」

【人君者無道】〈乾道本〉은 "人君無道道"로 되어 있으나 이는 오류임. 〈集解〉에
"先愼案: 乾道本脫「者」字, 空格於下, 淺人妄增「道」字以補之"라 함.

【侵欺】侵陵(侵凌)과 같음. '欺'는 '陵'·'瞞' 등과 같음.

【將馬】'將'은 '牸'의 오류. 牸는 새끼 밴 암말을 가리킴. 牸牝을 뜻함. 顧廣圻는
"將, 當作牸. 形近之誤.《鹽鐵論》未通云:「當此之時, 却走馬以糞, 其後師旅數發,
戎馬不足, 牸牝入陣, 故駒犢生於戰地」, 卽本於此也"라 함.

【將馬近臣】牸馬近臣의 오기. 새끼 밴 암말이나 임금의 측근 신하는 군중에
사용할 대상들이 아님. 〈集解〉에 "先愼曰:「牸馬近臣, 非軍中之用, 今因乏殆,
故並及之」"라 함.

【生於郊】도성 가까운 곳에서 전투가 벌어져 위급함에 새끼 밴 암말이 동원되었
다가 그 전장에서 새끼를 낳게 되는 상황을 말함.

참고 및 관련 자료

1.《老子》46장

天下有道, 却走馬以糞; 天下無道, 戎馬生於郊.

120(20-24)
욕심보다 더 큰 재앙은 없다

사람이 욕심을 가지면 계산과 계획이 혼란스럽게 되고, 계산과 계획이 혼란스러우면 욕심이 더욱 심해지며, 욕심이 심해지면 사악한 마음이 기승을 부리고, 사악한 마음이 기승을 부리면 일의 바른 길이 끊기며, 일의 기본이 끊기면 재앙과 환난이 생겨나게 된다.

이로 말미암아 보건대 재앙과 환난은 사악한 마음에서 생겨나며, 사악한 마음은 욕심을 부리는 데에서 유도되는 것이다.

욕심을 부릴 만한 일들은 앞서서는 양민들을 간악하게 가르치는 것이요, 물러서서는 선한 사람들로 하여금 재앙을 받도록 하는 일이다.

간악함이 일어나게 되면 위로 임금을 침범하여 약화시키고, 재앙이 닥치면 백성들이 많은 상처를 입게 된다.

그렇다면 욕심을 부릴 만한 일들은 위로 군주를 침해하여 약화시키고 아래로 인민을 다치게 하는 것이다.

무릇 위로 군주를 침해하여 약화시키고 아래로 인민을 다치게 한다는 것은 큰 죄이다.

그 때문에 "재앙 가운데 욕심을 부리는 것보다 더 큰 것은 없다"라 한 것이다.

이 까닭으로 성인은 오색五色의 아름다움에 마음이 끌리지 않으며, 음악의 즐거움에 빠져들지 않으며, 현명한 군주는 완상품을 천하게 여기고, 음란하고 화려한 것을 없앴던 것이다.

人有欲, 則計會亂; 計會亂, 而有欲甚; 有欲甚, 則邪心勝; 邪心勝, 則事經絕; 事經絕, 則禍難生.

由是觀之, 禍難生於邪心, 邪心誘於可欲.

可欲之類, 進則敎良民爲姦, 退則令善人有禍.

姦起, 則上侵弱君; 禍至, 則民人多傷.

然則可欲之類, 上侵弱君而下傷人民.

夫上侵弱君而下傷人民者, 大罪也.

故曰:「禍莫大於可欲」

是以聖人不引五色, 不淫於聲樂; 明君賤玩好而去淫麗.

【計會】 사물에 대하여 계산하고 계획함. 會는 會計의 뜻.

【經絕】 顧廣圻는 '經'을 '徑'으로 보았고, 尹桐陽은 '理'로 보았음.

【進·退】 進은 적극적인 先導(提唱)를 뜻하며, 退는 소극적으로 禁止함을 뜻함.

【侵弱】 침해하여 약화시킴.

【禍莫大於可欲】《老子》46장의 原文과 다르며 顧廣圻는《韓非子識誤》에서 "禍, 當作罪, 與上文大罪也相承. 喩老不誤, 傳本及今德經皆作罪"라 함.

【玩好】 玩賞品이나 好奇物.

【淫麗】 '淫'은 지나친 것. '麗'는 아름다운 것.

참고 및 관련 자료

1.《老子》46장

禍莫大於不知足; 咎莫大於欲得. 故知足之足, 常足矣.

121(20-25)
털과 깃이 없으니 옷을 입는다

사람에게는 털이나 깃이 없어 옷을 입지 않으면 추위를 견디지 못한다.

위로 하늘에 매달려 있지 못하고 아래로 땅에 붙어 있지 못하여 장과 위를 근본으로 하고 있으므로 먹지 않으면 살아갈 수 없다.

이런 까닭으로 이득을 보려는 마음에서 벗어나지 못하며, 이득 보려는 마음을 물리치지 못하는 것은 사람 몸의 근심이다.

그러므로 성인은 옷이 충분히 추위를 견딜 수 있고, 음식이 충분히 허기진 배를 채울 수 있다면 근심을 하지 않는다.

그러나 일반 보통 사람들은 그렇지 못하여 크게는 제후가 되고 작게는 천금이나 되는 재산을 남기더라도 이득 보려는 근심을 물리칠 수 없다.

죄수도 형을 면제받는 경우가 있고 죽을죄를 지었어도 때로는 살아날 수 있건만, 지금은 족함을 알지 못하는 근심을 종신토록 해결하지 못하고 있다.

그 때문에 "재앙은 만족할 줄 모르는 것보다 더 큰 것이 없다"라고 한 것이다.

人無毛羽, 不衣則不犯寒.

上不屬天而下不著地, 以腸胃爲根本, 不食則不能活.

是以不免於欲利之心, 欲利之心不除, 其身之憂也.
故聖人衣足以犯寒, 食足以充虛, 則不憂矣.
眾人則不然, 大爲諸侯, 小餘千金之資, 其欲得之憂不
除也.
胥靡有免, 死罪時活, 今不知足者之憂, 終身不解.
故曰:「禍莫大於不知足.」

【羽毛】 사람의 옷에 해당하는 것.
【犯寒】 추위를 이겨냄. '犯'은 '勝'과 같음. 《爾雅》 釋詁에 "犯, 勝也"라 함.
【充虛】 허기진 배를 채움. 虛는 空腹의 뜻.
【胥靡】 이미 형이 정해져 徒刑·徒役의 형벌을 받고 있는 죄수를 뜻함. 《尙書》
  說命篇 "使胥靡刑人築護此道"의 疏에 "胥, 相也; 靡, 隨也. 古者相隨坐輕罪之名"
  이라 하였고, 《莊子》 庚桑楚 疏에 "胥靡, 徒役之人也"라 함.

참고 및 관련 자료

1. 《老子》 46장
禍莫大於不知足; 咎莫大於欲得. 故知足之足, 常足矣.

122(20-26)
허물로써 이득을 보려 한다면

　그러므로 이득에 대한 욕심이 심하면 근심이 생기고, 근심이 생기면 질병이 생긴다. 질병이 생기면 지혜가 쇠약해지고 지혜가 쇠약해지면 사물에 대한 헤아림을 잃고, 사물에 대한 헤아림을 잃으면 마구 행동하게 되고, 마구 행동하면 재앙과 손해가 다가오게 되며, 재앙과 손해가 다가오면 질병이 안에서 몸을 괴롭히게 되고, 질병이 몸 안에서 괴롭히면 통증이 있게 되고, 재앙이 밖에서 압박하면 고통스럽게 되며, 고통과 통증이 장과 위 사이에 뒤엉키게 되면 사람으로서의 아픔이 참혹하게 되며, 참혹하게 되면 그제야 물러서서 자신을 꾸짖게 된다.

　물러서서 자신을 꾸짖게 되는 것은 이득 보려고 하는 마음에서 생긴 것이다.

　그 때문에 "허물로써 이득 보려고 하는 것보다 더 참혹한 것은 없다" 라고 한 것이다.

　　故欲利甚於憂, 憂則疾生, 疾生而智慧衰, 智慧衰則失度量, 失度量則妄擧動, 妄擧動則禍害至, 禍害至而疾嬰內, 疾嬰內則痛, 禍薄外則苦, 苦痛雜於腸胃之間, 則傷人也憯, 憯則退而自咎.

退而自咎也, 生於欲利.
故曰:「咎莫憯於欲利.」

【甚於憂】'於'는 '則'과 같음.
【疾生而智慧衰】'而' 또한 '則'과 같음.
【疾嬰】'嬰'은 '攖'과 같음.
【禍薄】'薄'은 '迫'과 같음.
【憯】'慘'과 같음. 육체적 정신적으로 심한 苦痛과 처절함을 뜻함.《說文》에 "憯, 痛也"라 함.
【咎】허물로 여김. 탓함. 책망함. 그제야 자신의 잘못임을 후회함.

참고 및 관련 자료

1.《老子》46장
禍莫大於不知足; 咎莫大於欲得. 故知足之足, 常足矣.

123(20-27)
만물은 자연의 법칙에 따라

도道란 만물이 그렇게 되는 것이며, 모든 이理가 상응하는 것이다.

이理란 사물을 이루는 법칙이며, 도란 만물을 이루게 하는 원인이다.

그러므로 "도는 이치대로 하는 것이다"라고 말한 것이다.

사물에는 각기 이치가 있어 서로 침범하지 않으며, 이처럼 사물에 각기 이치가 있어 서로 침범하지 않으므로 이치는 사물을 만들어내는 체제가 되는 것이다.

만물은 각각 이치를 달리하며, 이처럼 만물이 이치를 달리하므로 도는 만물의 이치를 모두 상응시키는 것이다.

그 때문에 변화하지 않을 수 없으며, 변화하지 않을 수 없으므로 늘 똑같은 조종操縱이란 없으며, 언제나 똑같은 조종이 없기에 죽고 사는 기氣가 그 속에 들어 있고, 수많은 지혜로 짐작함이 그 속에 들어 있고, 수많은 일들이 사라지고 나타남이 그 속에 들어 있는 것이다.

하늘은 이를 얻어 높은 것이요, 땅은 이를 얻어 모든 것을 간직하는 것이요, 유두維斗는 이를 얻어 그 위세를 이루고 있는 것이요, 해와 달은 이를 얻어 늘 빛을 발하는 것이요, 오상五常은 이를 얻어 늘 그 위치를 지키고 있는 것이요, 많은 별들은 이를 얻어 그 운행이 바른 것이요, 사시四時는 이를 얻어 기氣의 변화를 통제하는 것이요, 헌원씨軒轅氏는 이를 얻어 사방에 군림했던 것이요, 적송자赤松子는 이를 얻어 천지와 함께 장수했던 것이요, 성인은 이를 얻어 문물제도를 만들어 냈던 것이다.

도道는 요堯·순舜과 함께 하면 그와 함께 지혜롭게 되는 것이요, 접여接輿와 함께 하면 그와 함께 미치광이가 되는 것이며, 걸桀·주紂와 함께 하면 그와 함께 멸망하는 것이요, 탕湯·무武와 함께 하면 그와 함께 창성하는 것이다.

가까이 있다고 여기면 사방 끝 멀리 노닐고 있고, 멀리 있다고 여기면 항상 내 곁에 있으며, 어둡다고 여기면 그 빛이 찬란하고, 밝다고 여기면 그 물건이 컴컴하다.

그러면서 그 공력功力은 천지를 만들어내고, 화기는 우레가 되며, 우주 안의 모든 사물이 거기에 의존하여 이루어지고 있다.

무릇 도의 실정은 규제를 받지도 않고 형태도 갖추지 않았으며, 유연하고 약하나 때에 따라 변하여 이치와 서로 상응하고 있다.

만물은 그것을 얻음으로써 죽기도 하고 그것을 얻음으로써 살기도 하며, 만사는 그것을 얻어 패하기도 하고 그것을 얻음으로써 성공하기도 한다.

도는 비유컨대 마치 물과 같아서 물에 빠진 사람은 물을 너무 많이 마시면 즉시 죽게 되고, 목마른 사람은 물을 적당히 마시면 즉시 살아나니, 비유하면 칼이나 창과도 같아서 어리석은 사람이 그것으로 분을 풀면 재앙이 생기고, 성인이 그것으로 포악한 자를 주벌하면 복을 이룬다.

그 때문에 "이를 얻음으로써 죽기도 하고 이를 얻음으로써 살기도 하며, 이를 얻음으로써 실패하기도 하고 이를 얻음으로써 성공하기도 하는 것"이다.

道者, 萬物之所然也, 萬理之所稽也.

理者, 成物之文也; 道者, 萬物之所以成也.

故曰:「道, 理之者也.」

物有理, 不可以相薄; 物有理不可以相薄, 故理之爲物之制.

萬物各異理, 萬物各異理而道盡稽萬物之理.

故不得不化; 不得不化, 故無常操. 無常操, 是以死生氣稟焉, 萬智斟酌焉, 萬事廢興焉.

天得之以高, 地得之以藏, 維斗得之以成其威, 日月得之以恆其光, 五常得之以常其位, 列星得之以端其行, 四時得之以御其變氣, 軒轅得之以擅四方, 赤松得之與天地統, 聖人得之以成文章.

道, 與堯·舜俱智, 與接輿俱狂, 與桀·紂俱滅, 與湯·武俱昌.

以爲近乎, 遊於四極; 以爲遠乎, 常在吾側; 以爲暗乎, 其光昭昭; 以爲明乎, 其物冥冥.

而功成天地, 和化雷霆, 宇內之物, 恃之以成.

凡道之情, 不制不形, 柔弱隨時, 與理相應.

萬物得之以死, 得之以生; 萬事得之以敗, 得之以成.

道譬諸若水, 溺者多飲之卽死, 渴者適飲之卽生; 譬之若劍戟, 愚人以行忿則禍生, 聖人以誅暴則福成.

故「得之以死, 得之以生, 得之以敗, 得之以成.」

【道·理】 본장의 내용은 道가 理를 가지고 모든 사물의 질서를 이룸을 해석한 것으로 《老子》14장 '是謂道紀'를 풀이한 것으로 여기고 있음.

【所然】 그렇게 이루어져 있는 바. 《廣雅》 釋詁에 "然, 成也"라 함.

【稽】 相合·相應·相當의 뜻. 역시 《廣雅》 釋詁에 "稽, 合也"라 함.

【文】 紋理. 條理. 구체적인 법칙. 규율.

【薄】 '迫'과 같음. 압박함. 侵害함. 物雙松은 "迫, 侵也"라 함.

【稟焉】그 속에 稟賦 받은 自然의 攝理가 들어 있음.

【斟酌】원래는 '술의 양을 재다'의 雙聲連綿語. 여기서는 '헤아리다', 또는 '吸取하다'의 뜻.

【維斗】北斗星.《莊子》大宗師의 成玄英 疏에 "北斗爲衆星綱維, 故曰維斗"라 함.

【五常】金木水火土의 五星. 그러나 '늘 그 자리를 지킨다'는 뜻으로 보아《淮南子》天文訓의 五星으로 여기고 있음. 한편《穀梁傳》序의 疏에는 "五星者, 卽東方歲星, 南方熒惑, 西方太白, 北方辰星, 中央鎭星是也"라 함.

【軒轅】黃帝 軒轅氏. 고대 五帝의 첫 번째 帝王으로 法家에서는 법가 시행의 훌륭한 제왕으로 높이 여기며 아울러 처음으로 사방을 제압하여 복종시키기도 하였음.《史記》五帝本紀에 "軒轅之時, 神農氏世衰, 諸侯相侵伐, 暴虐百姓, 而神農氏不能征, 於是軒轅乃習干戈, 以征不享, 諸侯咸來賓從"이라 함.

【赤松】고대 仙人 赤松子. 長生不死한 仙人으로 믿었음. 수신기(1)에 "赤松子者, 神農時雨師也. 服水玉散, 以敎神農. 能入火不燒. 至崑崙山, 常入西王母石室中, 隨風雨上下. 炎帝少女追之, 亦得仙, 俱去. 至高辛時, 復爲雨師, 遊人間. 今之雨師本是焉"이라 하였고,《抱朴子》(晉, 葛洪 撰) 內篇 仙藥에도 "赤松子以玄蟲血漬玉爲水而服之, 故能乘煙而上下也. 玉, 屑服之, 與水餌之, 俱能令人不死, 所以爲不及金者, 令人數數發熱, 似寒食散狀也"라 하였으며,《列仙傳》(漢, 劉向 撰) 卷上에도 "赤松子者, 神農時雨師也. 服水玉以敎神農. 能入火自燒. 往往至崑崙山上. 常止西王母石室中, 隨風雨上下. 炎帝少女追之, 亦得仙俱去. 至高辛時, 復爲雨師, 今之雨師本是焉. 眇眇赤松,

〈赤松子〉《仙佛奇蹤》

飄飄少女. 接手翻飛. 泠然雙擧. 縱身長風, 俄翼玄圃. 妙達巽坎, 作範司雨"라 하는 등 아주 널리 알려진 仙人. 한편《論衡》無形篇에는 "稱赤松·王喬, 好道爲仙, 度世不死"라 함.

【與天地統】'統'은 '終'의 오자가 아닌가 함. 孫詒讓의《札迻》에 "疑當作終, 言壽與天地同長也. 終統二字, 篆文形相近而誤"라 함.

【文章】文物典章, 文物制度를 뜻함.

【堯】전설상 上古시대 五帝의 하나. 陶唐氏. 唐堯로도 부름. 祁姓이며 이름은 放勳. 帝嚳의 아들.《十八史略》(1)에 "帝堯陶唐氏: 伊祁姓, 或曰名放勳, 帝嚳子也. 其仁如天, 其知如神, 就之如日, 望之如雲, 都平陽. 茆茨不剪, 土階三等. 有草生庭,

十五日以前, 日生一葉, 以後日落一葉, 月小盡, 則一葉厭而不落, 名曰蓂莢, 觀之
以知旬朔"이라 함.《史記》五帝本紀를 볼 것.

【舜】 고대 五帝의 하나. 有虞氏. 姓은 姒氏, 이름은 重華. 虞舜으로도 부름.
堯임금으로부터 천하를 물려받아 帝位에 오름. 瞽瞍의 아들로 孝誠이 뛰어났던
분으로 널리 알려져 있으며 儒家에서 聖人으로 추앙함.《十八史略》(1)에 "帝舜
有虞氏: 姚姓, 或曰名重華, 瞽瞍之子, 顓頊六世孫也. 父惑於後妻, 愛少子象,
常欲殺舜. 舜盡孝悌之道, 烝烝乂不格姦"이라 함.

【接輿】 楚나라 狂人.《論記》微子篇에 "楚狂接輿歌而過孔子曰:「鳳兮鳳兮! 何德
之衰? 往者不可諫, 來者猶可追. 已而, 已而! 今之從政者殆而!」孔子下, 欲與之言.
趨而辟之, 不得與之言"라 하였고, 邢昺 疏에 "接輿,
楚人, 姓陸, 名通, 字接輿也. 昭王時政令無常, 乃被髮
佯狂, 不仕, 時人謂之楚狂也"라 함. 한편《高士傳》
(上)에 "陸通, 字接輿, 楚人也. 好養性, 躬耕以爲食.
楚昭王時, 通見楚政無常, 乃佯狂不仕, 故時人謂之
楚狂, 孔子適楚, 楚狂接輿遊其門曰:「鳳兮鳳兮, 何如
德之衰也. 來世不可待, 往世不可追也. 天下有道,
聖人成焉, 天下無道, 聖人生焉, 方今之時, 僅免刑焉.
福輕乎羽, 莫之知載; 禍莫重乎地,莫之知避. 已乎
已乎, 臨人以德; 殆乎殆乎, 畫地而趨, 迷陽迷陽,
無傷吾行. 却曲却曲, 無傷吾足. 山木自寇也, 膏火

〈楚狂接輿(陸通)〉《高士傳圖像》

自煎也. 桂可食, 故伐之; 漆可用, 故割之 人皆知有用之用而不知無用之用也.」
孔子下車欲與之言, 趨而避之, 不得與之言. 楚王聞陸通賢, 遣使者持金百鎰, 車馬
二駟往聘曰:「王請先生治江南.」通笑而不應, 使者去. 妻從市來曰:「先生少
而爲義, 豈老違之哉? 門外車跡何深也? 妾聞: 義士非禮不動. 妾事先生, 躬耕
以自食, 親織以爲衣. 食飽衣暖, 其樂自足矣. 不如去之」於是夫負釜甑, 妻戴紝器,
變名易姓, 游諸名山, 食桂櫨實, 服黃菁子, 隱蜀峨眉山, 壽數百年, 俗傳以爲仙云.
『接輿厭濁, 放隱佯狂. 徵羅上士, 徒適遐方. 歌衰鳳德, 車下道傍. 洞天周涉, 妙藥
爲糧』"라 하였고,《列女傳》(2)에도 "楚狂接輿之妻也. 接輿躬耕以爲食. 楚王使
使者持金百鎰·車二駟往聘迎之, 曰:「王願請先生治淮南.」接輿笑而不應, 使者
遂不得與語而去. 妻從市來曰:「先生少而爲義, 豈將老而遺之哉? 門外車跡何
其深也?」接輿曰:「王不知吾不肖也, 欲使我治淮南, 遣使者持金駟來聘.」其妻曰:
「得無許之乎?」接輿曰:「夫富貴者, 人之所欲也. 子何惡我許之矣?」妻曰:「義士

非禮不動: 不爲貧而易操, 不爲賤而改行. 妾事先生, 躬耕以爲食, 親績以爲衣. 食飽衣暖, 據義而動, 其樂亦自足矣. 若受人重祿, 乘人堅良, 食人肥鮮, 而將何以待之?」接輿曰:「吾不許也.」妻曰:「君使不從, 非忠也; 從之又違, 非義也; 不如去之.」夫負釜甑, 妻戴紝器, 變名易姓而遠徙, 莫知所之. 君子謂:「接輿妻爲樂道而遠害.」夫安貧賤而不怠於道者, 唯至德者能之. 詩曰:『肅肅兔罝, 椓之丁丁.』言不怠於道也. 頌曰:『接輿之妻, 亦安貧賤. 雖欲進仕, 見時暴亂. 楚聘接輿, 妻請避館. 戴紝易姓, 終不遭難.』」라 하였으며, 《韓詩外傳》(2)에는 "楚狂接輿躬耕以食. 其妻之市, 未返. 楚王使使者齎金百鎰, 造門曰:「大王使臣奉金百鎰, 願請先生治河南.」接輿笑而不應, 使者遂不得辭而去. 妻從市而來, 曰:「先生少而爲義, 豈將老而遺之哉? 門外車軼, 何其深也?」接輿曰:「今者, 王使使者齎金百鎰, 欲使我治河南.」其妻曰:「豈許之乎?」曰:「未也.」妻曰:「君使不從. 非忠也; 從之, 是遺義也. 不如去之.」乃夫負釜甑, 妻戴經器, 變易姓字, 莫知其所之. 論語曰:「色斯擧矣, 翔而後集」接輿之妻是也. 詩曰:「逝將去汝, 適彼樂土; 樂土樂土, 爰得我所.」라 하였고, 《莊子》人間世에도 "孔子適楚, 楚狂接輿遊其門曰:「鳳兮鳳兮, 何如德之衰也! 來世不可待, 往世不可追也. 天下有道, 聖人成焉; 天下無道, 聖人生焉. 方今之時, 僅免刑焉. 福輕乎羽, 莫之知載; 禍重乎地, 莫之知避. 已乎已乎, 臨人以德! 殆乎殆乎, 畫地而趨! 迷陽迷陽, 無傷吾行! 郤曲郤曲, 無傷吾足!」하였으며, 《後漢書》〈崔駰傳〉注에는 "楚狂接輿者, 楚人也. 耕而食. 楚王聞其賢, 使使者持金百溢, 車二駟往聘之, 曰:「願煩先生理江南.」接輿笑而不應, 使者去而遠徙, 莫知所之"라 하는 등 아주 널리 전하고 있음.

【桀】夏나라 末王. 이름은 癸. 妹喜에게 빠져 무도한 짓을 저질렀으며 殷의 湯王에게 망함. 殷나라 末王 紂와 함께 '桀紂'라 하여 폭군의 전형으로 거론됨.《史記》夏本紀를 참조할 것.《十八史略》(1)에 "孔甲之後, 歷王皐·王發·王履癸. 號爲桀, 貪虐, 力能伸鐵鉤索. 伐有施氏, 有施以末喜女焉, 有寵, 所言皆從, 爲傾宮瑤臺, 殫民財. 肉山脯林, 酒池可以運船, 糟堤可以望十里, 一鼓而牛飲者三千人, 末喜以爲樂. 國人大崩, 湯伐夏, 桀走鳴條而死"라 함.

【紂】殷의 末王. 폭군으로 널리 알려짐. 帝辛, 商辛으로도 부르며 帝乙의 아들. 妲己에게 빠져 '炮烙之刑'과 '酒池肉林' 등의 악한 고사를 가지고 있으며, 周文王(姬昌)을 羑里(牖里)에 가두는 등 周나라와 맞서다가 武王(姬發)에게 망함.

【湯】원래 夏나라 때의 諸侯. 亳을 근거로 발전하여 夏나라 末王 桀의 무도함을 제거하고 伊尹을 등용하여 殷(商)을 세운 개국군주. 儒家에서 聖人으로 받듦. 《史記》殷本紀를 참조할 것.《十八史略》(1)에는 "殷王成湯: 子姓, 名履. 其先

曰契, 帝嚳子也. 母簡狄, 有娀氏女, 見玄鳥墮卵呑之, 生契. 爲唐虞司徒, 封於商, 賜姓"이라 함.

【武】周나라 聖君 武王. 文王(姬昌)의 아들이며 殷 紂를 멸하고 周나라를 세움. 周公(姬旦)의 형이며 成王(姬誦)의 아버지. 역사상 聖君으로 떠받듦.

【四極】사방 끝의 먼 곳.《爾雅》釋地에 "東至於泰遠, 西至於邠國, 南至於濮鉛, 北至於祝栗, 謂之四極"이라 함.

【故得之以死】이 구절은 今本《老子》에는 없음. 이에 대해 王先愼〈集解〉에는 "故」下當有「曰」字.「得之以死」四句,《老子》各本無, 蓋佚文也"라 함.

참고 및 관련 자료

1.《意林》(1)

比之如水: 溺者吟之則死, 渴者飮之則生.

124(20-28)
죽은 코끼리 뼈

사람들은 살아 있는 코끼리를 보기 드물지만 죽은 코끼리 뼈를 얻어 그 그림에 의해 살아 있는 모습을 떠올린다.

그러므로 여러 일반 사람들이 마음속으로 생각해낼 수 있는 것을 모두 일컬어 상象이라고 한다.

지금 도道라고 하는 것은 보거나 들을 수 없다 해도 성인은 그 나타난 공효功效를 잡고 그 형체를 보여준다.

그 때문에 "형상 없는 상狀이며, 물체 없는 상象이다"라 한 것이다.

人希見生象也, 而得死象之骨, 案其圖以想其生也.

故諸人之所以意想者, 皆謂之象也.

今道雖不可得聞見, 聖人執其見功以處見其形.

故曰:「無狀之狀, 無物之象」.

【希見】보지 못함. '希'는 '稀'와 같음. 아주 드묾.
【案其圖】그것을 그린 그림을 근거로 의지함.
【意想】마음속으로 想像을 해냄.

【象】코끼리라는 구체적인 物象에 상대하여 이를 근거로 한 '象徵'의 뜻으로 쓰임.《淮南子》說林訓에 "見象牙乃知其大於牛, 見虎尾而知其大於狸, 一節見而百節知也"라 함.

【見功】겉으로 드러나 보이는 功效.

【處見】'處'는 자상하게 생각함. '見'은 '示'와 같음. 王先愼은 "今人不聞道見一, 聖人則執其顯見其功, 以處見其形也"라 함.

참고 및 관련 자료

1.《老子》14장

是謂無狀之狀, 無物之象, 是謂惚恍.

125(20-29)
상도常道

무릇 이理란 방원方圓·장단長短·추미矗靡·견취堅脆 등의 구분이 있으므로 이가 고정된 뒤에야 가히 도道를 설명할 수 있다.

따라서 이가 고정된 이에는 존망存亡이 있고, 사생死生이 있으며 성쇠盛衰가 있다.

무릇 사물이 한번 존재하다가 한번 사라지며, 잠깐 죽었다가 잠깐 살아나기도 하며, 처음에는 성하다가 뒤에는 쇠하는 것을 상常이라고 할 수 없다.

오직 천지가 갈라지면서 그것과 함께 생하고 천지가 소멸되어 흩어질 때까지 죽지도 않고 쇠하지도 않는 것을 일러 상이라 한다.

따라서 상이란 바뀌는 바도 없고, 고정된 이理도 없다.

고정된 이가 없으므로 상소常所에 있지도 않아 이 까닭에 도라고 할 수 없는 것이다.

성인은 그 현허玄虛함을 살피고 그것이 두루 움직여 작용하는 것을 두고 억지로 이름을 하여 이를 '도'라고 한 것이며, 그런 뒤에야 논의를 할 수 있게 된 것이다.

그 때문에 "도라고 말할 수 있는 도는 상도常道가 아니다"라 한 것이다.

凡理者, 方圓·短長·矗靡·堅脆之分也, 故理定而後物可得道也.

故定理有存亡, 有死生, 有盛衰.

夫物之一存一亡, 乍死乍生, 初盛而後衰者, 不可謂常.

唯夫與天地之剖判也俱生, 至天地之消散也不死不衰者謂常.

而常者, 無攸易, 無定理.

無定理, 非在於常所, 是以不可道也.

聖人觀其玄虛, 用其周行, 强字之曰「道」, 然而可論.

故曰:「道之可道, 非常道也」.

【麤靡】粗惡함과 微細함의 구분. '麤'는 '粗', '靡'는 '細'의 뜻임.

【堅脆】堅固함과 脆弱함.

【理定】理가 사물에 저마다 일정하게 고정됨.

【常所】고정된 장소. 그러나 〈集解〉에서 王先愼은 "〈乾道本〉常下有所字. 盧文弨云:「所」字衍, 張·凌本俱無. 顧廣圻云: 藏本無所字. 王渭云: 常字句絶. 先愼案: 盧·顧說是, 今據刪"이라 하여 '所'자가 없어야 한다고 여겼음.

【玄虛】玄妙하고 虛無한 원리의 큰 이치.

【强字】'强'은 '억지로'의 뜻이며 '字'는 이름. 어쩔 수 없이 '道'라는 이름을 부여하였을 뿐이며 '道'라는 이름으로 이를 포괄할 수는 없음을 뜻함.

【可道】'道'는 '道라고 이름을 부여하여 말하다'의 뜻.

【常道】이름도 지을 수 없는 恒常不變의 대원칙으로서의 道.

┌─────────────────┐
│ 참고 및 관련 자료 │
└─────────────────┘

1.《老子》1장

道可道, 非常道; 名可名, 非常名. 無, 名天地之始; 有, 名萬物之母.

2.《老子》25장

寂兮寥兮, 獨立而不改, 周行而不殆, 可以爲天下母. 吾不知其名, 字之曰道, 强爲之名曰大.

126(20-30)
태어났으니 죽는다

사람의 일생은 태어나는 것으로 시작하여 죽는 것으로써 끝을 맺는다. 시작되는 것을 일러 출出이라 하고, 끝나는 것을 일러 입入이라 한다. 그 때문에 "생으로 나와서 죽음으로 들어간다"라 한 것이다.

사람의 몸에는 삼백육십 개의 관절이 있고, 사지四肢와 구규九竅가 중요한 기관이다.

사지와 구규를 더하면 열세 개가 되며 이 열세 개의 동動과 정靜은 모두 생生에 속한다.

이렇게 속하는 것을 일러 도徒라 하며, 그 때문에 "생의 도가 열셋이다"라고 한 것이다.

죽음에 이르면 열세 개 기관이 모두 돌아가 사死 쪽에 속하며, 사의 도徒 또한 열셋이다.

그 때문에 "생의 도가 열셋이며, 사의 도가 열셋이다'라 한 것이다.

무릇 사람이 생을 생하게 하여 살아 있다는 것은 본래 움직이는 것이며, 움직임을 다하고 나면 손상하게 되고, 그러면서 움직임을 그치지 않으면 이는 몸을 손상시키면서 그치지 않는 것이 된다.

손상시키면서도 그만두지 않으면 생은 다하게 되며, 생을 다하는 것을 가리켜 사라고 한다.

그렇다면 열세 기관이란 모두 사지死地에서 죽음을 이루도록 하는 것이 된다.

그 때문에 "사람이 살고, 살아서는 움직이며, 움직임은 모두가 죽음이
들어 있는 것이며 역시 열세 개의 기관이다"라 한 것이다.
　이 까닭으로 성인은 정신精神 쓰기를 아끼고 평정에 처하는 것을 귀하게
여긴 것이다.

　人始於生而卒於死.
　始之謂出, 卒之謂入.
　故曰:「出生入死」.
　人之身三百六十節, 四肢·九竅, 其大具也.
　四肢與九竅, 十有三者, 十有三者之動靜, 盡屬於生焉.
　屬之謂徒也, 故曰:「生之徒也, 十有三者.」
　至其死也, 十有三具者, 皆還而屬之於死, 死之徒亦有
十三.」
　故曰:「生之徒, 十有三; 死之徒, 十有三.」
　凡民之生生而生者固動, 動盡則損也, 而動不止, 是損
而不止也.
　損而不止, 則生盡, 生盡之謂死.
　則十有三具者, 皆爲死死地也. 故曰:「民之生, 生而動,
動皆之死地, 亦十有三.」
　是以聖人愛精神而貴處靜.

【出生入死】生 쪽으로 나오고 死 쪽으로 들어감. 生死는 出入과 같음을 뜻함.
【三百六十節】 일년 365일에 상응하여 사람의 關節(骨節)은 모두 360개라 함.
【九竅】 신체에 있는 아홉 개의 구멍. 耳目口鼻의 7개와 肛門, 排尿口를 합해
　9개가 됨.

【大具】중요한 기구. 신체의 소중한 기관을 가리킴.

【十有三】死地와 九竅를 더한 것이라 하였으나 王弼은 "十有三, 猶云十分有
　三分也"라 하여 신체 전체의 3할을 차지하고 있다는 뜻으로 보았음.

【生之徒也, 十有三者】'也'와 '者' 두 글자는 衍文. 王先愼은 "也者二字皆衍"
　이라 함.

【徒】'類'과 같음. 部類.

【民之生生】'民'은 '人'과 같음. '生生'은 살아 있어 생명의 모습을 보임.《莊子》
　大宗師에 "殺生者不死, 生生者不生"이라 하였고,《經典釋文》에는 "亡生者不
　死也, 矜生者不生也"라 함.

【死死地】死地에 이르러 죽음을 맞음.

【精神】정신을 너무 사용하여 지치는 일이 없도록 함을 뜻함.

【處靜】平靜한 상태에 있음. 그러나 '處'는 '虛'자의 오기로 보기도 함.

참고 및 관련 자료

1.《老子》50장

出生入死. 生之徒十有三, 死之道十有三, 人之生, 動之死地, 亦十有三. 夫何故?
以其生生之厚. 蓋聞善攝生者, 陸行不遇兕虎, 入軍不被兵甲. 兕無所投其角,
虎無所措其爪, 兵無所容其刃, 夫何故? 以其無死地.

127(20-31)
호랑이도 발톱을 걸 데가 없으니

이는 들소나 호랑이의 피해보다 더 심하고 크다.

무릇 들소나 호랑이는 정해진 영역이 있고 활동에도 일정한 시기가 있어, 그 영역을 피하고 그 시기를 잘 살피면 들소나 호랑이의 피해를 면할 수 있다.

사람들은 오직 들소 뿔이나 호랑이 발톱 무서운 줄만 알고 모든 사물이 다 발톱과 뿔을 가지고 있다는 것은 모른 채 만물의 피해로부터 벗어나지 못한다.

어떻게 이러한 논리를 펼 수 있는가?

시우時雨가 집중적으로 내려 넓은 들판이 조용한 가운데 밤부터 이른 아침까지 산천에 물이 들이닥치면 바람과 이슬의 발톱과 뿔이 해를 끼칠 것이다.

군주를 섬기면서 충성을 다하지 않은 채 경솔하게 금령을 범하면 형법이라는 발톱과 뿔이 해를 끼칠 것이다.

시골에 살면서 예절을 지키지 않고 애증에 절도가 없으면 다툼의 발톱과 뿔이 해를 끼칠 것이다.

기욕嗜慾에 한정이 없고 동정動靜에 절도가 없으면 부스럼과 종기라는 발톱과 뿔이 해를 끼칠 것이다.

사사로운 지혜를 즐겨 쓰며 도리를 내팽개치면 법망이라는 발톱과 뿔이 해를 끼칠 것이다.

들소나 호랑이에게 영역이 있듯이 모든 피해도 원인이 있어 그 영역을 피하고 그 원인을 막으면 여러 가지 피해를 면할 수 있다.

무릇 무기나 갑옷이란 해를 막기 위한 수단이다.

생명을 중히 여기는 자는 비록 군대에 들어가더라도 성내고 다투는 마음을 갖지 않으며, 성내고 다투는 마음이 없다면 해로부터 지켜야 할 방비도 쓸 곳이 없는 것이 된다.

이는 유독 들판에 처한 군사만을 두고 하는 말이 아니다.

성인이 세상을 놀듯이 살아가는 것은 사람을 해칠 마음이 없어서이며, 사람을 해칠 마음이 없으면 틀림없이 남에게도 해가 없을 것이며, 남에게서 해가 없다면 다른 사람을 방비할 필요가 없을 것이니 그 때문에 "육지를 가더라도 들소나 호랑이를 만나지 않는다"라고 하였던 것이다.

산 속에 들어가더라도 장비를 의지하여 해를 막을 필요가 없을 것이니 그 때문에 "군대에 들어가더라도 무기나 갑옷으로 방비를 하지 않는다"라고 한 것이다.

이처럼 여러 가지 해로부터 멀리 떨어져 있으므로 "들소도 그 뿔로 대들 데가 없고 호랑이도 그 발톱을 걸 데가 없으며, 무기도 그 칼날을 들이댈 데가 없다"라 한 것이다.

방비를 하지 않아도 반드시 해가 없는 것은 천지의 도리이다.

천지의 도를 체득하였으므로 그 때문에 "사지死地가 없다"라 한 것이다.

행동하여 사지가 없으니 이를 일러 섭생攝生을 잘 하는 것이라 한다.

此甚大於兕虎之害.

夫兕虎有域, 動靜有時, 避其域, 省其時, 則免其兕虎之害矣.

民獨知兕虎之有爪角也, 而莫知萬物之盡有爪角也, 不免於萬物之害.

何以論之?

時雨降集, 曠野閒靜, 而以昏晨犯山川, 則風露之爪角害之.

事上不忠, 輕犯禁令, 則刑法之爪角害之.

處鄉不節, 憎愛無度, 則爭鬪之爪角害之.

嗜慾無限, 動靜不節, 則痤疽之爪角害之.

好用其私智而棄道理, 則網羅之爪角害之.

兕虎有域, 而萬害有原, 避其域, 塞其原, 則免於諸害矣.

凡兵革者, 所以備害也.

重生者, 雖入軍無忿爭之心; 無忿爭之心, 則無所用救害之備.

此非獨謂野處之軍也.

聖人之遊世也, 無害人之心, 無害人之心, 則必無人害; 無人害, 則不備人, 故曰:「陸行不遇兕虎.」

入山不恃備以救害, 故曰:「入軍不備甲兵.」

遠諸害, 故曰:「兕無所投其角, 虎無所錯其爪, 兵無所容其刃.」

不設備而必無害, 天地之道理也.

體天地之道, 故曰:「無死地焉.」

動無死地, 而謂之善攝生矣.

【此】 死地 쪽으로 몰아가는 作爲. 앞장의 내용을 이어 설명한 것.

【兕虎】 兕는 수컷 외뿔소.

【時雨降集】 '時雨'는 장마철의 폭우. '降集'은 한꺼번에 몰려 퍼붓는 豪雨.

【動靜】起居. 일상생활.

【私智】사사로운 자신의 얕은 꾀나 지혜.

【網羅】원래 그물을 뜻하나 여기서는 法網을 가리킴.

【遊世】세상을 逍遙遊하듯이 살아가는 삶.

【錯其爪】'錯'는 '措'와 같음.

【容其刃】'容'은 용납함. 칼날을 쓸 곳을 뜻함. 혹 '用'의 뜻.《釋名》에 "容, 用也"
라 함.

【攝生】'養生'과 같음. 生命을 保養함.

참고 및 관련 자료

1.《老子》50장

出生入死. 生之徒十有三, 死之道十有三, 人之生, 動之死地, 亦十有三. 夫何故?
以其生生之厚. 蓋聞善攝生者, 陸行不遇兕虎, 入軍不被兵甲. 兕無所投其角,
虎無所措其爪, 兵無所容其刃, 夫何故? 以其無死地.

128(20-32)
자식 때문에 용감함

자식을 사랑하는 자는 그 자식에게 자애를 베풀고, 생명을 중히 여기는 자는 자신의 몸에게 자애롭게 하며, 공을 귀히 여기는 자는 일에 대하여 자애롭다.

자상한 어머니는 어린 자식에게 그가 행복해지도록 힘쓰고, 행복해지도록 힘쓰면 재앙을 없애는 일에 앞장서며, 재앙을 없애는 일을 하게 되면 사려가 깊어지고, 사려가 깊어지면 사물의 이치를 터득하게 되고, 사물의 이치를 터득하게 되면 틀림없이 성공을 거두게 될 것이며, 틀림없이 성공한다면 그 행동에 대하여 의심이 없어지게 되고 의심이 없으면 이를 용勇이라 한다.

성인은 모든 일에서 모두가 자애로운 어머니가 자식을 염려하는 것과 같아 그 때문에 반드시 실행해야 할 도리를 발견하는 것이다.

반드시 실행해야 할 도를 발견하고 나면 그가 종사하는 일에 또한 의심이 없게 되며 의심이 없는 것을 일러 용이라 한다.

이처럼 의심이 사라지는 것은 자애로움에서 생겨나는 것이니, 그 때문에 "자애롭기 때문에 능히 용감해질 수 있는 것이다"라 한 것이다.

愛子者慈於子, 重生者慈於身, 貴功者慈於事.

慈母之於弱子也, 務致其福; 務致其福, 則事除其禍;

事除其禍, 則思慮熟; 思慮熟, 則得事理; 得事理, 則必成功; 必成功, 則其行之也不疑; 不疑之謂勇.

聖人之於萬事也, 盡如慈母之爲弱子慮也, 故見必行之道.

見必行之道, 則其從事亦不疑; 不疑之謂勇.

不疑生於慈, 故曰:「慈, 故能勇.」

【必行之道】반드시 실행해야 할 도.

참고 및 관련 자료

1.《老子》67장

我有三寶, 持而保之. 一曰慈, 二曰儉, 三曰不敢爲天下先.

129(20-33)
겨울이 추울수록

주공周公이 말하였다.

"겨울 동안에 폐색閉塞하여 얼어붙은 상태가 단단하지 않으면 봄여름 초목의 성장도 무성하지 못하다."

천지라 해도 늘 넉넉하고 언제나 쓸 수 있는 것은 아닌데 하물며 사람에게 있어서랴?

그러므로 만물에는 반드시 성쇠가 있으며, 만사에는 반드시 이장弛張이 있고 국가에는 문무文武가 있으며 관치官治에는 반드시 상벌이 있는 것이다.

이로써 지혜로운 선비가 그 재물을 검소하게 쓰면 집안이 부유해지고, 성인이 그 정신을 아끼고 보배롭게 여기면 정성이 풍성해지며, 임금이 그 병졸들을 싸움에 쓸 때 신중히 하면 백성의 수가 많아지며, 백성의 수가 많아지면 국토가 넓어진다.

이 까닭으로 "검소히 하므로 능히 넓을 수 있다"라고 거론한 것이다.

周公曰:「冬日之閉凍也不固, 則春夏之長草木也不茂.」

天地不能常侈常費, 而況於人乎?

故萬物必有盛衰, 萬事必有弛張, 國家必有文武, 官治必有賞罰.

是以智士儉用其財則家富, 聖人愛寶其神則精盛, 人君重戰其卒則民衆, 民衆則國廣.

是以擧之曰:「儉, 故能廣.」

【周公】姬旦. 周 文王(姬昌)의 아들이며 武王(姬發)의 아우. 武王을 도와 商(殷)의 紂를 멸하였으며 周나라 文物制度를 완비함. 조카 成王(姬誦)이 어려 즉위하자 7년간 섭정함. 管叔과 蔡叔이 武庚을 부추겨 난을 일으키자 東征하여 진압하고 洛陽을 成周로 건설하기도 함. 魯나라 曲阜를 봉지로 받아 魯나라 시조가 됨. 儒家에서 聖人으로 높이 받듦.《史記》魯周公世家 참조.

〈周公(姬旦)〉《三才圖會》

【閉凍】陰氣로 폐색되어 얼어붙음. 겨울이 겨울다워야 함을 뜻함.

【弛張】느슨하게 하는 것과 팽팽하게 하는 것.

【愛寶】아끼고 소중하게 간직함. 愛는 儉과 마찬가지 뜻.

참고 및 관련 자료

1.《老子》67장

慈故能勇, 儉故能廣, 不敢爲天下先, 故能成器長.

130(20-34)
형체가 있기에 자를 수 있다

무릇 물건으로서 형체가 있는 것은 자르기 쉽고 나누기도 쉽다.

어떻게 이러한 논리를 펼 수 있는가?

형태가 있으면 장단長短이 있고, 장단이 있으면 대소大小가 있고, 대소가 있으면 방원方圓이 있고, 방원이 있으면 견취堅脆가 있고 견취가 있으면 경중輕重이 있고, 경중이 있으면 흑백黑白이 있다.

길이·크기·둥글기·굳고 무른 정도·무게·색깔을 일러 이理라 한다.

이가 정해져 있으면 분할하기가 쉬운 것이다.

그러므로 대정大庭에서 논의가 있은 뒤에 의견을 말하면 논리가 선다는 것에 대해 권모와 논의에 뛰어난 선비는 이를 안다.

따라서 방원을 그리고자 하면 그 규구規矩대로 따르면 만사의 공이 드러날 것이다.

그러니 모든 만물은 그에 맞는 규구가 있지 않을 수 없으니 논의에 뛰어난 선비는 규구에 대하여 잘 알고 있다.

성인은 무엇이든지 만물의 규구에 따르므로 "감히 천하보다 앞서려고 하지 않는다"라고 한 것이다.

천하보다 감히 앞서지 않으면 어떤 일이든 이루지 못할 것이 없으며, 공적도 이루지 못할 것이 없으니 그러한 자의 논의는 세상을 덮을 것이며, 대관大官의 자리에 있지 않으려 한들 그것이 되겠는가?

대관의 자리에 처하게 되는 것을 일러 일을 성취시킬 우두머리라 하는 것이다.

이 까닭으로 "감히 천하보다 앞서려 하지 않으므로 능히 큰 구실을 할 우두머리가 된다"라 한 것이다.

凡物之有形者易裁也, 易割也.

何以論之?

有形, 則有短長; 有短長, 則有小大; 有小大, 則有方圓; 有方圓, 則有堅脆; 有堅脆, 則有輕重; 有輕重, 則有白黑.

短長·大小·方圓·堅脆·輕重·白黑之謂理.

理定而物易割也.

故議於大庭而後言則立, 權議之士知之矣.

故欲成方圓而隨其規矩, 則萬事之功形矣.

而萬物莫不有規矩, 議言之士, 計會規矩也.

聖人盡隨於萬物之規矩, 故曰:「不敢爲天下先.」

不敢爲天下先, 則事無不事, 功無不功, 而議必蓋世, 欲無處大官, 其可得乎?

處大官之謂爲成事長.

是以故曰:「不敢爲天下先, 故能爲成事長.」

【議於大庭】 조정에서 논의가 진행되기 전에 조정 밖의 外庭에서 광범위하게 의견을 들음. 大庭은《逸周書》大匡篇 注에 "大庭, 公堂之庭"이라 하였고, 尹桐陽은 "大庭, 外朝也"라 함.

【規矩】 規는 그림쇠로 圓形을 그릴 때 쓰는 자. 矩는 方形을 그릴 때 쓰는 자. 引申하여 중요한 법칙이나 잣대를 뜻함. 萬物之理를 뜻함.

【計會】 따져보고 짐작함. '會'는 '會計·謀慮·權衡'의 뜻.

참고 및 관련 자료

1.《老子》67장

我有三寶, 持而保之. 一曰慈, 二曰儉, 三曰不敢爲天下先. 慈故能勇, 儉故能廣, 不敢爲天下先, 故能成器長.

131(20-35)
세 가지 보배

  자식에게 자애를 베푸는 자는 함부로 그의 옷과 음식을 끊지 않으며, 자신의 몸을 아끼는 자는 함부로 법도에 벗어난 짓을 하지 않으며, 방원 方圓을 잘 그리고자 하는 자는 규구規矩를 버리지 않는다.

  그러므로 전쟁터에 나아가 병사나 군리軍吏들에게 자애로움을 베풀면 전투에서 적을 이길 것이요, 기구나 설비들을 자애롭게 다루면 성곽이 튼튼해질 것이다.

  그러므로 이렇게 말한 것이다.

  "자애로움은 전투에서는 승리를 가져오고 수비에서는 견고히 지켜 내리라."

  무릇 능히 스스로 자신을 온전하게 할 수 있으면서 또한 모든 만물의 이치에 따를 수 있는 자는 반드시 앞으로 하늘로부터 생을 보장받을 것이다.

  하늘로부터 생을 보장받는다는 것은 마음에 삶의 의지가 생겨나는 것이니, 그 때문에 천하 도가 모두 삶의 의지가 있게 되는 것이다.

  만약 자애로움을 가지고 보위해 나가 일마다 틀림없이 만전을 기할 수 있으며, 하는 행동마다 마땅하지 않은 것이 없게 된다면 이를 일러 보寶라 한다.

  그 때문에 "나에게 세 가지 보배가 있으니 이를 잘 간직하여 보배로 삼는다"라 한 것이다.

慈於子者不敢絶衣食, 慈於身者不敢離法度, 慈於方圓者不敢舍規矩.

故臨兵而慈於士吏則戰勝敵, 慈於器械則城堅固.

故曰:「慈, 於戰則勝, 以守則固.」

夫能自全也而盡隨於萬物之理者, 必且有天生.

天生也者, 生心也, 故天下之道盡之生也.

若以慈衛之也, 事必萬全, 而擧無不當, 則謂之寶矣.

故曰:「吾有三寶, 持而寶之.」

【規矩】規는 원을 그리는 굴림쇠 圓尺과, 矩는 方을 그리는 曲子.
【且有天生】앞으로 하늘이 생을 보장해줌. '天將救之'와 같은 뜻.
【生心】살아가고자 하는 본연의 의지. 生意.
【三寶】'慈'·'儉'·'不敢爲天下先' 이 세 가지를 보배로 여김.
【持而寶持】《老子》에는 '寶'가 '保'로 되어 있음.

참고 및 관련 자료

1.《老子》67장

天下皆謂我道大, 似不肖. 夫唯大, 故似不肖. 若肖, 久矣其細也夫. 我有三寶,
持而保之. 一曰慈, 二曰儉, 三曰不敢爲天下先. 慈故能勇, 儉故能廣, 不敢爲
天下先, 故能成器長. 今舍慈且勇, 舍儉且廣, 舍後且先, 死矣! 夫慈, 以戰則勝,
以守則固. 天將救之, 以慈衛之.

132(20-36)
몸에 차고 다니는 예리한 칼

서書에 이른바 '대도'大道라는 것은 단도端道를 말한다.

이른바 '모이貌施'라는 것은 사도邪道를 말한다.

이른바 '지름길'이라는 것은 가려佳麗함을 말한다.

가려라는 것은 사도邪道의 한 부분이다.

'조심제朝甚除'라는 것은 송사가 잦음을 뜻한다.

송사가 잦으면 농토가 황폐해지고, 농토가 황폐해지면 창고가 비게 되며, 창고가 비면 나라가 가난해지고, 나라가 가난해지면 백성의 풍속이 넘쳐 사치로 치닫게 되고, 백성의 풍속이 넘쳐 사치스러워지면 의식을 얻을 산업이 끊어지게 되며, 의식을 얻을 산업이 끊어지게 되면 백성은 어쩔 수 없이 교묘함과 속임수를 꾸미게 되며, 교묘함과 속임수를 꾸미게 되면 무늬 꾸밈을 알게 되며, 이렇게 무늬 꾸밈을 알게 되는 것을 일러 '문채 나는 옷을 입는다'라 한다.

송사가 빈번하고 창고가 비고 지나친 사치가 풍속을 이루게 되면, 나라가 입는 손상은 마치 예리한 칼에 찔린 것과 같아진다.

그 때문에 "예리한 칼을 몸에 찬다"라고 한 것이다.

여러 사람들이 지혜와 기교로 꾸며 나라를 손상시키는 지경에까지 이르고 나면 사가私家는 틀림없이 부유해질 것이며, 사가가 틀림없이 부유해질 것이므로 "재화가 남아돈다"라고 한 것이다.

나라가 이와 같이 된다면 어리석은 백성들은 어쩔 수 없이 아무런 기술도 없이 그것을 본받게 될 것이며, 이를 본받게 되면 좀도둑들이 생겨날 것이다.

이로 말미암아 보건대 큰 간악함이 일어나면 작은 좀도둑이 그들을 따르고, 큰 간악함이 제창하면 작은 좀도둑들이 화답하게 될 것이다.

우竽라는 피리는 오성五聲을 이끌어가는 우두머리이기에 우가 먼저 앞서서 음을 내면 종鍾과 슬瑟이 모두 그 소리를 따르고, 우가 창도하면 여러 악기들이 이에 화음을 맞춘다.

지금 큰 간악함이 일어나면 세속의 백성들은 모두 제창할 것이며, 세속 백성들이 제창하면 작은 좀도둑들이 틀림없이 화답하게 될 것이다.

그 때문에 "문채 나는 옷을 입고, 예리한 칼을 차고, 음식을 싫토록 먹고 게다가 재화가 남아도는 자를 가리켜 도둑의 우두머리라 한다"라고 한 것이다.

書之所謂「大道」也者, 端道也.

所謂「貌施」也者, 邪道也.

所謂「徑」大也者, 佳麗也.

佳麗也者, 邪道之分也.

「朝甚除」也者, 獄訟繁也.

獄訟繁, 則田荒; 田荒, 則府倉虛; 府倉虛, 則國貧; 國貧, 而民俗淫侈; 民俗淫侈, 則衣食之業絕; 衣食之業絕, 則民不得無飾巧詐; 飾巧詐, 則知采文; 知采文之謂服文采.

獄訟繁倉廩虛, 而有以淫侈爲俗, 則國之傷也若以利劍刺之.

故曰:「帶利劍.」

諸夫飾智故以至於傷國者, 其私家必富; 私家必富,
故曰:「資貨有餘.」

國有若是者, 則愚民不得無術而效之; 效之, 則小盜生.

由是觀之, 大姦作則小盜隨, 大姦唱則小盜和.

竽也者, 五聲之長者也, 故竽先則鍾瑟皆隨, 竽唱則諸
樂皆和.

今大姦作則俗之民唱, 俗之民唱則小盜必和.

故「服文采, 帶利劍, 厭飲食, 而資貨有餘者, 是之謂盜
竽矣.」

【大道】 '大道甚夷'를 줄여서 한 말. '夷'는 '平易하다'의 뜻.
【端道】 正道와 같음.
【貌施】 비뚤어짐. '貌'는 잘못 삽입된 것. 高亨의 《韓非子補箋》에 "此解《老子》
「惟施是畏」之施字. 則「貌」字不當有, 蓋涉上文而衍"이라 함. '施'는 '이'로 읽으며
'斜'의 雙聲互訓.
【徑大】 王先愼은 '大'자는 衍文이라 하였음. 〈集解〉에 "德經「大道甚夷而民好徑」,
河上公云:「徑, 邪不平正也.」 此「大」字衍"이라 함.
【佳麗】 글자 그대로 '아름답다'로 보았으나 高亨은 《韓非子補箋》에서 '歧徑',
즉 '갈피를 잡을 수 없는 갈림길'의 뜻으로 여겼음.
【朝甚除】 조정 안이 깨끗하게 청소가 잘 되어 있음. 세금을 많이 거두어 궁궐을
아름답게 꾸미고 깨끗이 청소하였으므로 도리어 백성들이 세금납부로 인해
송사가 많아진 것이라 함.
【飾巧詐】 거짓을 교묘하게 잘 꾸밈.
【服文采】 '采'는 '綵'와 같음. 陳奇猷의 《韓非子集釋》에 "此文之意, 蓋謂飾巧詐,
則知用錦繡文采以欺詐他人. 以服飾言, 則衣錦繡; 以辯說言, 則八姦篇所謂
「巧文之言」也"라 함.
【智故】 '故'는 '巧'와 같음. 지혜와 기교.

【竽】笙과 함께 피리의 하나이며 36管으로 되어 있고 合奏에서 다른 악기를 領導하는 역할을 함.

【盜竽】竽는 여러 악기들을 선도하는 역할임을 상징하여 '도둑의 우두머리'라는 뜻으로 비유한 것. 《老子》에는 '盜夸'로 되어 있으며 〈集解〉에는 "夸字無義, 當依此訂正"이라 함.

참고 및 관련 자료

1. 《老子》53장

使我介然有知, 行於大道, 惟施是畏. 大道甚夷, 而民好徑. 朝甚除, 田甚蕪, 倉甚虛; 服文綵, 帶利劍, 厭飮食, 財貨有餘, 是謂盜夸. 非道也哉!

133(20-37)
강요된 취사선택

사람은 어리석고 슬기롭고에 관계없이 누구나 취사선택을 하지 않을 수 없다.

염담恬淡하고 평안平安한 경우라도 화복禍福의 발단에 대한 유래를 알지 못할 수 없다.

그런데 호오好惡의 감정에 사로잡히고 지나친 물건에 마음의 유혹을 받은 다음에는 변화와 혼란을 겪게 된다.

그렇게 되는 까닭은 외물外物에 끌리고 완호품玩好品에 마음이 어지럽혀지기 때문이다.

염담하면 취사선택의 분명한 뜻을 가지게 되고, 평안하면 화복의 계교에 대하여 알게 된다.

그런데 지금은 완호품에 마음을 바꾸고 외물이 이끌려 끌리는 대로 가고 있으니 그 때문에 "뽑아버린다"라고 한 것이다.

성인에 이르러서는 그렇지 않으니 한번 그 취사선택의 기준을 세우면 비록 좋아하는 물건을 본다 하더라도 끌려가지 않으며, 끌려가지 않음을 일러 '뽑히지 않는다'라고 하고, 그 진정을 오로지 하나로 하면 비록 욕심을 낼 것들이 있다 해도 정신이 흔들리지 않으며, 이처럼 정신이 흔들리지 않는 것을 일러 '떨어져 나가지 않는다'라고 하였다.

사람의 자손 된 자가 이러한 도를 체득하여 종묘를 지켜내어 망하지 않는 것을 일러 '제사가 끊어지지 않는다'라고 한 것이다.

자신에게는 정력을 쌓는 것을 덕으로 삼고, 집에서는 재화를 축적하는 것을 덕으로 삼으며, 마을과 나라, 천하에서는 백성으로써 덕을 삼아야 한다.

지금 제 몸을 잘 다스리면 외물이 정신을 어지럽힐 수 없으므로 "자신이 이를 닦으면 그 덕이 순진해진다"라고 한 것이다.

순진眞함이란 덕이 확고함이다.

집안을 잘 다스리는 자로서 쓸데없는 물건들이 그의 사려를 흔들 수 없게 한다면 재화가 남아돌 것이니, 그 때문에 "집안에서 이를 닦으면 그 덕이 남아돈다"라고 한 것이다.

마을 다스리는 자로서 이러한 절도를 실행하면 그 집안의 남아도는 재물이 더욱 많아질 것이니, 그 때문에 "마을에서 이를 닦으면 그 덕이 오래 간다"라고 한 것이다.

나라를 다스리는 자로서 이 절도를 실행하면 그 마을에 남아도는 덕이 더욱 많아질 것이니, 그 때문에 "나라에서 이를 닦으면 그 덕이 풍성해진다"라고 한 것이다.

천하에 군림하는 자로서 이 절도를 잘 실행하면 백성들의 생활에 그 혜택을 받지 않는 자가 없게 될 것이니, 그 때문에 "천하에서 이를 닦으면 그 덕이 널리 퍼진다"라고 한 것이다.

제 자신을 수양하는 자는 이로써 군자와 소인을 구별하고, 마을을 다스리고 나라를 다스리고 천하에 군림하는 자가 저마다 이 과정에 맞추어 성쇠에 적용시켜 살핀다면 만에 하나도 실수가 없게 될 것이다.

그 때문에 "자신으로써 자신을 살피고, 집안으로써 집안을 살피며, 마을로써 마을을 살피며, 자라로써 나라를 살피며, 천하로써 천하를 살펴야 한다. 내 어찌 천하가 그렇다는 것을 아는가? 바로 이것으로써 아는 것이다"라고 한 것이다.

人無愚智, 莫不有趣舍.

恬淡平安, 莫不知禍福之所由來.

得於好惡, 怵於淫物, 而後變亂.

所以然者, 引於外物, 亂於玩好也.

恬淡有趨舍之義, 平安知禍福之計.

而今也玩好變之, 外物引之; 引之而往, 故曰「拔」.

至聖人不然: 一建其趨舍, 雖見所好之物, 不能引, 不能
引之謂「不拔」; 一於其情, 雖有可欲之類, 神不爲動, 神不
爲動之謂「不脫」.

爲人子孫者, 體此道以守宗廟, 不滅之謂祭祀不絕.

身以積精爲德, 家以資財爲德, 鄉國天下皆以民爲德.

今治身而外物不能亂其精神, 故曰:「修之身, 其德乃眞.」

眞者, 德之固也.

治家者, 無用之物不能動其計, 則資有餘, 故曰:「修之家,
其德有餘.」

治鄉者, 行此節, 則家之有餘者益眾, 故曰:「修之鄉,
其德乃長.」

治邦者, 行此節, 則鄉之有德者益眾, 故曰:「修之邦,
其德乃豐.」

莅天下者, 行此節, 則民之生莫不受其澤, 故曰:「修之
天下, 其德乃普.」

修身者, 以此別君子小人, 治鄉治邦莅天下者各以此
科適觀息耗, 則萬不失一.

故曰:「以身觀身, 以家觀家, 以鄉觀鄉, 以邦觀邦, 以
天下觀天下. 吾奚以知天下之然也? 以此.」

【趣舍】‘趣’는 ‘趣, 取’와 같음. 그것을 가지고자 앞으로 달려 나감. ‘舍’는 ‘捨’와 같음. 포기하고 물러섬. 取捨選擇과 같은 뜻임.

【恬淡平安】恬淡은 욕심이 없는 상태. 平安은 마음의 平靜을 가리킴.

【得於好惡】좋아하고 미워하는 감정에 사로잡힘. 得은 貪자와 같음. 붙들림.

【怵於淫物】지나친 물건에 마음의 유혹을 받음. ‘怵’은 ‘訹’의 假借字로 ‘誘’와 같은 뜻.

【計】計較, 즉 헤아려 생각함.

【眞者, 德之固也】다른 본에는 “眞者, 愼之固也”로 되어 있음. 이에 대해 高亨의 《韓非子補箋》에는 “愼當爲悳. 悳, 卽道德本字. 『眞者, 德之固也』, 正解《老子》『其德乃眞』之眞. 若作愼, 則不可通矣”라 함.

【積精】정력을 낭비하지 않고 아껴서 쌓아둠.

【此科】앞에 열거한 科條를 가리킴.

【適觀息耗】‘適觀’은 熟視와 같음. ‘息耗’는 消長. 盛衰와 같은 뜻임.

참고 및 관련 자료

1. 《老子》 54장

善建者不拔, 善抱者不脫, 子孫以祭祀不輟. 修之於身, 其德乃眞; 修之於家, 其德乃餘; 修之於鄕, 其德乃長; 修之於邦, 其德乃豐; 修之於天下, 其德乃普. 故以身觀身, 以家觀家, 以鄕觀鄕, 以邦觀邦, 以天下觀天下. 吾何以知天下然哉? 以此.

21. 유로 喩老

이는 《노자》의 구절을 비유로 삼아 역사상 사건을 풀이한 것이다. 앞의 〈解老篇〉과는 조금 차이가 있다.

즉 《노자》 구절을 단장취의斷章取義하여 사건의 현묘한 이치를 부회附會한 것으로서 일부 《노자》 원의와는 거리가 있는 것도 있다.

따라서 법가法家의 기본 취지와 달라 한비韓非의 저작이 아닐 것이라는 주장도 있다.

134(21-1)
발 빠른 말

천하에 도가 있으며 급한 우환도 없으면 이를 '정靜'이라 하며 급한 역전驛傳이 쓸모가 없게 된다.

그러므로 노자는 이렇게 말하였다.

"발 빠른 말을 물러서게 하여 논밭에 비료를 주는 일을 시킬 수 있다."

천하에 도가 없으면 공격이 끊이지 않아 서로 수비하느라 여러 해를 두고 그만 두지 못하여 갑옷과 투구에는 서캐와 이가 생기며, 전쟁터 막사에 제비와 참새가 둥지를 틀더라도 사병들이 돌아가지 못한다.

그 때문에 "싸움 말이 교외에서 새끼를 낳는다"라 한 것이다.

天下有道, 無急患, 則曰靜, 遽傳不用.

故曰:「卻走馬以糞.」

天下無道, 攻擊不休, 相守數年不已, 甲冑生蟣蝨, 鷰雀處帷幄, 而兵不歸.

故曰:「戎馬生於郊.」

【日靜】顧廣圻는 "曰, 當作日"이라 하여 '일상이 고요하다'의 뜻으로 보았음. 그러나 이 두 글자는 衍文이라 주장하는 경우도 있음. 太田方의 《韓非子翼毳》에 "「日靜」二字衍, 與下文「不離位日靜」相涉而錯出"이라 함.

【遽傳】급히 전할 소식이나 급한 용무를 전달하기 위한 驛傳을 뜻함.

【卻走馬以糞】'卻'은 '却'과 같으며 물러서게 함. '糞'은 논밭에 퇴비를 주는 일. 軍馬를 전쟁에 쓰지 않음.

【蟣虱】이나 서캐를 말함. '虱'은 이. 蟣는 알.

【帷幄】陣中의 막사를 가리킴. 막사를 오래 쳐 두어 제비나 참새가 둥지를 틀 정도임.

【戎馬】여기서는 암말이 군마로 동원된 것을 말함. 적이 도성 교외까지 밀려와 전투가 벌어지자 말이 모자라 새끼 밴 암말조차 차출하여 이 말이 전투 중에 새끼를 낳음을 뜻함.

참고 및 관련 자료

1. 《老子》 46장
天下有道, 却走馬以糞; 天下無道, 戎馬生於郊.

135(21-2)
아름답기에 화를 만났구나

적翟 사람이 진晉 문공文公에게 큰 여우, 검정 표범 가죽을 바쳤다.

문공이 객으로부터 모피를 받아들고 탄식하여 말하였다.

"이 짐승은 가죽이 아름다워 스스로 화를 만났구나."

무릇 나라를 다스리는 자가 명예 때문에 화를 입는 경우가 있으니 바로 서徐 언왕偃王이며, 성과 땅으로 인해 화를 입는 경우가 있으니 바로 우虞, 괵虢이 그 예이다.

그 때문에 "죄 중에 욕심을 부리는 것보다 더 큰 것은 없다"라 한 것이다.

翟人有獻豐狐·玄豹之皮於晉文公.

文公受客皮而歎曰:「此以皮之美自爲罪.」

夫治國者以名號爲罪, 徐偃王是也; 以城與地爲罪, 虞·虢是也.

故曰:「罪莫大於可欲.」

【翟】狄으로도 표기하며, 고대 중국 서북방의 이민족.

【豐狐】'豐'은 '大'의 뜻.《莊子》山木篇 "夫豐狐文豹"의 釋文에 "豐, 大也"라 함.

【文公】晉 文公. 重耳. 獻公의 둘째 아들. 驪姬의 핍박으로 19년간 해외 망명을 거쳐 귀국, 왕위에 오름. 뒤에 齊 桓公에 이어 春秋五霸의 지위에 오름. B.C.636~B.C.628년까지 9년간 재위함.《史記》晉世家에 "重耳母, 翟之狐女也; 夷吾母, 重耳母女弟也. …自獻公爲太子時, 重耳固以成人矣"라 하였고,《國語》는 重耳의 망명 생활에 대하여 매우 많은 양을 자세히 싣고 있으며 晉語(4)에는 "狐氏出自唐叔. 狐姬, 伯行之子也, 實生重耳"라 함.《左傳》,《國語》,《史記》등을 참조할 것.

【徐偃王】고대 徐나라 군주.《水經注》(8)에 "徐偃王治國, 仁義著聞, 欲舟行上國, 乃導溝陳蔡之間, 得朱弓矢, 以爲得天瑞, 遂因名爲號, 自稱徐偃王, 江淮諸侯服從者三十六國. 周王聞之, 遣使至楚令伐之, 偃王愛民, 不鬪, 遂爲楚敗"라 하여 仁義를 주장하다가 나라가 망함. 그러나《史記》秦本紀에는 周 穆王 때의 徐나라 군주라 하였고 혹, 楚 文王 때의 군주라 하여 시기가 각기 다름. 그 외 《博物志》(7)에는 "《徐偃王志》云: 徐君宮人娠而生卵, 以爲不祥, 棄之水濱. 獨孤母有犬名鵠蒼, 獵於水濱, 得所棄卵, 銜以來歸. 獨孤母以爲異, 覆暖之. 遂烰成兒, 生時正偃, 故以爲名. 徐君宮中聞之, 乃更錄取. 長以仁智, 襲君徐國, 後鵠蒼臨死, 生角而九毛, 實黃龍也. 偃王又葬之徐界中, 今見有狗壟. 偃王旣襲 其國, 仁義著聞, 欲舟行上國, 乃通溝陳・蔡之間, 得朱弓矢, 而己得天瑞, 遂人名 爲號, 自稱徐偃王. 江淮諸侯皆伏從, 伏從者三十六國. 周王聞, 遣使乘駬, 一日 至楚, 使伐之. 偃王仁, 不忍鬪害, 其民爲楚所敗, 逃走彭城武原縣東山下, 百姓 隨之者以萬數, 後遂名其山爲徐山. 山上立石室, 有神靈, 民人祈禱. 今皆見存" 이라 하였고,《搜神記》(14)에는 "古徐國宮人, 娠而生卵, 以爲不祥, 棄之水濱. 有犬名'鵠蒼', 銜卵以歸, 遂生兒, 爲徐嗣君. 後鵠蒼臨死, 生角而九尾, 實黃龍也. 葬之徐里中. 見有狗壟在焉"이라 하여 많은 설화를 가지고 있음.

【虞・虢】고대 虞나라와 虢나라. 晉 獻公이 屈産의 명마와 垂棘의 璧으로 유혹 하여 虢을 칠 것이니 길을 빌려 달라고 虞나라에 요구, 이를 뿌리치지 못한 虞君이 이를 들어주자 두 나라가 함께 망한 고사. 脣亡齒寒의 고사를 낳음. 《左傳》,《說苑》등을 참조할 것. 045, 137 등을 볼 것.

【罪莫大於可欲】《老子》에는 문장이 일부 다름.

참고 및 관련 자료

1. 《老子》46장

禍莫大於不知足, 咎莫大於欲得.

2. 《淮南子》說山訓

徐偃王以仁義亡國, 國亡者非必仁義; 比干以忠靡其體, 被誅者非必忠也. 故者寒顫, 懼者亦顫, 此同名而異實.

3. 《論衡》非韓篇

治國之道, 所養有二: 一曰養德, 二曰養力. 養德者, 養名高之人, 以示能敬賢; 養力者, 養氣力之士, 以明能用兵. 此所謂文武張設, 德力具足者也. 事或可以德懷, 或可以力摧. 外以德自立, 內以力自備, 慕德者不戰而服, 犯德者畏兵而卻. 徐偃王脩行仁義, 陸地朝者三十二國, 彊楚聞之, 擧兵而滅之. 此有德守, 無力備者也. 夫德不可獨任以治國, 力不可直任以御敵也. 韓子之術不養德, 偃王之操不任力, 二者偏駮, 各有不足. 偃王有無力之禍, 知韓子必有無德之患.

686 한비자

136(21-3)
자족할 줄 몰라 얻은 재앙

지백智伯이 범씨范氏와 중항씨中行氏의 영토를 겸병하고 조씨趙氏를 공격하기를 멈추지 않자 한씨韓氏와 위씨魏氏가 지백을 배반하였다.

그리하여 지씨의 군사는 진양晉陽에서 패하고 그 자신은 고량高梁 동쪽 땅에서 죽고 말았으며 마침내 그 땅은 나뉘고 그의 머리 두개골은 옻칠하여 오줌 누는 요강으로 만들어졌다.

그 때문에 "재앙 중에 자족할 줄 모르는 것보다 더 큰 것은 없다"라고 한 것이다.

智伯兼范·中行而攻趙不已, 韓·魏反之.

軍敗晉陽, 身死高梁之東, 遂卒被分, 漆其首以爲溲器.

故曰:「禍莫大於不知足.」

【智伯】 춘추 말기 晉의 六卿의 하나. '知伯'으로도 표기하며 원래 이름은 荀瑤. 知襄子. 智襄子. 晉나라 대부. 知躒의 손자. 시호는 襄子. 智는 采邑 이름. 지금의 山西 解縣.《左傳》杜預 注에 "荀瑤. 荀躒之孫, 知伯襄子"라 함. 六卿 가운데 가장 세력이 강하여 먼저 范氏와 中行氏를 멸하고 趙氏를 멸하려다가 韓, 魏, 趙 三卿이 연합하여 知氏를 멸하여 망하고 말았음.

【范氏】춘추 말 晉 六卿의 하나. 원래 晉나라 대부 士會의 후손. 士會는 隨季,
士季, 范會, 隨會 등 여러 이름으로 불림. 士蒍의 손자이며 士縠과 형제. 隨땅을
채읍으로 하여 '隨會', 혹 '隨武子'라고도 불렀으며 다시 范땅을 채읍으로 하여
'范武子'로도 불림. 그 후손이 뒤에 晉나라 六卿의 하나인 范氏로 발전하였으나
六卿 가운데 가장 강했던 智氏(智伯, 荀瑤)에게 망하고 말았음.

【中行氏】원래 晉나라 대부 荀林父의 후손. 晉 文公 때 左右中 三行의 軍事
編制를 만들 때 荀林父가 中行將이 되어 中行桓子로 불렸으며, 그 후손이 뒤에
晉나라 六卿의 하나인 中行氏로 발전하였으나 역시 智氏(智伯, 荀瑤)에게
망하고 말았음. '行'은 '항'으로 읽음.《左傳》僖公 28년을 볼 것.

【晉陽】趙氏의 근거지였던 지금의 山西 太原.

【高梁】지금의 山西 臨汾縣. 智伯이 쫓겨 죽임을 당한 곳.

【溲器】'溲'는 '溺'와 같음. 요강. 그러나《史記》(刺客列傳),《戰國策》(趙策),
《說苑》(建本),《淮南子》(道應訓) 등에는 모두 '飮器', 즉 酒器로 만들었다고
되어 있음.

참고 및 관련 자료

1.《老子》46장
禍莫大於不知足, 咎莫大於欲得.

137(21-4)
수극垂棘의 구슬

우虞나라 임금은 굴屈 땅의 명마와 수극垂棘의 벽옥에 욕심을 내어 궁지기宮之奇의 간언을 듣지 않았으므로 나라를 망치고 자신도 죽임을 당하고 말았다.

그 때문에 "허물 가운데 이득에 욕심을 부리다 당한 것보다 더 참혹한 것은 없다"라고 한 것이다.

虞君欲屈産之乘與垂棘之璧, 不聽宮之奇, 故邦亡身死.
故曰:「咎莫憯於欲得.」

【屈産之乘】北屈은 좋은 말 생산지로 유명하였으며 乘은 말.《左傳》과《穀梁傳》에는 屈邑에서 생산되는 좋은 말이라 하였으나《公羊傳》의 何休 注에는 '屈産'을 지명으로 보았음. 지금의 山西 石樓縣 동남쪽에 '屈産泉'이 있음.《史記》晉世家에 "十九年, 獻公曰:「始吾先君莊伯·武公之誅晉亂, 而虢常助晉伐我, 又匿晉亡公子, 果爲亂. 不誅, 後遺子孫憂.」乃使荀息以屈産之乘假道於虞"라 함.
【垂棘】지명. 구체적으로는 알 수 없음. 훌륭한 璧玉이 나는 곳.
【宮之奇】虞나라 신하. '脣亡齒寒'을 들어 晉 獻公의 假道 요구를 들어주어서는 안 된다고 간언하였으며 우군이 자신의 의견을 듣지 않자 나라가 망할 것임을 알고 떠남.

【憯】 가슴 아픔. 재앙이 심함. 무자비함. 애통스러움.《老子》에는 '大'로 되어
있음.

참고 및 관련 자료

1.《老子》(46)

禍莫大於不知足; 咎莫大於欲得. 故知足之足, 常足矣.

2.《左傳》僖公 2年 傳

晉荀息請以屈産之乘與垂棘之璧假道於虞以伐虢. 公曰:「是吾寶也.」對曰:
「若得道於虞, 猶外府也.」公曰:「宮之奇存焉.」對曰:「宮之奇之爲人也, 懦而
不能强諫. 且少長於君, 君暱之; 雖諫, 將不聽.」乃使荀息假道於虞, 曰:「冀爲
不道, 入自顚軨, 伐鄍三門. 冀之旣病, 則亦唯君故. 今虢爲不道, 保於逆旅, 以侵
敝邑之南鄙. 敢請假道, 以請罪于虢.」虞公許之, 且請先伐虢. 宮之奇諫, 不聽,
遂起師. 夏, 晉里克·荀息帥師會虞師, 伐虢, 滅下陽. 先書虞, 賄故也.

3. 기타《說苑》(尊賢篇),《韓非子》(十過篇),《呂氏春秋》(勸勳篇),《荀子》(堯問篇)
등을 참조할 것.

138(21-5)
족함을 아는 것이 족함

나라란 그대로 존속되는 것으로 정상을 삼으며, 그래야 패도나 왕도도 가능한 것이다. 마찬가지로 몸이란 생존하는 것으로 정상을 삼아야 하며 그래야 부귀도 가능한 것이다.

욕심으로써 자신을 해치지만 않는다면 나라도 망하지 않을 것이요, 제 몸도 죽지 않을 것이다.

그 때문에 "족함을 아는 것을 족함이라 한다"라고 한 것이다.

邦以存爲常, 霸王其可也; 身以生爲常, 富貴其可也.
不以欲自害, 則邦不亡, 身不死.
故曰:「知足之爲足矣.」

【霸王】稱霸稱王의 뜻으로 봄. 霸道와 王道.〈乾道本〉에는 '王'자가 없으나
王先愼은 "此與「富貴其可也」相對成文, 不當少一字, 今據補. 有國者, 不務廣土,
先圖自立, 邦基旣定, 故可霸王"이라 함.
【富貴】王先愼은 "不求於外, 先脩其內, 身體無恙, 故可富貴"라 함.

1. 《老子》(46)

禍莫大於不知足; 咎莫大於欲得. 故知足之足, 常足矣.

2. 《淮南子》詮言訓

利則爲害始, 福則爲禍先. 唯不求利者爲無害, 唯不求福者爲無禍. 侯而求霸者必失其侯, 霸而求王者必喪其霸. 故國以全爲常, 霸·王其寄也; 身以生爲常, 富貴其寄也. 能不以天下傷其國·而不以國害其身者, 焉可以託天下也.

139(21-6)
모래와 자갈뿐인 땅

초楚 장왕莊王은 이윽고 승리하고 나서 하옹河雍에서 사냥을 하고 돌아와 손숙오孫叔敖에게 상을 내렸다.

손숙오는 그때 한수漢水 가의 땅 모래와 돌이 많은 곳을 달라고 청하였다.

초나라 국법에 신하에게 봉록을 줄 경우 두 대代 만에 토지를 회수하도록 되어 있었으나 손숙오 집안만은 그대로 가지고 있었다.

이렇게 국법으로 회수하지 않은 까닭은 토지가 척박하였기 때문이며 그 때문에 9구대까지도 제사가 끊이지 않았던 것이다.

그 때문에 "잘 세우면 뽑히지 않고 잘 껴안으면 떨어져 나가지 않으며, 자손은 그 제사로써 대대로 끊어지지 않는다"라 한 것이니, 이는 손숙오를 가리켜 하는 말이다.

楚莊王旣勝, 狩于河雍, 歸而賞孫叔敖.
孫叔敖請漢間之地, 沙石之處.
楚邦之法, 祿臣再世而收地, 唯孫叔敖獨在.
此不以其邦爲收者, 瘠也, 故九世而祀不絶.
故曰:「善建不拔, 善抱不脫, 子孫以其祭祀世世不輟.」
孫叔敖之謂也.

【楚莊王】春秋五霸의 하나로 이름은 侶(旅). 穆王(商臣)의 아들. 孫叔敖 등을 기용하여 나라를 부강시켰으며 邲戰에서 晉나라를 무찌르고 패권을 차지함. B.C.613~B.C.591년까지 23년간 재위하고 그 뒤를 共王(審)이 이어감. 莊王은 매우 英明하였으며 '絶纓', '三年不飛', '樊姬諫言' 등 많은 고사를 남김.

【楚莊王旣勝, 狩於河雍】太田方의《韓非子翼毳》에는 이 문장이 "楚莊王旣勝晉于河雍", 즉 "초 장왕이 이윽고 하옹에서 진나라를 이기다"로 되어야 한다고 보았음.《史記》楚世家에 "十七年春, 楚莊王圍鄭, 三月克之. 入自皇門, 鄭伯肉袒牽羊以逆, 曰:「孤不天, 不能事君, 君用懷怒, 以及敝邑, 孤之罪也. 敢不惟命是聽! 賓之南海, 若以臣妾賜諸侯, 亦惟命是聽. 若君不忘厲·宣·桓·武, 不絶其社稷, 使改事君, 孤之願也, 非所敢望也. 敢布腹心.」楚群臣曰:「王勿許.」莊王曰:「其君能下人, 必能信用其民, 庸可絶乎!」莊王自手旗, 左右麾軍, 引兵去三十里而舍, 遂許之平. 潘尫入盟, 子良出質. 夏六月, 晉救鄭, 與楚戰, 大敗晉師河上, 遂至衡雍而歸"라 하여 晉나라를 상대로 싸워 이긴 것임.

【河雍】春秋시대 楚 莊王이 晉나라 荀林父와 전투를 벌였던 邲戰의 지명. 衡雍으로도 부름. 전국시대에는 垣雍이라 불렸으며 지금의 河南 原武縣.《史記》楚世家와 淮南子 人間訓에 "楚莊王旣勝晉于河雍之間"이라 하였고 高誘 注에 "莊王敗晉荀林父之師于邲, 邲, 河雍地也"라 함.

【孫叔敖】春秋시대 楚 莊王의 유명한 令尹(재상). 蔿艾獵. 蔿敖, 艾獵 등으로도 불림. 蔿賈의 아들. 훌륭한 어머니에 의한《列女傳》에 '兩頭蛇', '陰德陽報' 등의 고사로도 유명함.《左傳》孔穎達 疏에는《世本》을 인용하여 "艾獵爲叔敖之兄"이라 하였으나 이는 오류로 보고 있음.《史記》楚世家와《列女傳》등을 참조할 것.

〈孫叔敖兩頭蛇故事圖〉
《列女傳》

【漢間之地】漢水 유역의 토지. 寢丘(지금의 河南 沈丘縣)을 말함. 그러나《史記》滑稽列傳과《淮南子》人間訓,《呂氏春秋》등에는 모두 손숙오가 죽은 뒤 장왕이 침구 땅을 그 아들에게 봉한 것으로 되어 있음.

【沙石之處】모래나 자갈이 많이 쌓인 강가의 언덕. 옥토가 아니어서 아무도 갖고 싶어하지 않는 땅임을 말함.

【祿臣】공신에게 봉록으로 토지를 나누어줌. 祿地와 같음.

参고 및 관련 자료

1.《老子》54장

善建者不拔, 善抱者不脫, 子孫以祭祀不輟.

2.《藝文類聚》(51)

《韓子》曰: 楚莊王旣勝晉于河雍, 歸而賞孫叔敖. 叔敖請漢間之地, 沙石之處. 楚國之法, 祿臣再世收, 唯叔敖獨存九世, 而祀不絶.

3.《呂氏春秋》異寶篇

古之人非無寶也, 其所寶者異也. 孫叔敖疾, 將死, 戒其子曰:「王數封我矣, 吾不受也. 爲我死, 王則封汝, 必無受利地. 楚‧越之間有寢之丘者, 此其地不利, 而名甚惡. 荊人畏鬼, 而越人信機. 可長有者, 其唯此也.」孫叔敖死, 王果以美地封其子, 而子辭, 請寢之丘, 故至今不失. 孫叔敖之知, 知不以利爲利矣, 知以人之所惡爲己之所喜, 此有道者之所以異乎俗也..

4.《史記》滑稽傳(優孟傳)

楚相孫叔敖知其賢人也, 善待之. 病且死, 屬其子曰:「我死, 汝必貧困. 若往見優孟, 言我孫叔敖之子也.」居數年, 其子窮困負薪, 逢優孟, 與言曰:「我, 孫叔敖子也. 父且死時, 屬我貧困往見優孟.」優孟曰:「若無遠有所之.」卽爲孫叔敖衣冠, 抵掌談語. 歲餘, 像孫叔敖, 楚王及左右不能別也. 莊王置酒, 優孟前爲壽. 莊王大驚, 以爲孫叔敖復生也, 欲以爲相. 優孟曰:「請歸與婦計之, 三日而爲相.」莊王許之. 三日後, 優孟復來. 王曰:「婦言謂何?」孟曰:「婦言愼無爲, 楚相不足爲也. 如孫叔敖之爲楚相, 盡忠爲廉以治楚, 楚王得以霸. 今死, 其子無立錐之地, 貧困負薪以自飮食. 必如孫叔敖, 不如自殺.」因歌曰:「山居耕田苦, 難以得食. 起而爲吏, 身貪鄙者餘財, 不顧恥辱. 身死家室富, 又恐受賕枉法, 爲姦觸大罪, 身死而家滅. 貪吏安可爲也! 念爲廉吏, 奉法守職, 竟死不敢爲非. 廉吏安可爲也! 楚相孫叔敖持廉至死, 方今妻子窮困負薪而食, 不足爲也!」於是莊王謝優孟, 乃召孫叔敖子, 封之寢丘四百戶, 以奉其祀. 後十世不絶. 此知可以言時矣.

5.《淮南子》人間訓

昔者, 楚莊王旣勝晉於河‧雍之間, 歸而封孫叔敖, 辭而不受. 病疽死, 謂其子曰:「吾則死矣, 王必封女, 女必讓肥饒之地, 而受沙石之地, 楚越之間有寢邱者, 其地确石而名醜, 荊人鬼, 越人機, 人莫之利也.」孫叔敖死, 王果封其子以肥饒之地, 其子辭而不受, 請有寢之邱. 楚國之俗, 功臣二世而爵祿, 唯孫叔敖獨存. 此所謂損之而益也.

6. 기타《淵鑑類函》을 볼 것.

140(21-7)
경솔함과 조급함

제어의 권한을 자신이 쥐고 있는 것을 중重하다고 하고 그 지위로부터 떠나지 않는 것을 정靜이라 한다.

중하면 능히 가벼운 것을 부릴 수 있고, 정하면 능히 소란한 것을 부릴 수 있다.

그러므로 노자에 이렇게 말하였다.

"무거운 것은 가벼운 것의 뿌리가 되고, 조용한 것은 시끄러운 것의 군주가 된다."

그러므로 또 이렇게 말하였다.

"군자가 하루 종일 길을 가면서도 치중輜重을 떠나지 않는다."

나라란 임금에게 있어서 치중이다.

주보主父는 살아있을 때 나라를 물려주었으니 이는 바로 그 치중을 떠난 것으로써 그 때문에 비록 대代나 운중雲中의 즐거움을 가지고 있었지만 초연한 가운데 이미 조趙나라를 잃고 만 것이다.

주보는 만승의 임금이었지만 자신의 몸은 천하에 가볍게 처신한 것이다.

권세를 잃는 것을 경輕이라 하고, 그 자리를 떠난 것을 가리켜 조躁라고 하니 이로써 산 채로 유폐를 당하였다가 죽은 것이다.

그 때문에 "경솔하면 신하를 잃고 조급히 굴게 되면 임금을 잃는다"라 한 것이니 이는 주보를 가리켜 한 말이다.

制在己曰重, 不離位曰靜.

重則能使輕, 靜則能使躁.

故曰:「重爲輕根, 靜爲躁君.」

故曰:「君子終日行, 不離輜重」也.

邦者, 人君之輜重也.

主父生傳其邦, 此離其輜重者也, 故雖有代·雲中之樂,
超然已無趙矣.

主父, 萬乘之主, 而以身輕於天下.

無勢之謂輕, 離位之謂躁, 是以生幽而死.

故曰:「輕則失臣, 躁則失君.」

主父之謂也.

【制在己】裁制權, 統治權을 임금 자신이 장악하고 있음.
【主父】전국시대 趙나라 肅侯를 이어 임금이 된 武靈王. 이름은 雍. B.C.325~
　　B.C.299년까지 27년간 재위하였으며 胡服으로 기마병을 길러 군력을 강화
　　하였으며 조나라 영토를 크게 넓혔음. 살아 있을 때 아들 何(惠文王)에게 왕위를
　　넘겨주고 자신은 主父라 칭하였음. 그러나 公子 成과 李兌가 난을 일으켜
　　군사를 이끌고 沙丘宮을 포위, 석 달을 풀어주지 않아 결국 굶어 죽고 말았음.
　　《史記》趙世家 및 《戰國策》趙策 등을 참조할 것.
【躁】靜과 상대되는 말로 소란하거나 조급한 경우.
【輜重】물자를 실은 무거운 수레. 전시에 식량, 의복, 무기 등을 싣고 임무를
　　수행하는 수레. 가장 중요한 물건을 맡고 있으므로 이를 떠나서는 안 됨. 《漢書》
　　孔安國傳 "王恢·李息別從代主擊輜重"의 注에 "輜, 衣車也; 重, 謂載重物車也.
　　故行者之資, 總曰輜重"이라 함.
【代·雲中】지금의 內蒙古 일대로 그 무렵 趙나라가 다스리던 지역이었음.
　　《史記》趙世家에 "二十六年, 復攻中山, 攘地北至燕·代, 西至雲中·九原.
　　二十七年五月戊申, 大朝於東宮, 傳國, 立王子何以爲王. 王廟見禮畢, 出臨朝.

大夫悉爲臣, 肥義爲相國, 幷傅王. 是爲惠文王. 惠文王, 惠后吳娃子也. 武靈王自號爲主父. 主父欲令子主治國, 而身胡服將士大夫西北略胡地, 而欲從雲中・九原直南襲秦, 於是詐自爲使者入秦. 秦昭王不知, 已而怪其狀甚偉, 非人臣之度, 使人逐之, 而主父馳已脫關矣. 審問之, 乃主父也. 秦人大驚. 主父所以入秦者, 欲自略地形, 因觀秦王之爲人也. 惠文王二年, 主父行新地, 遂出代, 西遇樓煩王於西河而致其兵. 三年, 滅中山, 遷其王於膚施. 起靈壽, 北地方從, 代道大通. 還歸, 行賞, 大赦, 置酒酺五日, 封長子章爲代安陽君. 章素侈, 心不服其弟所立. 主父又使田不禮相章也"라 하여 主父(武靈王)가 이 두 곳을 다스리고 돌아와 큰 잔치를 벌였던 적이 있음.

参고 및 관련 자료

1.《老子》26장

重爲輕根, 靜爲躁君. 是以聖人終日行不離輜重, 雖有榮觀, 燕處超然. 奈何萬乘之主, 而以身輕天下? 輕則失根, 躁則失君.

141(21-8)
물고기가 물을 떠나면

세중勢重은 임금에게 있어서 못과 같다.

임금 된 자가 신하들 사이에서 세중을 잃으면 다시 얻을 수 없다.

제齊 간공簡公은 그것을 전성자田成子에게 빼앗기고 진晉나라 임금은 이를 육경六卿에게 빼앗겨 나라를 망치고 자신도 죽임을 당하였던 것이다.

그러므로 노자는 이렇게 말한 것이다.

"물고기는 깊은 못을 벗어나 밖으로 나와서는 안 된다."

상벌이란 것은 나라를 다스리는 이기利器이므로 임금에게 그것이 있으면 신하를 제압할 수 있지만 신하에게 있게 되면 신하가 임금을 능멸한다.

임금이 상을 주려는 모습을 보이면 신하는 그것을 줄여 남에게 주면서 그것이 자신의 은덕인 양 여기도록 하며, 임금이 벌을 내릴 뜻을 보이면 신하는 그것을 더 엄하게 보태어 자신의 위엄을 세우려한다.

임금이 상을 줄 뜻을 보임으로써 신하는 그 권세를 이용하고, 임금이 벌을 줄 뜻을 보임으로써 신하가 그 위력을 타는 것이다.

그 때문에 "나라의 이기는 남에게 보여주어서는 안 된다"라고 한 것이다.

勢重者, 人君之淵也.

君人者, 勢重於人臣之間, 失則不可復得矣.

簡公失之於田成, 晉公失之於六卿, 而邦亡身死.

故曰:「魚不可脫於深淵.」

賞罰者, 邦之利器也, 在君則制臣, 在臣則勝君.

君見賞, 臣則損之以爲德; 君見罰, 臣則益之以爲威.

人君見賞, 而人臣用其勢; 人君見罰, 而人臣乘其威.

故曰:「邦之利器, 不可以示人.」

【勢重】두 글자 합하여 하나의 개념임. 권세의 막중함을 뜻함.

【簡公】齊 簡公. 春秋 말기 齊나라 임금. 이름은 壬. 悼公(陽生)을 이어
B.C.484~B.C.481년까지 4년간 재위하고 田常(陳恒)에게 弑害당하였으며 그 뒤
平公(驁)을 거쳐 姜氏齊가 완전히 망하고 田氏齊가 들어서 전국시대를 맞이
하게 됨.

【田成】田成子. 田恆. 田恒. '恆'은 '恒'의 異體字. 田常, 陳恒, 陳成子, 田成子 등
으로 널리 불림. 시호는 成. 簡公을 유폐시켜 시살한 인물. '陳恆'으로도 표기
하며 '恆'은 '恒'의 異體字. 원래 그의 선조 陳完(田完, 敬仲)은 陳나라 출신으로
齊나라에 옮겨와 정착하여 田氏로 성을 바꾸었으며 차츰 세력을 키워 卿에
오른 다음, 그 후손이 뒤에 姜氏(姜太公의 후손)의 齊나라를 차지하여 戰國시대
田氏齊를 세움. 《史記》 田敬仲完世家 참조.

【六卿】春秋時代 晉나라에는 知(智), 韓, 魏, 趙, 范, 中行 등 여섯 씨족이 모두
卿에 올라 이들의 권세가 대단하였으며 국권을 좌지우지하였음. 마침내 뒤에
이들이 다툼을 벌여 韓, 魏, 趙가 승리, 흔히 이들을 '三晉'이라 부르며 晉나라는
망하고 이들 三晉이 戰國時代 七雄의 반열에 오르게 됨.

【利器】날카로운 무기. 국가의 통치권을 비유한 것.

【勝君】여기서 '勝'은 '凌'과 같음. 임금을 능멸함.

【以爲德】형량을 더 엄하게 하여 자신의 위엄을 과시함.

1. 《老子》36장

魚不可脫於淵, 國之利器不可以示人.

2. 《說苑》君道篇

司城子罕相宋, 謂宋君曰:「國家之危定, 百姓之治亂, 在君行之賞罰也; 賞當則賢人勸, 罰得則姦人止; 賞罰不當, 則賢人不勸, 姦人不止, 姦邪比周, 欺上蔽主, 以爭爵祿, 不可不愼也. 夫賞賜讓與者, 人之所好也, 君自行之; 刑罰殺戮者, 人之所惡也, 臣請當之.」君曰:「善. 子主其惡, 寡人行其善, 吾知不爲諸侯笑矣.」於是宋君行賞賜, 而與子罕刑罰, 國人知刑戮之威, 專在子罕也, 大臣親之, 百姓附之. 居期年, 子罕逐其君, 而專其政. 故曰:『無弱君而彊大夫.』老子曰:『魚不可脫於淵, 國之利器, 不可以借人.』此之謂也.

142(21-9)
빼앗으려면 먼저 주어라

월왕越王이 오吳나라 조정에 들어가 신하가 되어 제齊나라를 치도록 권하여 오나라를 피폐시키려고 하였다.

오나라 군사가 이윽고 애릉艾陵에서 제나라와 싸워 이기고, 장강長江과 제수濟水 지역으로 세력을 확장하였으며 황지黃池에서 위세를 보이는 사이 월나라는 그 때문에 오호五湖 지역에서 오나라를 제압할 수 있었다.

그러므로 노자에 이렇게 말하였다.

"앞으로 상대를 끌어들여 모으고자 한다면 반드시 잠깐 펼쳐 주어라. 앞으로 상대를 약화시키고자 한다면 반드시 잠시 그를 강하게 해주어라."

진晉 헌공獻公은 앞으로 우虞나라를 습격하려고 하면서 먼저 벽옥과 명마를 선물로 보내 주었고, 지백知伯은 앞으로 구유仇由를 습격하려 하면서 폭이 넓은 수레를 선물로 보내 주었다.

그러므로 이렇게 말한 것이다.

"앞으로 빼앗으려 하거든 반드시 잠깐 주어라."

일은 형체가 드러나지 않는 데에서 일으켜 천하에 큰 공을 세워야 하는 것이니 "이를 가리켜 미명微明이라 한다"라는 것이다.

작고 약한 처지에 있으면서 거듭 자신을 낮추어 덜어낼 수 있는 것을 일러 "약함이 강함을 이긴다"라는 것이다.

越王入宦於吳, 而觀之伐齊以弊吳.

吳兵旣勝齊人於艾陵, 張之於江·濟, 强之於黃池, 故可制於五湖.

故曰: 「將欲翕之, 必固張之; 將欲弱之, 必固强之.」

晉獻公將欲襲虞, 遺之以璧馬; 知伯將襲仇由, 遺之以廣車.

故曰: 「將欲取之, 必固與之.」起事於無形, 而要大功於天下, 「是謂微明」.

處小弱而重自卑, 謂損弱勝强也.

【越王入宦於吳】越王 勾踐(句踐)이 會稽山에서 吳王 夫差에게 패하여 자신의 아내는 오왕의 첩으로, 자신은 오왕의 신하가 되겠노라 하며, 굴욕을 참고 재기의 기회를 삼았던 일을 말함. 《吳越春秋》'句踐人臣外傳'을 참조할 것.

【觀之伐齊】吳나라의 국력을 피폐시킬 목적으로 吳王 夫差에게 齊나라와 霸者 지위를 놓고 齊나라를 치도록 권함. '觀'은 '勸'과 같음.

【艾陵】지금의 山東 泰安 남쪽 지명. 《山東通志》에 "在山東萊蕪縣東南"이라 함.

【江·濟】長江과 濟水 지역. 齊나라의 남부이며 吳나라의 북부. 이곳을 오나라가 자신의 판도에 넣음.

【黃池】지금의 河南 封丘縣의 서남쪽. 춘추시대 宋나라 땅. 吳王 夫差가 제나라에게 승리를 거두고 나서 자신이 패자임을 내세워 晉 定公(午)을 黃池로 불러 회맹을 할 것을 요구함. 이때 晉 定公이 夫差에게 회맹의 의식 중에 歃血을 먼저 하도록 허락함으로써 부차가 실질적인 패자가 됨. 《左傳》哀公 11년을 볼 것. 한편 《國語》吳語에 "吳王夫差旣殺申胥, 不稔於歲, 乃起師北征, 闕爲深溝, 通於商·魯之間, 北屬之沂, 西屬之濟, 以會晉公午於黃池"라 하였고, 越語(下)에도 이에 대한 내용이 자세히 실려 있음.

【五湖】지금의 浙江 無錫 太湖를 가리킴. 고대 '笠澤'으로도 불렀음.

【翕之】翕은 '縮'과 같으며 《老子》에는 '歙'으로 되어 있음.

【固】'姑'와 같음. 우선, 잠시, 잠깐의 뜻.

【晉獻公】춘추시대 晉나라 군주. 武公의 아들이며 獻公(詭諸)과 文公(중이), 태자 申生의 아버지. 晉나라 군주. B.C.676~B.C.651년까지 26년간 재위함. 17國을 병탄하고 38國을 복종시켰으며 12번 승리를 거두었다 하였음. 그러나 驪姬의 난으로 重耳(文公)가 망명에 오르는 등 혼란을 조성함.

【虞】지금의 河南 平陸縣 동북부 지방, 즉 晉의 남쪽에 있는 작은 나라. 괵과 脣亡齒寒의 관계를 유지하고 있었으나 晉 獻公의 계략에 말려 두 나라가 모두 망함.

【知伯】춘추 말기 晉의 六卿의 하나. '智伯'으로도 표기하며 원래 이름은 荀瑤. 知襄子. 智襄子. 晉나라 대부. 知躒의 손자. 시호는 襄子. 智는 采邑 이름. 지금의 山西 解縣. 《左傳》 杜預 注에 "荀瑤. 荀躒之孫, 知伯襄子"라 함. 六卿 중에 가장 세력이 강하여 먼저 范氏와 中行氏를 멸하고 趙氏를 멸하려다가 韓, 魏, 趙 三卿이 연합하여 知氏를 멸하여 망하고 말았음.

【仇由】仇猶, 仇首, 仇繇, 仇厹, 仇酋, 厹繇 등으로도 표기하며 지금의 山西 盂縣 동북부에 있던 작은 나라. 지금 그곳에 仇猶山, 仇猶河가 있으며 仇猶君의 사당이 있음.

【廣車】仇由는 길이 좁고 험하여 들어갈 수가 없어 폭이 넓은 수레를 선물로 주어 길을 넓히도록 한 다음 쳐들어감.

【微明】희미하여 잘 드러나 보이지 않음.

참고 및 관련 자료

1. 《老子》 36장

將欲歙之, 必固張之; 將欲弱之, 必固强之; 將欲廢之, 必固擧之; 將欲奪之, 必固與之. 是謂微明. 柔弱勝剛强.

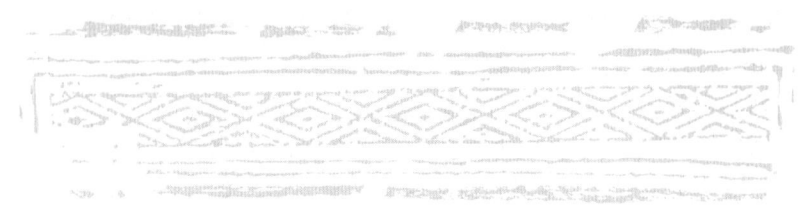

143(21-10)
작은 일부터

형체를 갖는 것들은 큰 것은 반드시 작은 데서 시작되고 오래 걸리는 사물들은 많은 것은 반드시 적은 양에서 시작된다.

그러므로 노자는 이렇게 말하였다.

"천하의 어려운 일은 반드시 쉬운 데에서 시작되고, 천하의 큰일은 반드시 미세한 에에서 일어난다."

이 까닭으로 사물을 제어하고자 하는 자는 그것이 미세할 때에 이를 처리한다.

그러므로 노자는 이렇게 말한 것이다.

"어려운 일은 그것이 쉬울 때에 도모하며 큰일은 그것이 미세할 때에 처리한다."

천길 되는 제방도 땅강아지와 개미굴 때문에 무너지고, 백 척 되는 집도 굴뚝 틈새의 연기 불 때문에 타버린다.

그러므로 백규白圭가 제방을 돌며 구멍을 메웠고, 노인이 불을 조심하여 굴뚝 틈을 진흙으로 발랐던 것이니 이로써 백규는 홍수 재난이 없었고, 노인은 화재 우환이 없었던 것이다.

이는 모두 쉬울 때에 신중히 함으로써 재난을 피하였으며, 미세할 때에 공경히 함으로써 멀리, 크게 이룰 수 있었던 것이다.

有形之類, 大必起於小; 行久之物, 族必起於少.

故曰:「天下之難事必作於易, 天下之大事必作於細.」

是以欲制物者於其細也.

故曰:「圖難於其易也, 爲大於其細也.」

千丈之隄, 以螻蟻之穴潰; 百尺之室, 以突隙之烟焚.

故曰: 白圭之行隄也, 塞其穴, 丈人之愼火也塗其隙,

是以白圭無水難, 丈人無火患.

此皆愼易以避難, 敬細以遠大者也.

【族】‘族’은 ‘衆’과 같음. 王先愼은 “族, 衆也”라 함.

【突隙之烟】굴뚝 틈새로 새어나온 연기, 즉 불길을 말함.

【白圭】戰國시대 魏나라 사람. 이름은 丹. 圭는 자. 혹 周나라 사람이라고도 함.
魏나라에 관직을 맡아 惠施와 함께 이름을 날렸으며 治水에 뛰어난 치적을 보이
기도 하였음.《孟子》告子(下)에 “白圭曰:「丹之治水也愈於禹.」”라 하였고, 趙岐
注에 “丹名, 圭字也. 當諸侯之時有小水, 白圭爲治除之, 因自謂過乎禹也”라 함.

【丈人】丈人은 노인의 존칭. ‘丈’은 ‘杖’과 같음. 지팡이를 짚을 나이.

참고 및 관련 자료

1.《老子》63장

圖難於其易, 爲大於其細. 天下難事, 必作於易; 天下大事, 必作於細.

2.《淮南子》人間訓

事者難成而易敗也, 名者難立而易廢也. 千里之隄, 以螻螘之穴漏; 百尋之屋,
以突隙之煙焚. 堯戒曰:「戰戰慄慄, 日愼一日. 人莫躓於山, 而躓於蛭.」

3.《呂氏春秋》愼小篇

巨防容螻, 而漂邑殺人; 突洩一熛, 而焚宮燒積, 將失一令, 而軍破身死; 主過
一言, 而國殘名辱, 爲後世笑.

4. 기타《北堂書鈔》(13),《初學記》(25)를 볼 것.

144(21-11)
편작扁鵲의 정치관

편작扁鵲이 채蔡 환공桓公을 만나고는 선 채로 한동안 있었다.

편작이 말하였다.

"임금의 병세가 살갗에 있습니다. 치료하지 않으면 앞으로 깊어질까 두렵습니다."

환후가 말하였다.

"과인에게는 질환이이 없소."

편작이 물러나갔다.

환후가 말하였다.

"의원이란 치료하기를 좋아하여 병도 아닌 것을 고쳐주어 공을 삼으려는군."

열흘이 지나 편작이 다시 뵙고 말하였다.

"임금의 병은 살갗 속에 있습니다. 치료하지 않으면 앞으로 더욱 깊어질 것입니다."

환후는 역시 대응을 하지 않았고, 편작이 물러나가자 환후는 또 불쾌히 여겼다.

열흘이 지나 편작이 다시 뵙고 말하였다.

"임금의 병은 창자와 위 속에 있습니다. 치료하지 않으면 앞으로 더욱 더 깊어질 것입니다."

환후는 역시 대응을 하지 않았고, 편작이 물러나가자 환후는 또 불쾌히 여겼다.

열흘이 지나 편작이 멀리서 환후를 바라다보고는 그대로 돌아서 달아나자 환후는 사람을 보내어 까닭을 물어보도록 하였다.

편작이 말하였다.

"병이 살갗에 있을 때라면 찜질 정도로 치료가 가능합니다. 살갗 속에 있으면 침으로 치료가 가능합니다. 창자와 위 속에 있으면 약제로 치료가 가능합니다. 그러나 골수 속에 있으면 사명司命이 관장하는 것이라 어찌할 수 없습니다. 지금 골수 속에 있으니 저는 이 까닭에 청을 드릴 것이 없습니다."

닷새가 지나자 환후는 몸이 아파와 사람으로 하여금 편작을 찾아오도록 하였으나 이미 그는 진秦나라로 달아나 버린 뒤였고 환후는 마침내 죽고 말았다.

그러므로 훌륭한 의원은 병을 치료할 때 피부에 있을 때 다스린다.

이는 모두 작은 것일 때 서로 다투어야 한다는 것이다.

무릇 사물의 화복도 역시 피부 같은 위치에 있으므로 "성인은 일찍 그 일을 처리한다"라고 하는 것이다.

扁鵲見蔡桓公, 立有間.

扁鵲曰:「君有疾在腠理, 不治將恐深.」

桓侯曰:「寡人無疾.」

扁鵲出.

桓侯曰:「醫之好治不病以爲功.」

居十日, 扁鵲復見曰:「君之病在肌膚, 不治將益深.」

桓侯又不應, 扁鵲出, 桓侯又不悅.

居十日, 扁鵲復見曰:「君之病在腸胃, 不治將益深.」

桓侯不應, 扁鵲出, 桓侯又不悅.

居十日, 扁鵲望桓侯而還走, 桓侯故使人問之.

扁鵲曰:「疾在腠理, 湯熨之所及也; 在肌膚, 鍼石之所及也; 在腸胃, 火齊之所及也; 在骨髓, 司命之所屬, 無奈何也. 今在骨髓, 臣是以無請也.」

居五日, 桓侯體痛, 使人索扁鵲, 已逃秦矣, 桓侯遂死.

故良醫之治病也, 攻之於腠理.

此皆爭之於小者也.

夫事之禍福亦有腠理之地, 故曰「聖人蚤從事焉」.

【扁鵲】秦越人. 전설상의 名醫 扁鵲은 따로 있었으나 흔히 秦越人을 편작으로 여겼음. 秦은 성씨, 越人은 이름. 秦越人은 盧醫로도 부르며 鄭縣(지금의 河北 任丘縣) 출신으로 그에 대한 사적은 기록마다 차이가 있으나 춘추 말부터 전국 초기까지 활동했던 것으로 보임. 《史記》扁鵲列傳을 참조할 것.

【蔡桓公】蔡 桓侯. 춘추 초기 魯 隱公과 같은 시대 채나라 군주. 그 무렵 공을 쓰지 못해 '桓侯'라 불렀음. 한편 본 고사는 趙簡子, 齊 桓公, 晉 桓公, 魏 桓侯 등 여러 왕들이 등장하며 실제 있었던 일은 아닌 것으로 보임.

【腠理】腠理는 피부의 살결. 살갗. 피부병의 초기 증세.

【肌膚】腠理(살갗)의 안쪽. 침으로 고칠 수 있는 질환.

【腸胃】창자와 위. 뱃속 깊은 곳. 그래도 湯劑로 고칠 수 있음.

【湯熨】찜질함. 더운 물찜질로써 고칠 수 있음.

【鍼石】돌로 만든 침을 가리킴.

【火齊】'齊'는 '劑'와 같음. 불로 달인 약제를 말함. 《史記》扁鵲倉公列傳에 "扁鵲曰:「陰石以治陰病, 陽石以治陽病」. 夫藥石者有陰陽水火之齊, 故中熱, 卽爲陰石柔齊治之; 中寒, 卽爲陽石剛齊治之."라 함.

【司命】원래 별 이름. 文昌宮座의 4번째 별. 사람의 생사를 맡아서 결정짓는 신. 《史記》天官書에 "斗魁戴匡六星曰文昌宮, 一曰上將, 二曰次將, 三曰貴相, 四曰司命, 五曰司中, 六曰司祿"이라 함. 《搜神記》에 司命神에 대한 고사가 널리 실려 있음.

【聖人蚤從事焉】본 편은 〈喩老篇〉이므로《老子》의 구절이 있어야 하며 혹이 구절을《老子》의 말이라 하였으나 지금의《老子》에는 전하지 않아 혹《老子》逸文이 아닌가 여기기도 함.

참고 및 관련 자료

1.《新序》雜事(2)

扁鵲見齊桓侯, 立有間, 扁鵲曰:「君有疾在腠理, 不治, 將恐深.」桓侯曰:「寡人無疾.」扁鵲出, 桓侯曰:「醫之好利也, 欲治不疾以爲功.」居十日, 扁鵲復見, 曰:「君之疾在肌膚, 不治將深.」桓侯不應. 扁鵲出, 桓侯不悅. 居十日, 扁鵲復見, 曰:「君之疾在腸胃, 不治將深.」桓侯不應. 扁鵲出, 桓侯不又悅. 居十日, 扁鵲復見, 望桓侯而還走. 桓侯使人問之, 扁鵲曰:「疾在腠理, 湯熨之所及也; 在肌膚, 鍼石之所及也; 在胃腸, 大劑之所及也; 在骨髓, 司命之所無奈何也; 今在骨髓, 臣是以無請也.」居五日, 桓侯體痛, 使人索扁鵲, 扁鵲已逃之秦矣. 桓侯遂死. 故良醫之治疾也, 攻之於腠理. 此事皆治之於小者也. 夫事之禍福. 亦有腠理之地, 故聖人蚤從事矣.

2.《史記》扁鵲倉公傳

扁鵲過齊, 齊桓侯客之. 入朝見, 曰:「君有疾在腠理, 不治將深.」桓侯曰:「寡人無疾.」扁鵲出, 桓侯謂左右曰:「醫之好利也, 欲以不疾者爲功.」後五日, 扁鵲復見, 曰:「君有疾在血脈, 不治恐深.」桓侯曰:「寡人無疾.」扁鵲出, 桓侯不悅. 後五日, 扁鵲復見, 曰:「君有疾在腸胃間, 不治將深.」桓侯不應. 扁鵲出, 桓侯不悅. 後五日, 扁鵲復見, 望見桓侯而退走. 桓侯使人問其故. 扁鵲曰:「疾之居腠理也, 湯熨之所及也; 在血脈, 鍼石之所及也, 其在腸胃, 酒醪之所及也; 其在骨髓, 雖司命無奈之何. 今在骨髓, 臣是以無請也.」後五日, 桓侯體病, 使人召扁鵲, 扁鵲已逃去. 桓侯遂死. 使聖人預知微, 能使良醫得蚤從事, 則疾可已, 身可活也. 人之所病, 病疾多; 而醫之所病, 病道少. 故病有六不治: 驕恣不論於理, 一不治也; 輕身重財, 二不治也; 衣食不能適, 三不治也; 陰陽幷, 藏氣不定, 四不治也; 形羸不能服藥, 五不治也; 信巫不信醫, 六不治也. 有此一者, 則重難治也.

3. 기타《文選》(〈養生論〉注, 〈七發〉注)을 볼 것.

145(21-12)
중이重耳를 몰라본 정나라

옛날 진晉나라 공자 중이重耳가 망명하여 정鄭나라에 들렀을 때 정나라 임금이 제대로 예우해 주지 않았다.

그러자 숙첨叔瞻이 이렇게 간하였다.

"이 사람은 현명한 공자입니다. 임금께서 후히 대우하셔서 덕을 쌓을 수 있습니다."

정나라 임금은 이를 듣지 않았다.

숙첨이 다시 간언하였다.

"후히 대접하지 않으려면 죽여 없애 후환이 없도록 하시느니만 못합니다."

정나라 임금은 역시 듣지 않았다.

공자가 고국 진나라로 돌아가자 군사를 일으켜 정나라를 쳐서 크게 깨뜨리고 여덟 개 성을 취하였다.

진晉 헌공獻公이 수극垂棘의 벽옥으로써 우虞에게 길을 빌려 괵虢을 치고자 할 때 대부 궁지기宮之奇가 이렇게 간언하였다.

"안 됩니다. 입술이 없어지면 이가 시린 법입니다. 우나라와 괵나라가 서로 구제해 주는 것은 서로가 은덕을 베푸는 것이 아닙니다. 오늘 진나라가 괵나라를 멸하고 나면 내일 우리 우나라도 틀림없이 그를 따라 망하고 말 것입니다."

우나라 임금은 이를 듣지 않고 그 벽옥을 받고 길을 빌려 주었다.

진나라는 이윽고 괵나라를 취하고 아서 돌아오는 길에 우나라도 멸하였다.

이 두 신하는 모두 살갗에 병이 닿을 때 다투어 막아주려 하였지만 두 임금은 이를 듣지 않았던 것이다.

그렇다면 숙첨과 궁지기는 역시 우나라나 정나라의 편작扁鵲이었으나 두 임금은 듣지 않아 그 때문에 정나라는 깨어지고 우나라는 망하였던 것이다.

그 때문에 "안정된 상태에서는 유지하기가 용이하며, 징조가 나타나기 전에 대처하기가 용이하다"라고 한 것이다.

昔晉公子重耳出亡, 過鄭, 鄭君不禮.

叔瞻諫曰:「此賢公子也, 君厚待之, 可以積德.」

鄭君不聽.

叔瞻又諫曰:「不厚待之, 不若殺之, 無令有後患.」

鄭公又不聽.

及公子返晉邦, 擧兵伐鄭, 大破之, 取八城焉.

晉獻公以垂棘之璧, 假道於虞而伐虢, 大夫宮之奇諫曰: 「不可. 脣亡而齒寒, 虞·虢相救, 非相德也. 今日晉滅虢, 明日虞必隨之亡.」

虞君不聽, 受其璧而假之道.

晉已取虢, 還, 反滅虞.

此二臣者皆爭於腠理者也, 而二君不用也.

然則叔瞻·宮之奇, 亦虞·鄭之扁鵲也, 而二君不聽, 故鄭以破, 虞以亡.

故曰:「其安易持也, 其未兆易謀也.」

【重耳】晉 文公. 獻公의 둘째 아들. 驪姬의 핍박으로 19년간 해외 망명을 거쳐 귀국, 왕위에 오름. 뒤에 齊 桓公에 이어 春秋五霸의 지위에 오름. B.C.636~ 628년까지 9년간 재위함.《史記》晉世家에 "重耳母, 翟之狐女也; 夷吾母, 重耳母女弟也. …自獻公爲太子時, 重耳固以成人矣"라 하였고,《國語》는 重耳의 망명 생활에 대하여 매우 많은 양을 자세히 싣고 있으며 晉語(4)에는 "狐氏出自唐叔. 狐姬, 伯行之子也, 實生重耳"라 함.《左傳》,《國語》,《史記》등을 참조할 것.

【鄭君】당시 鄭나라 군주는 文公. 이름은 捷. B.C.672~628년까지 45년간 재위함.

【叔瞻】鄭나라 대부.《左傳》에는 '叔詹',《史記》宋世家와《公羊傳》에는 '叔瞻' 으로 되어 있음.

【晉獻公】춘추시대 晉나라 군주. 武公의 아들이며 獻公(詭諸)과 文公(중이), 태자 申生의 아버지. 晉나라 군주. B.C.676~651년까지 26년간 재위함. 17國을 병탄 하고 38國을 복종시켰으며 12번 승리를 거두었다 하였음. 그러나 驪姬의 난 으로 重耳(文公)가 망명에 오르는 등 혼란을 조성함.

【虞·虢】고대 虞나라와 虢나라. 晉 獻公이 屈産의 명마와 垂棘의 璧으로 유혹 하여 虢을 칠 것이니 길을 빌려 달라고 虞나라에 요구, 이를 뿌리치치 못한 虞君이 이를 들어주자 두 나라가 함께 망한 고사. 脣亡齒寒의 고사를 낳음. 《左傳》,《說苑》등을 참조할 것. 045, 137 등을 볼 것.

【宮之奇】虞나라 신하. '脣亡齒寒'을 들어 晉 獻公의 假道 요구를 들어주어서는 안 된다고 간언하였으며 우군이 자신의 의견을 듣지 않자 나라가 망할 것임을 알고 떠남.

【非相德】서로 도와주는 것은 은덕을 베풀기 위한 것이 아니라 자국의 안전을 위한 것임.

【爭於腠理】'腠理'는 살갗. 쉽게 치료할 수 있는 초기 단계의 질환.

【扁鵲】秦越人. 전설상의 名醫 扁鵲은 따로 있었으나 흔히 秦越人을 편작으로 여겼음. 秦은 성씨, 越人은 이름. 秦越人은 盧醫로도 부르며 鄭縣(지금의 河北 任丘縣) 출신으로 그에 대한 사적은 기록마다 차이가 있으나 춘추 말부터 전국 초기까지 활동했던 것으로 보임.《史記》扁鵲列傳을 참조할 것.

> 참고 및 관련 자료

1.《老子》64장
其安易持, 其未兆易謀.

2. 《左傳》僖公 23年 傳

及鄭, 鄭文公亦不禮焉. 叔詹諫曰: 「臣聞天之所啓, 人弗及也. 晉公子有三焉, 天其或者將建諸, 君其禮焉! 男女同姓, 其生不蕃. 晉公子, 姬出也, 而至於今, 一也. 離外之患, 而天不靖晉國, 殆將啓之, 二也. 有三士, 足以上人, 而從之, 三也. 晉‧鄭同儕, 其過子弟固將禮焉, 況天之所啓乎!」 弗聽.

146(21-13)
상아 젓가락

옛날, 주紂가 상아로 젓가락을 만들자 기자箕子가 두려워하면서 이렇게 생각하였다.

"상아로 젓가락을 만들었으니 틀림없이 질그릇에 밥을 담아 먹지 않을 것이며 반드시 앞으로 서각犀角이나 옥으로 잔을 만들게 될 것이며, 상아 젓가락과 옥잔을 쓰게 되면 틀림없이 콩잎 국은 먹으려들지 않을 것이니 그렇게 되면 틀림없이 모우旄牛나 코끼리, 어린 표범의 태로 음식을 만들게 될 것이요, 틀림없이 단갈短褐의 옷은 입지도 않을 것이며 띠집 이엉을 덮은 집에서는 살려고 들지 않을 것이요, 그렇게 되면 비단옷을 겹겹이 입고 고대 광실에서 살겠다고 할 것이다. 나는 그 마지막이 두렵다."

5년이 지나 주는 고기를 늘어놓고, 포락炮烙 장치를 설치하고, 술지게미 쌓은 언덕을 오르고, 술을 채운 연못에서 놀이를 즐기다가 드디어 이로써 망하고 말았다.

그러므로 기자는 상아 젓가락을 보고 천하의 화근을 미리 알 수 있었던 것이다.

그 때문에 "작은 것을 볼 수 있는 것을 일러 명明이라 한다"라고 한 것이다.

昔者, 紂爲象箸而箕子怖, 以爲:「象箸必不加於土鉶, 必將犀玉之杯; 象箸玉杯必不羹菽藿, 則必旄·象·豹胎;

旄·象·豹胎, 必不衣短褐而食於茅屋之下, 則錦衣九重,
廣室高臺. 吾畏其卒, 故怖其始.」
　居五年, 紂爲肉圃, 設炮烙, 登糟邱, 臨酒池, 紂遂以亡.
故箕子見象箸以知天下之禍.
　故曰:「見小曰明.」

【紂】殷의 末王. 폭군으로 널리 알려짐. 帝辛, 商辛으로도 부르며 帝乙의 아들.
　姐己에게 빠져 '炮烙之刑'과 '酒池肉林' 등의 악한 고사를 가지고 있으며 周
　文王(姬昌)을 姜里(牖里)에 가두는 등 周나라와 맞서다가 武王(姬發)에게 망함.
【箕子】殷(商)나라 帝乙의 아들이며 紂王의 叔父, 또는 庶兄이라고도 함. 箕는
　땅이름. 子는 작위. 이름은 胥余. 紂가 무도한 짓을 하자 이를 極諫함.《論語》
　微子篇에 "微子去之, 箕子爲之奴, 比干諫而死. 孔子曰:「殷有三仁焉.」"이라 함.
【土鉶】鉶은 흙으로 만든 국그릇. 즉 토기를 말함. 채소나 국을 담는 그릇.
【羹菽藿】콩잎으로 국을 끓임. 菽은 콩이며 藿은 콩잎. 검소하고 질박한 생활을
　말함.
【旄象】旄는 털이 긴 소. 지금의 西藏과 雲南, 四川 등지에 사는 야크. 象은
　코끼리.《淮南子》本味篇 "肉之美者: 猩猩之脣, 貛貛之炙, 雋觾之翠, 述蕩之掔,
　旄象之約"이라 함.
【豹胎】표범의 胎. 진기한 음식의 재료로 쓰였음.
【短褐】'裋褐'로 써야 함.《漢書》貢禹傳 "裋褐不完"의 顔師古 注에 "裋者, 童豎
　所著; 褐, 毛布衣"라 함.
【茅屋】띠풀로 지붕을 이은 보잘 것 없는 집.
【肉圃】고기를 매달아 놓음. 肉林과 같음.《論衡》語增篇에 "紂懸肉以爲林,
　令男女倮而相逐其間"이라 함.
【炮烙】炮烙之刑. 불에 달군 구리 기둥을 맨발로 건너가다가 미끄러져 숯불에
　타죽도록 하는 극형.《列女傳》(7) 嬖孽傳「殷紂妲己」에 "紂乃爲炮烙之法,
　膏銅柱, 加之炭. 令有罪者行其上, 輒墮炭中, 妲己乃笑"라 함. 그러나 이는
　'炮格'의 오기이며 고기를 굽는 장치를 뜻하는 것으로 보기도 함.
【糟丘】술지게미를 걸러서 쌓아둔 언덕.

【酒池】 이는 《新序》, 《韓詩外傳》, 《列女傳》 등에 의하면 桀王의 악행이었음.
《新序》節士篇에 "桀爲酒池, 足以運舟; 糟丘, 足以望七里, 一鼓而牛飮者三千人"
라 하였고, 《列女傳》孼嬖傳「夏桀末姬」에도 "爲酒池, 可以運舟, 一鼓而牛飮者
三千人, 其頭而飮之於酒池, 醉而溺死者, 末喜笑之以爲樂"라 함.

참고 및 관련 자료

1. 《老子》 52장

見小曰明, 守柔曰强.

2. 《史記》 諸侯年表(2)

太史公讀春秋曆譜諜, 至周厲王, 未嘗不廢書而歎也. 曰: 「嗚呼, 師摯見之矣!」
紂爲象箸而箕子唏.

3. 《淮南子》 說山訓

紂爲象箸而箕子唏, 魯以偶人葬而孔子嘆, 故聖人見霜而知氷.

4. 《藝文類聚》(73)

《韓子》曰: 紂爲象著而箕子怖. 以爲象著必不加於土鉶. 必將犀玉之杯, 象著
玉杯, 必不羹菽藿, 則必薦豹胎.

5. 기타 《太平御覽》(759)을 볼 것.

147(21-14)
수유왈강守柔曰强

구천勾踐이 오吳나라 조정에 들어가 신하가 되어 몸소 창과 방패를 손에 잡고 오왕吳王 앞에서 말을 몰았기에 능히 부차夫差를 고소姑蘇에서 죽일 수 있었다.

문왕文王은 옥문玉門에서 욕설을 당하여도 안색이 변치 않았기에 아들 무왕武王이 주紂를 목야牧野에서 사로잡을 수 있었던 것이다.

그러므로 이렇게 말한 것이다.

"부드러움을 지켜내는 것을 일러 강强이라 한다."

월왕越王이 패자가 된 것은 적의 신하가 된 일을 괴로워하지 않았기 때문이며, 무왕이 왕도를 펼 수 있었던 것은 남에게 욕설을 당하여도 이를 괴로움으로 여기지 않았기 때문이었다.

그 때문에 "성인이 병들지 않는 것은 그 병을 병으로 여기지 않기 때문이니 그 까닭으로 병이 없는 것이다"라고 한 것이다.

句踐入宦於吳, 身執干戈爲吳王洗馬, 故能殺夫差於姑蘇.

文王見詈於王門, 顔色不變, 而武王擒紂於牧野.

故曰:「守柔曰强.」

越王之霸也, 不病宦; 武王之王也, 不病詈.
故曰:「聖人之不病也, 以其不病, 是以無病也.」

【句踐】越王. '勾踐'으로 표기하기도 함. 춘추 후기의 패자. 勾踐(句踐)은 越王
允常의 아들로 闔廬를 이어 越王이 됨. 麾下에 大夫 文種과 范蠡 등의 모신을
두고 吳王 夫差의 伯嚭, 伍子胥와 대칭을 이루어 吳越鬪爭, 吳越同舟, 臥薪嘗膽
등의 많은 고사를 남김. 뒤에 마침내 吳나라를 멸하고 南方 霸者가 되었다가
楚나라에게 망함. 한편 越나라는 《史記》越世家에 "其先禹之苗裔而夏后帝少
康之庶子也"라 함. 姒姓으로 지금의 浙江 紹興(옛 會稽)을 중심으로 句踐 때
크게 발전하였으며 일부 春秋五霸에서 宋 襄公 대신 句踐을 넣기도 함.
【洗馬】말머리에 앞장서서 달리는 병졸. '洗'는 '先'자임. 앞서서 온갖 봉사를
다함을 뜻함. '前馬'와 같음. 顧廣圻는 "洗, 他書作先"이라 하였고, 王先愼은
"洗・先古通, 爲前馬而走. 〈越語〉「其身親爲夫差前馬」是也. 古本賤役, 至漢始以
此名官. 〈百官公卿表〉太子太傅屬官有先馬. 如淳云:「前驅也, 先或作洗.」汲黯
傳作洗馬, 是其證"이라 함.
【夫差】吳王 闔廬의 아들로 뒤를 이어 吳王이 되어 春秋 말기를 장식한 오나라
마지막 임금. B.C.495~473년까지 23년간 재위함. 伍子胥와 太宰 伯嚭를 등용
하여 越王 句踐의 范蠡와 文種에 맞서 치열한 투쟁을 벌였으나 결국 越王 句踐
에게 나라가 망함.
【姑蘇】吳나라 도읍이 있었던 지금의 江蘇 蘇州.
【文王】周나라 건국의 聖王. 姬昌. 后稷(姬棄)의 후손으로
季歷의 아들이며 古公亶甫의 손자. 商나라 말 紂임금
때 西伯이 되어 인정을 베풀었으며 紂의 미움을 받아
羑里(牖里, 지금의 河南 湯陰縣) 감옥에 갇히는 등 고초를
겪기도 하였으며 그 아들 武王(姬發)에 이르러 紂를 牧野
에서 멸하고 周나라를 일으킴. 《史記》周本紀 참조.

〈文王(姬昌)〉

【見詈】'詈'는 '罵'와 같음. 심한 욕설이나 꾸짖음을 당함. '見'은 被動(수동)을
나타냄. 본 《韓非子》難四(638)에도 "湯身易名, 武身受詈, 而海內服"이라 하였으나
《戰國策》趙策(3)에 "昔者, 文王拘於牖里, 而武王羈于玉門, 卒斷紂之頭而懸於
太白者, 是武王之功也"라 하였고, 그 밖의 《呂氏春秋》,《尸子》,《竹書紀年》
등에도 모두 '詈'가 '羈'로 되어 있음. 이에 대해 高亨의 《韓非子補箋》에는 "受詈」,

指武王受羈於王門而言.《呂覽》·〈趙策〉·《尸子》·《竹書紀年》皆作「羈」, 而本
書獨作「詈」者, 疑「詈」亦有「羈」誼也」라 함.

【王門】 王은 玉자의 오기. 玉으로 장식한 紂임금의 궁전 문을 가리킴.

【武王】 姬發. 文王(姬昌, 西伯)의 아들. 殷末 周民族의 領袖.
아버지의 뜻을 이어 庸, 蜀, 羌 등 부족과 연합하여 殷의
紂를 멸하고 西周의 封建王朝를 건립함. 周公(姬旦)의
형이며 成王(姬誦)의 아버지. 周初의 文物制度를 완비하여
儒家에서 흔히 三代의 개국시조 夏禹, 商湯, 周文武로
칭하며 추앙받기도 함.

【紂】 殷의 末王. 폭군으로 널리 알려짐. 帝辛, 商辛으로도
부르며 帝乙의 아들. 妲己에게 빠져 '炮烙之刑'과 '酒池
肉林' 등의 악한 고사를 가지고 있으며 周 文王(姬昌)을
羑里(牖里)에 가두는 등 周나라와 맞서다가 武王(姬發)
에게 망함.

〈武王(姬發)〉

【牧野】 殷나라 때의 지명으로 지금의 河南 淇縣.

【病宦】 적의 신하된 모욕을 마음에 두고 괴로워함.《禮記》士冠禮 鄭玄 注에
"病, 猶辱也"라 함.

┌─────────────────┐
│ 참고 및 관련 자료 │
└─────────────────┘

1.《老子》52장

見小曰明, 守柔曰强.

2.《老子》71장

聖人不病, 以其病病. 夫唯病病, 是以不病.

3.《呂氏春秋》

聖人之於事, 似緩而急·似遲而速以待時. 王季歷困而死, 文王苦之, 有不忘羑
里之醜, 時未可也. 武王事之, 夙夜不懈, 亦不忘王門之辱, 立十二年, 而成甲子
之事. 時固不易得. 太公望, 東夷之士也, 欲定一世而無其主, 聞文王賢, 故釣
於渭以觀之.

4.《淮南子》道應訓

文王砥德修政三年, 而天下二分歸之. 紂聞而患之, 曰:「余夙興夜寐, 與之竸行,

則苦心勞形; 縱而置之, 恐代余一人.」崇侯虎曰:「周伯昌行仁義而善謀, 太子
發勇敢而不疑, 中子旦恭儉而知時. 若與之從, 則不堪其殃. 縱而赦之, 身必危亡.
冠雖弊, 必加於頭. 及未成, 請圖之!」屈商乃拘文王於羑里. 於是散宜生乃以
千金求天下之珍怪, 得騶虞·雞斯之乘, 玄玉百工, 大貝百朋, 玄豹·黃羆·青犴·
白虎文皮千合, 以獻於紂, 因費仲而通. 紂見而說之, 乃免其身, 殺牛而賜之. 文王歸,
乃爲玉門, 築靈臺, 相女童, 擊鐘鼓, 以待紂之失也. 紂聞之, 曰:「周伯昌改道
易行, 吾無憂矣.」乃爲炮烙, 剖比干, 剔孕婦. 殺諫者 文王乃遂其謀. 故老子曰:
「知其榮, 守其辱, 爲天下谷.」

5. 《論衡》非韓篇

夫韓子知以鹿馬喩, 不知以冠履譬. 使韓子不冠, 徒履而朝, 吾將聽其言也. 加冠
於首而立於朝, 受無益之服, 增無益之仕(行), 言與服相違, 行與術相反, 吾是
以非其言而不用其法也. 煩勞人體, 無益於人身, 莫過跪拜. 使韓子逢人不拜,
見君父不謁(跪), 未必有賊於身體也. 然須拜謁(跪)以尊親者, 禮義至重, 不可
失也. 故禮義在身, 身未必肥; 而禮義去身, 身未必瘠而化衰. 以謂有益, 禮義
不如飲食. 使韓子賜食君父之前, 不拜而用, 肯爲之乎? 夫拜謁(跪), 禮義之效,
非益身之實也, 然而韓子終不失者, 不廢禮義以苟益. 夫儒生, 禮義也; 耕戰,
飲食也. 貴耕戰而賤儒生, 是棄禮義求飲食也. 使禮義廢, 綱紀敗, 上下亂而陰
陽繆, 水旱失時, 五穀不登, 萬民饑死, 農不得耕, 士不得戰也.

6. 기타 《北堂書鈔》(123)를 볼 것.

148(21-15)
자한子罕 보물

송宋나라 시골 사람이 옥박玉璞을 얻어 이를 자한子罕에게 바치자 자한이 받지 않았다.

시골 사람이 말하였다.

"이것은 보물입니다. 마땅히 귀한 사람이 지녀야 할 물건이며 낮은 사람이 쓰는 것은 마땅치 않습니다."

자한이 말하였다.

"자네는 옥을 보물로 여기고 있으나 나는 그대에게 옥을 받지 않는 것을 보물로 여긴다오."

이는 바로 시골 사람은 옥을 받아주기를 바랐지만 자한은 옥을 받기를 원하지 않은 것이다.

그 때문에 "바라지 않을 것을 추구하여 얻기 어려운 재화를 귀하게 여기지 않는다"라고 한 것이다.

宋之鄙人得璞玉而獻之子罕, 子罕不受.

鄙人曰:「此寶也, 宜爲君子器, 不宜爲細人用.」

子罕曰:「爾以玉爲寶, 我以不受子玉爲寶.」

是鄙人欲玉, 而子罕不欲玉.
故曰:「欲不欲, 而不貴難得之貨.」

【鄙人】野人과 같음. 변방에 사는 시골 사람.《荀子》非相篇 "楚之孫叔敖,
  期思之鄙人也"의 注에 "鄙人, 郊野之人也"라 함.
【璞玉】쪼거나 갈지 않은 천연 그대로의 옥 덩어리.
【子罕】司城子罕. 宋나라의 청렴한 대부. 司城은 宋나라 관직 이름으로 다른
  나라의 司空에 해당함. 宋 武公의 이름이 '司空'이어서 그 이름을 피하여 '司城'
  이라 하였음. 土木에 관한 일을 관장하는 장관. 桓公 6년 傳에 "宋以武公廢
  司空"이라 함. 자한은 이름. 子罕은 鄭 穆公의 아들이며 戴公의 6세손. 公子
  喜(樂喜)를 가리킴. 司城 벼슬을 하여 흔히 司城子罕으로도 부름. 그 무렵
  鄭나라에 어진 인물로 널리 알려짐. 전국시대에도 宋나라에 司城子罕이 있었
  으며 이는 逆臣으로 宋 桓侯를 弑害한 인물임. 549를 볼 것.
【細人】신분이 낮은 사람. 君子에 상대하여 씀.
【不欲】'無欲'과 같음.

참고 및 관련 자료

1.《老子》63장
是以聖人欲不欲, 不貴難得之貨; 學不學, 復衆人之所過.
2.《左傳》襄公 15年 傳
宋人或得玉, 獻諸子罕, 子罕弗受. 獻玉者曰:「以示玉人, 玉人以爲寶也, 故敢
獻之」子罕曰:「我以不貪爲寶, 爾以玉爲寶. 若以與我, 皆喪寶也, 不若人有其寶」
稽首而告曰:「小人懷璧, 不可以越鄉, 納此以請死也.」子罕寘諸其里, 使玉人
爲之攻之, 富而後使復其所.
3.《淮南子》精神訓
堯不以有天下爲貴, 故授舜; 子罕不以玉爲富, 故不受寶; 務光不以生害義, 故自
投於淵; 由此觀之:「至貴不待爵, 至富不待財.」

4.《新序》節士篇

宋人有得玉者, 獻諸司城子罕, 子罕不受. 獻玉者曰:「以示玉人, 玉人以爲寶,
故敢獻之.」子罕曰:「我以不貪爲寶, 爾以玉爲寶. 若與我者, 皆喪寶也, 不若人
有其寶.」故宋國之長者曰:「子罕非無寶也, 所寶者異也. 今以百金與搏黍以示
兒子, 兒子必取搏黍矣; 以和氏之璧與百金以示鄙人, 鄙人必取百金矣, 以和氏之
璧與道德之至言, 以示賢者, 賢者必取至言矣. 其知彌精, 其取彌精; 其知彌觕,
其取彌觕. 子罕之所寶者至矣.」

5.《呂氏春秋》異寶篇

宋之野人耕而得玉, 獻之司城子罕. 子罕不受. 野人請曰:「此野人之寶也. 願相
國爲之賜而受之也.」子罕曰:「子以玉爲寶, 我以不受爲寶.」故宋國之長子曰:
「子罕非無寶也, 所寶者異也.」

149(21-16)
책을 불태워버린 왕수王壽

왕수王壽가 책을 짊어지고 길을 가다가 주周나라로 가는 길에서 서풍徐馮을 만났다.

서풍이 말하였다.

"일이란 것은 하는 것이다. 하는 것은 때에 따라 생겨난다. 때란 정해진 일이 없다. 책이란 말이다. 말은 앎에서 생겨난다. 앎이란 책에 담아두지 못한다. 지금 그대는 어찌 홀로 이를 짊어지고 다니는가?"

이에 왕수는 책을 불태우고 춤을 추었다.

그러므로 아는 자는 말로써 가르치려 들지 않으며 지혜로운 책을 상자에 담아두지 않는다.

이는 세속 사람들이 지나쳐 버리는 것이지만 왕수는 여기에 복귀하였으니 이는 배우지 않음을 배우는 것이다.

그 때문에 "배우지 않음을 배우면 많은 보통 사람들이 지나쳐버리는 데에서 되돌아 올 수 있다"라고 한 것이다.

王壽負書而行, 見徐馮於周塗.

馮曰:「事者, 爲也; 爲生於時, 時者無常事. 書者, 言也; 言生於知, 知者不藏書. 今子何獨負之而行?」

於是王壽因焚其書而儛之.
故知者不以言談教, 而慧者不以藏書篋.
此世之所過也, 而王壽復之, 是學不學也.
故曰:「學不學, 復歸衆人之所過也.」

【王壽】 고대의 책을 좋아하던 사람.《淮南子》道應訓 高誘 注에 "王壽, 古好書
    之人"이라 함.
【徐馮】 周나라 隱子. 역시《淮南子》道應訓 高誘 注에 "徐馮, 周之隱者也"이라 함.
【儛之】 '儛'는 '舞'와 같음.《淮南子》道應訓 高誘 注에 "自喜焚其書, 故舞之也"
    라 함.
【學不學】 배울 의미가 없음을 배움.
【復歸】《老子》에는 '歸'자가 없음. 河上公 注에 "復之者, 使反本也"라 함.

참고 및 관련 자료

1.《老子》64장
是以聖人欲不欲, 不貴難得之貨; 學不學, 復衆人之所過.

2.《淮南子》道應訓
王壽負書而行, 見徐馮於周塗. 徐馮曰:「事者, 應變而動. 變生於時, 故知時者
無常行. 書者, 言之所出也. 言出於知者, 知者不藏書」於是王壽乃焚書而舞之.
故老子曰:「多言數窮, 不如守中」

150(21-17)
정교한 상아조각

무릇 사물은 정해진 형태가 있어 그것을 근거로 이를 이끌어 가야 한다.

사물의 형태를 따라야 하므로 그 때문에 안정된 상태라면 덕에서 그것을 세우고 움직일 때라면 도에 순응해야 하는 것이다.

송宋나라에 그 임금을 위해 상아로 닥나무 잎을 조각하면서 3년만에 완성한 자가 있었다.

그 조각품의 두터움과 얇은 줄기 및 가지, 그리고 잔털과 부드러운 윤기는 닥나무 잎들 속에 마구 뒤섞어 놓아도 구별할 수가 없을 정도였다.

이 사람은 드디어 그 공으로 송나라에서 봉록을 받게 되었다.

열자列子가 이를 듣고 말하였다.

"만일 하늘과 땅으로 하여금 삼 년 걸려 나뭇잎 하나를 만들도록 한다면 나무들 가운데 잎이 달린 나무는 그 수가 적을 것이다."

그러므로 하늘과 땅의 도움을 받지 않고 한 사람의 몸에 맡기려 하며, 도리의 수에 따르지 않고 한 사람의 지혜를 배우려 한다면 이는 모두가 잎 하나를 만드는 행위이나 마찬가지이다.

따라서 겨울철에 심은 곡물은 후직后稷도 넉넉하게 거둘 수 없고, 풍년에 저절로 큰 수확을 거두는 때엔 장획臧獲이라 해도 그 농사를 망치게 할 수 없다.

한 사람의 힘으로써 일을 하면 후직일지라도 모자라지만 자연을 따르면 장획들에게도 여유가 있게 되는 것이다.

그 때문에 "만물의 자연 상태에 의존할 뿐 감히 작위를 더하지 않는다"
라고 한 것이다.

夫物有常容, 因乘以導之.

因隨物之容, 故靜則建乎德, 動則順乎道.

宋人有爲其君以象爲楮葉者, 三年而成.

豐殺莖柯, 毫芒繁澤, 亂之楮葉之中而不可別也.

此人遂以功食祿於宋邦.

列子聞之曰:「使天地三年而成一葉, 則物之有葉者寡矣.」

故不乘天地之資而載一人之身, 不隨道理之數而學一人
之智, 此皆一葉之行也.

故冬耕之稼, 后稷不能羨也; 豐年大禾, 臧獲不能惡也.

以一人之力, 則后稷不足; 隨自然, 則臧獲有餘.

故曰:「恃萬物之自然而不敢爲也.」

【常容】 본래부터 정해져 있는 일정한 형태를 가리킴.

【豐殺莖柯】 '豐殺'는 살찐 것과 여윈 것. 肥瘦와 같음. '莖柯'는 잎의 줄기와 잎맥.
여기서는 상아로 닥나무 모양을 조각한 것이 아주 정교함을 뜻함.

【毫芒繁澤】 毫芒은 毫釐, 즉 아주 미세한 잔털.
繁澤은 광택이 풍성한 모양.

【列子】 列禦寇. 戰國시대 鄭나라 사람의 道家의
유명한 思想家.《列子》를 남겼으나 혹 지금 전하는
것은 僞作이라고도 함. 莊子(莊周)보다 앞선 인물
이며 子産과 같은 시대를 살았음.

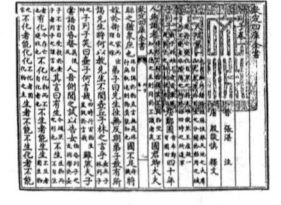

《列子》四庫全書 文淵閣本

【后稷】 周民族의 시조이며 이름은 姬棄. 唐堯 때 后稷이라는 農官을 지냄.《史記》
周本紀에 "周后稷, 名棄. 其母有邰氏女, 曰姜原. 姜原爲帝嚳元妃. 姜原出野, 見巨

人迹, 心忻然說, 欲踐之, 踐之而身動如孕者. 居期而生子, 以爲不祥, 棄之隘巷, 馬牛過者皆辟不踐; 徙置之林中, 適會山林多人, 遷之; 而棄渠中冰上, 飛鳥以其翼覆薦之. 姜原以爲神, 遂收養長之. 初欲棄之, 因名曰棄. 棄爲兒時, 屹如巨人之志. 其游戲, 好種樹麻·菽, 麻·菽美. 及爲成人, 遂好耕農, 相地之宜, 宜穀者稼穡焉, 民皆法

〈后稷(姬棄)〉《三才圖會》

則之. 帝堯聞之, 舉棄爲農師, 天下得其利, 有功. 帝舜曰:「棄, 黎民始飢, 爾后稷播時百穀.」封棄於邰, 號曰后稷, 別姓姬氏. 后稷之興, 在陶唐·虞·夏之際, 皆有令德」이라 함.

【羨】 '有餘'의 뜻.《管子》國蓄 "鈞羨不足"의 注에 "羨, 餘也"라 함.

【臧獲】 노예, 노비, 종을 일컫는 말.《荀子》王霸 注에 "臧獲, 奴婢也.《方言》曰:「荊·淮·海·岱之間, 罵奴曰臧, 罵婢爲獲」 或曰:「取貨謂之臧, 擒得謂之獲, 皆謂有罪爲奴婢者.」"라 하였고,《名義考》에는《風俗通》을 인용하여 "臧, 被罪沒官爲奴婢; 獲, 逃亡獲得爲奴婢"라 함.

【不敢爲】 감히 人爲(作爲)를 더하려 하지 않음. 無爲로써 함.

> ### 참고 및 관련 자료

1.《老子》64장

其安易持, 其未兆易謀. 其脆易泮, 其微易散. 爲之於未有, 治之於未亂. 合抱之木, 生於毫末. 九層之臺, 起於累土. 千里之行, 始於足下. 爲者敗之, 執者失之. 是以聖人無爲故無敗, 無執故無失. 民之從事, 常於幾成而敗之. 愼終如始, 則無敗事. 是以聖人欲不欲, 不貴難得之貨; 學不學, 復衆人之所過. 以輔萬物之自然, 而不敢爲.

2.《列子》說符篇

宋人有爲其君以玉爲楮葉者, 三年而成. 鋒殺莖柯, 毫芒繁澤, 亂之楮葉中而不可別也. 此人遂以巧食宋國. 子列子聞之, 曰:「使天地之生物, 三年而成一葉, 則物之有葉者寡矣. 故聖人恃道化而不恃智功.」

3.《淮南子》泰族訓

宋人有以象爲其君, 爲楮葉者, 三年而成. 莖柯豪芒, 鋒殺顔澤, 亂之楮葉之中, 而不可知也. 列子曰:「使天地三年而成一葉, 則萬物之有葉者寡矣.」

4. 기타《白孔六帖》(83)을 볼 것.

151(21-18)
구멍은 신명의 창문

몸의 구멍이란 신명神明의 문이며 창문이다.

눈과 귀가 성색聲色에만 다하고, 정신이 외모에만 다하므로 중심에
주인이 없게 된다.

중심에 주인이 없어지면 화복이 비록 산과 같이 크게 밀려온다 해도
이를 알아차릴 수가 없게 된다.

그 때문에 "문밖에 나가지 않고도 천하를 알 수 있으며, 창문 구멍으로
들여다보지 않고도 천도를 알 수 있다"라고 한 것이다.

이는 신명이 그 실질에서 떠나지 않음을 말한 것이다.

空竅者, 神明之戶牖也.

耳目竭於聲色, 精神竭於外貌, 故中無主.

中無主, 則禍福雖如丘山, 無從識之.

故曰:「不出於戶, 可以知天下; 不窺於牖, 可以知天道.」

此言神明之不離其實也.

【空竅】'空'은 '孔'과 같으며 신체의 감각 기관들이 구멍처럼 되어 있음을 말함.
 흔히 九竅라 하며 耳目口鼻의 7개와 肛門, 排尿口를 합해 9개가 됨.
【神明】사람으로서의 精神.《淮南子》精神訓에 "夫孔竅者, 精神之戶牖也"라 함.
【戶牖】戶는 집의 單扇門. 牖는 둥근 창문.
【竭於聲色】음악과 이성에 온 정신을 사용함.

참고 및 관련 자료

1.《老子》47장
不出戶, 知天下; 不窺牖, 見天道.

2.《淮南子》道應訓
人主深居隱處以避燥濕, 閨門重襲以避姦賊, 內不知閭里之情, 外不知山澤之形,
帷幕之外, 目不能見十里之前, 耳不能聞百步之外, 天下之物無不通者, 其灌輸之
者大, 而斟酌之者衆也. 是故「不出戶而知天下, 不窺牖而知天道」. 乘衆人之智,
則天下之不足有也. 專用其心, 則獨身不能保也.

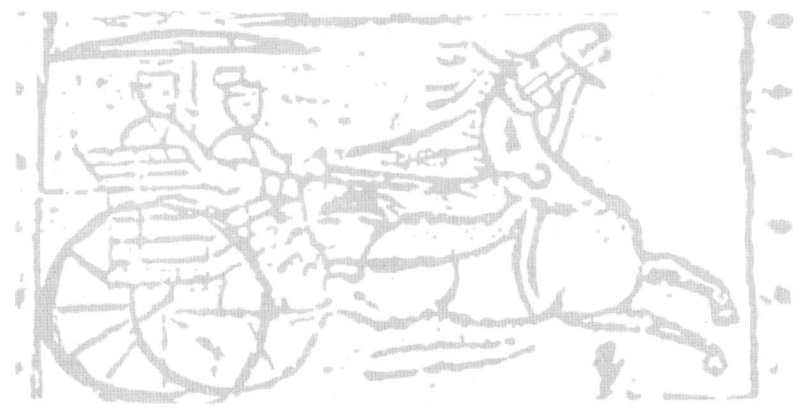

152(21-19)
말 다루는 기술

조양주趙襄主가 왕어기王於期에게 말 부리는 법을 배우고 나서 급히 서둘러 왕어기와 경주를 하여 세 번 말을 바꾸어 하였으나 세 번 모두 뒤로 처지고 말았다.

조양주가 말하였다.

"그대는 말 부리는 법만 나에게 가르치고 術술은 아직 다 가르쳐주지 않은 것이겠지?"

왕어기가 대답하였다.

"술도 이미 다 가르쳐드렸는데 말을 부리는 용법이 지나쳤던 것입니다. 무릇 말을 부림에 있어서 중요한 것은 말의 몸이 수레에 안정되어야 하고 부리는 사람의 마음은 말과 조화를 이룬 다음에야 빨리, 그리고 멀리 갈 수 있는 것입니다. 지금 그대께서 뒤떨어지면 저를 따라붙으려 하고, 앞서면 저에게 따라 잡힐까 두려워합니다. 무릇 길을 유도하여 경쟁할 때에는 앞서지 않으면 뒤떨어지게 되어 있습니다. 그런데 앞서든 뒤떨어지든 마음이 모두 신하인 저를 의식하고 있으니 어떻게 말과 조화를 이룰 수 있겠습니까? 이것이 그대께서 뒤처지는 까닭입니다."

趙襄主學御於王子期, 俄而與於期逐, 三易馬而三後.

襄主曰:「子之敎我御, 術未盡也?」

對曰:「術已盡, 用之則過也. 凡御之所貴: 馬體安於車, 人心調於馬, 而後可以進速致遠. 今君後則欲逮臣, 先則恐逮於臣. 夫誘道爭遠, 非先則後也, 而先後心皆在於臣, 上何以調於馬? 此君之所以後也.」

【趙襄主】趙襄子. 춘추 말 晉나라 六卿의 하나. 이름은 無恤. 趙簡子(趙鞅)의 아들. 趙는 봉읍의 이름. 晉陽(지금의 山西 太原)을 근거지로 발전하였으나 智伯(知伯)의 공격을 받아 포위되었다가 韓, 魏의 도움으로 지백을 멸하고 三晉의 반열에 올랐으며 戰國七雄의 하나가 됨. 뒤에 도읍을 邯鄲으로 정함.

【王子期】'王於期', '王子於期'로 표기하기도 함. 春秋시대 趙襄子의 마부. 王良. 於期는 그의 字.《左傳》哀公 2년 "郵無恤御簡子"의 杜預 注에 "郵無恤, 王良也"라 하였고, 같은 곳에서 다시 '子良'이라 불렀음.《孟子》滕文公(下)에는 "昔者, 趙簡子使王良與嬖奚乘"이라 하여 郵無恤, 王良, 子良, 王子期, 王子於期, 王於期는 모두 동일인으로 보이며 곳에 따라 趙襄子와 趙簡子의 마부로 엇갈림.

【誘道】말에게 길을 인도함. '誘'는 '引'과 같음.

【上】'尚'과 같음. 王先愼은 "上·尚, 古通"이라 함. '오히려, 그렇게 하고서도'의 뜻.

153(21-20)
거꾸로 짚은 지팡이

　백공白公 승勝이 반란을 꾀하면서 조정에서 물러나올 때 지팡이를 거꾸로 짚다가 그 끝이 턱을 찔러 피가 땅바닥까지 흘러내리도록 알지 못하였다.

　정鄭나라 사람들이 이를 듣고 말하였다.

　"턱까지 잊을 정도라면 앞으로 무엇인들 잊지 않겠는가?"

　그러므로 "밖으로 멀리 나가면 나갈수록 아는 것은 더욱 적어진다"라고 한 것이다.

　이것은 지혜가 먼 데까지 고루 미치면 가까이 있는 것을 잃게 됨을 말한 것이다.

　이 까닭으로 성인은 상행常行이란 없다.

　능히 아울러 알기 때문에 "아무 일을 하지 않아도 알게 된다"라 하였고, 능히 아울러 보기 때문에 "보지 않아도 밝히 안다"라 한 것이다.

　때에 따라 일을 하고 자료에 근거하여 공을 세우며, 만물의 기능을 활용하여 그 위의 것을 이익으로 얻으므로 "하지 않아도 성취를 이룬다"라고 한 것이다.

白公勝慮亂, 罷朝, 倒杖而策銳貫頣, 血流至於地而不知.
鄭人聞之曰:「頣之忘, 將何不忘哉!」

故曰:「其出彌遠者, 其智彌少.」

此言智周乎遠, 則所遺在近也.

是以聖人無常行也.

能並智, 故曰:「不行而知.」; 能並視, 故曰:「不見而明.」

隨時以擧事, 因資而立功, 用萬物之能而獲利其上, 故曰:「不爲而成.」

【白公】白公 勝. 勝은 이름. 춘추시대 楚 平王의 손자이며 태자 建의 아들. 伍子胥가 망명할 때 그를 데리고 鄭나라로 달아나자 鄭나라는 楚나라의 보복이 두려워 建을 죽여 버렸음. 伍子胥는 建의 아들 勝을 데리고 吳나라로 도망, 결국 오자서는 吳나라 군사를 이끌고 楚나라를 공격하여 수도 郢까지 들어갔음. 이렇게 되자 楚나라 令尹 子西는 勝을 불러들여 巢大夫로 삼고 號를 白公이라 칭해주었음. 백공은 子西에게 청하여 鄭나라를 쳐서 아버지의 원수를 갚자고 하였지만 자서는 대답만 해놓고 실행치 않다가 도리어 晉나라를 쳐서 鄭나라를 구해 주었음. 백공은 이에 子西를 죽여 버렸으며 이렇게 일이 벌어지자 平王의 손자 惠王은 달아나고 백공이 즉위하여 왕이 되었음. 이에 葉公(沈諸梁)이 백공을 죽이고 惠王을 복위시켰음.

【慮亂】'慮'는 '謀'와 같음.

【銳實頯】'頯'는 '頤'의 別體字. '銳'는 지팡이가 땅에 닿는 부분을 감싼 쇠붙이.

【何不忘哉】다른 판본에는 "何爲忘哉?"로 되어 있으나 '爲'는 '不'의 오기.

【其出彌遠】'彌'는 '愈'와 같음.

【並智】'智'는 '知'와 같음.

참고 및 관련 자료

1.《老子》47장

其出彌遠, 其知彌少. 是以聖人不行而知, 不見而名, 無爲而成.

2.《列子》說符篇

白公勝慮亂, 罷朝而立, 倒杖策, 錣上貫頤, 血流至地而弗知也. 鄭人聞之曰:
「頤之忘, 將何不忘哉?」意之所屬箸, 其行足躓株埳, 頭抵植木, 而不自知也.

3.《淮南子》道應訓

白公勝慮亂, 罷朝而立, 倒杖策錣上貫頤, 血流至地, 而弗知也. 鄭人聞之曰:
「頤之忘, 將何不忘哉!」此言精神之越於外, 智慮之蕩於內, 則不能漏理其形也.
是故神之所用者遠, 則所遺者近也. 故老子曰:「不出戶, 以知天下; 不窺牖, 以見
天道. 其出彌遠, 其知彌少」此之謂也

4. 기타《太平御覽》(368)을 볼 것.

154(21-21)
날지도 울지도 않는 새

    초楚 장왕莊王이 정사를 맡으면서 3년이 되도록 법령을 내리지도 않고 정무를 집행하지도 않고 있었다.

    우사마右司馬가 곁에 모시고 왕과 은어를 말하였다.

    "어떤 새가 남쪽 언덕에 앉아 있으면서 3년 동안 날갯짓도 하지 않고, 날지도 않고 울지도 않으며 묵묵히 소리가 없습니다. 이 새의 이름은 무엇일까요?"

    왕이 대답하였다.

    "3년 동안 날개치지 않은 것은 앞으로 날개를 크게 펼치려는 것이요, 날지도 않고 울지도 않은 것은 앞으로 백성의 움직임을 살피고 있는 것이라오. 비록 날지 않더라도 한번 날았다 하면 틀림없이 하늘을 찌를 것이요, 비록 울지는 않지만 한번 울었다 하면 틀림없이 사람을 놀라게 할 것이오. 그대는 걱정하지 마시오. 나도 이를 알고 있소."

    반 년 있다가 이에 왕은 스스로 정사를 보기 시작하였다.

    그리하여 폐지시킨 제도가 열 가지요, 기안한 사업이 아홉 건이며 벌을 내린 대신이 다섯, 발탁한 처사處士가 여섯으로 나라가 크게 다스려졌다.

    군사를 일으켜 제齊나라를 쳐서 서주徐州를 취하였고, 하수河水와 형옹衡雍에서 진晉나라에게 승리를 거두었으며, 송宋나라에서 제후들을 모아 회맹을 하여 드디어 천하를 제패하였다.

장왕은 작은 선善 따위는 하지 않았으므로 큰 명성을 얻을 수 있었던 것이며, 서둘러 드러내어 보이지 않았으므로 큰 공을 세울 수 있었던 것이다.

그 때문에 "큰 그릇은 늦게 이루어지고 큰 음성은 소리가 없다"라고 한 것이다.

楚莊王莅政三年, 無令發, 無政爲也.

右司馬御座而與王隱曰:「有鳥止南方之阜, 三年不翅, 不飛不鳴, 嘿然無聲, 此爲何名?」

王曰:「三年不翅, 將以長羽翼; 不飛不鳴, 將以觀民則. 雖無飛, 飛必冲天; 雖無鳴, 鳴必驚人. 子釋之, 不穀知之矣.」

處半年, 乃自聽政.

所廢者十, 所起者九, 誅大臣五, 擧處士六, 而邦大治.

擧兵誅齊, 敗之徐州, 勝晉於河雍, 合諸侯於宋, 遂霸天下.

莊王不爲小害善, 故有大名; 不蚤見示, 故有大功.

故曰:「大器晩成, 大音希聲.」

【楚莊王】春秋五霸의 하나로 이름은 侶(旅). 穆王(商臣)의 아들. 孫叔敖 등을 기용하여 나라를 부강시켰으며 邲戰에서 晉나라를 격파하고 패권을 차지함. B.C.613~B.C.591년까지 23년간 재위하고 그 뒤를 共王(審)이 이어감. 莊王은 매우 英明하였으며 '絕纓', '三年不飛', '樊姬諫言' 등 많은 고사를 남김.
【右司馬】司馬는 군사를 담당한 신하로 左·右 두 사람을 두었음.
【與王隱】왕과 隱語로 짐짓 질문을 던짐. '隱'은 '讔', 즉 일종의 수수께끼(謎語)임.

【南方之阜】南方은 楚를 가리킴. 阜는 도읍을 암시함.

【嘿然】'嘿'은 '黙'과 같음.

【民則】민생의 습관 버릇. 움직임. '則'은 규칙의 뜻.

【不穀】군주가 자신을 낮추어 부르는 칭호. 寡人과 같음.《老子》(39)에 "故貴以賤爲本, 高以下爲基. 是以侯王自謂孤·寡·不穀, 此非以賤爲本邪? 非歟?"라 함.

【徐州】지금의 山東 藤縣 薛城. 그러나 楚나라가 徐州를 취한 것은《史記》六國年表에 의하면 楚 威王 7년이며 十二諸侯年表에는 "楚莊王十三年, 滅舒蓼"라 하여 舒州의 잘못으로 여김.

【不爲小善】원문에는 "不爲小害善"으로 되어 있으나 〈集解〉에 "王先謙曰: 害字不當有, 蓋與善形近誤衍"이라 함. '善'은 '잘하는 일'을 뜻함.

【不蚤見示】'蚤'는 '早'와 같음. 서둘러 자신의 뜻이나 의도를 펴 보이려 하지 않음.

【大器晚成】일반적으로 "큰 그릇은 늦게 이루어진다"로 풀이하나 '晚'은 〈竹簡本〉에는 '曼', 〈帛書本〉에는 '免'으로 되어 있고 모두 '無'와 雙聲 互訓 관계를 이루고 있어 '無'(없다)와 같은 뜻임. 老子는 영원을 두고 완성될 수 없는 것을 큰 그릇이라 여긴 것이며 앞뒤 對를 이룬 句節의 '無', '希', '無'와 호응됨.

【希聲】'希'는 '稀'와 같음. 소리가 稀微하여 들리지 않음. 그러나 '希(稀)'는 '末'와 같은 疊韻이며 '末'는 '無'와 雙聲으로 '없다'의 뜻으로 봄.

참고 및 관련 자료

1.《老子》41장

大方無隅, 大器晚成, 大音希聲, 大象無形, 道隱無名.

2.《新序》雜事(2)

楚莊王蒞政三年, 不治, 而好隱戱. 社稷危, 國將亡. 士慶問左右羣臣曰:「王蒞政三年, 不治, 而好隱戱, 社稷危, 國將亡. 胡不入諫?」左右曰:「子其入矣.」士慶入, 再拜而進曰:「隱有大鳥, 來止南山之陽, 三年不蜚不鳴, 不審其故何也?」王曰:「子其去矣, 寡人知之矣.」士慶曰:「臣言亦死, 不言亦死, 願聞其說.」王曰:「此鳥不蜚, 以長羽翼; 不鳴, 以觀羣臣之愿, 是鳥雖不蜚, 蜚必沖天; 雖不鳴, 鳴必驚人.」士慶稽首曰:「所願聞己.」王大悅士慶之問, 而拜之以爲令尹, 授之相印. 士慶喜, 出門, 顧左右笑曰:「吾王, 成王也.」中庶子聞之, 跪而泣曰:「臣尙衣冠, 御郎十三年矣, 前爲豪矢, 而後爲藩蔽. 王賜士慶相印而不賜臣, 臣死將有日矣.」王曰:「寡人居泥塗中, 子所與寡人言者, 內不及國家, 外不及諸侯. 如子者, 可富而不可貴也.」於是乃出其國寶璧玉以賜之. 曰:「忠信者, 士之行也; 言語者, 士之道路也. 道路不修治, 士無所行矣.」

3.《呂氏春秋》重言篇

荊莊王立三年, 不聽而好讔. 成公賈入諫. 王曰:「不穀禁諫者, 今子諫, 何故?」對曰:「臣非敢諫也, 願與君王讔也.」王曰:「胡不設不穀矣?」對曰:「有鳥止於南方之阜, 三年不動不飛不鳴, 是何鳥也?」王射之, 曰:「有鳥止於南方之阜, 其三年不動, 將以定志意也; 其不飛, 將以長羽翼也; 其不鳴, 將以覽民則也. 是鳥雖無飛, 飛將沖天, 雖無鳴, 鳴將駭人. 賈出矣, 不穀知之矣.」明日朝, 所進者五人, 所退者十人. 羣臣大說, 荊國之衆相賀也.

4.《史記》楚世家

莊王卽位三年, 不出號令, 日夜爲樂, 令國中曰:「有敢諫者死無赦!」伍舉入諫. 莊王左抱鄭姬, 右抱越女, 坐鐘鼓之間. 伍舉曰:「願有進.」隱曰:「有鳥在於阜, 三年不蜚不鳴, 是何鳥也?」莊王曰:「三年不蜚, 蜚將沖天; 三年不鳴, 鳴將驚人. 舉退矣, 吾知之矣.」居數月, 淫益甚. 大夫蘇從乃入諫. 王曰:「若不聞令乎?」對曰:「殺身以明君, 臣之願也.」於是乃罷淫樂, 聽政, 所誅者數百人, 所進者數百人, 任伍舉·蘇從以政, 國人大說. 是歲滅庸. 六年, 伐宋, 獲五百乘.

5.《史記》滑稽列傳

淳于髡者, 齊之贅婿也. 長不滿七尺, 滑稽多辯, 數使諸侯, 未嘗屈辱. 齊威王之時喜隱, 好爲淫樂長夜之飲, 沈湎不治, 委政卿大夫. 百官荒亂, 諸侯並侵, 國且危亡, 在於旦暮, 左右莫敢諫. 淳于髡說之以隱曰:「國中有大鳥, 止王之庭, 三年不蜚又不鳴, 王知此鳥何也?」王曰:「此鳥不飛則已, 一飛沖天; 不鳴則已, 一鳴驚人.」於是乃朝諸縣令長七十二人, 賞一人, 誅一人, 奮兵而出. 諸侯振驚, 皆還齊侵地. 威行三十六年. 語在田完世家中.

6.《吳越春秋》(3)

伍舉, 以直諫事楚莊王, 王卽位, 三年不聽國政, 沉湎於酒, 淫於聲色, 左手擁秦姬, 右手抱越女, 身坐鐘鼓之間, 而令曰:「有敢諫者, 死.」於是伍舉進諫曰:「有一大鳥, 集楚國之庭, 三年不飛, 亦不鳴, 此何鳥也?」於是莊王曰:「此鳥, 不飛, 飛則態天; 不鳴, 鳴則驚人.」伍舉曰:「不飛不鳴, 將爲射者所圖, 絃矢卒發, 豈得沖天而驚人乎?」於是莊王棄其秦姬越女, 罷鐘鼓之樂, 用孫叔敖任以國政, 遂霸天下, 威伏諸侯.

7.《十八史略》(1)

至莊王, 卽位三年不出令. 日夜爲樂, 令國中:「敢諫者死」伍擧曰:「有鳥在阜,
三年不蜚不鳴, 是何鳥也?」王曰:「三年不飛, 飛將衝天. 三年不鳴, 鳴將驚人」
蘇從亦入諫, 王乃左執從手, 右抽刀, 以斷鐘鼓之懸. 明日聽政, 任伍擧蘇從,
國人大悅, 又得孫叔敖爲相, 遂霸諸侯.

8.《說苑》正諫篇

楚莊王立爲君, 三年不聽朝, 乃令於國曰:「寡人惡爲人臣而遽諫其君者, 今寡
人有國家, 立社稷, 有諫則死無赦.」蘇從曰:「處君之高爵, 食君之厚祿, 愛其
死而不諫其君, 則非忠臣也.」乃入諫. 莊王立鼓鐘之間, 左伏楊姬, 右擁越姬,
左稠袛, 右朝服, 曰:「吾鼓鐘之不暇, 何諫之聽!」蘇從曰:「臣聞之, 好道者多資,
好樂者多迷, 好道者多糧, 好樂者多亡; 荊國亡無日矣, 死臣敢以告王.」王曰善.
左執蘇從手, 右抽陰刀, 刎鐘鼓之懸, 明日援蘇從爲相.

9. 기타《渚宮舊事》(1)를 볼 것.

155(21-22)
자신의 속눈썹은 볼 수 없으니

초楚 장왕莊王이 월越나라를 치려하자 장자莊子가 이렇게 간하였다.

"왕께서 월나라를 치려 하시니 무슨 까닭입니까?"

장왕이 말하였다.

"정치가 어지럽고 군대가 약하기 때문이오."

장자가 말하였다.

"저는 사람의 지혜가 눈과 같음을 두려워합니다. 능히 백 보 밖은 보면서도 자신은 속눈썹을 볼 수 없습니다. 왕의 군대가 진秦나라, 진晉나라에게 패한 이래로 영지를 수백 리나 잃었으니 이는 병력이 약하기 때문이었습니다. 그런데 장교莊蹻가 경내에서 도둑질을 하여도 관리들이 금하지 못하고 있으니 이는 정치가 어지럽기 때문입니다. 왕은 군대는 약하고 정치는 어지러운 정도가 월나라보다 아래는 아님에도 월나라를 치려하시니 이는 지혜가 눈과 같다는 것입니다."

왕이 이에 계획을 멈추었다.

그러므로 알기 어려움이란 남을 보는 데 있지 않고 자신을 보는 데 있는 것이다.

그 때문에 "스스로를 볼 수 있는 것을 일러 명明이라 한다"라 한 것이다.

楚莊王欲伐越, 莊子諫曰:「王之伐越, 何也?」

曰:「政亂兵弱.」

莊子曰:「臣患智之如目也, 能見百步之外而不能自見其睫. 王之兵自敗於秦·晉, 喪地數百里, 此兵之弱也; 莊蹻爲盜於境內而吏不能禁, 此政之亂也. 王之弱亂, 非越之下也, 而欲伐越, 此智之如目也.」

王乃止.

故知之難, 不在見人, 在自見.

故曰:「自見之謂明.」

【楚莊王】 다른 인용문에는 '楚王'으로만 되어 있으며 莊王이 아니라 威王일 가능성이 있음. 〈集解〉에 "顧廣圻曰:《荀子》楊倞注引無「莊」字. 案莊王與莊蹻不同時, 或此莊王亦爲威王也. 〈古今人表〉下有嚴蹻與威王相接"이라 함.

【莊子】 〈乾道本〉에는 '杜子'로 되어 있으며 이에 대해 〈集解〉에는 "顧廣圻云:「楊注引此「杜」作「莊」」 先愼案:「杜」乃「莊」之誤,《御覽》三百六十六引「莊」, 下同, 今據改"라 하여 '莊子'로 보았음.《文選》에도 '莊子'로 되어 있음. 莊子는 '莊周'. 戰國시대 蒙 땅, 지금의 山東 河澤縣 출신으로 漆園의 관리를 지냈으며 惠施와 친한 친구였음. 楚 威王이 그를 불러 相으로 삼고자 하였으나 가지 않음. 《史記》 老莊申韓列傳 및《莊子》를 참조할 것.

【臣患智之如目也】 〈乾道本〉 등에는 '愚患之智如目也'로 되어 있으나 盧文弨는 "「愚」字衍,「之智」, 當作「智之」, 舊倒, 譌"라 함.

【莊蹻】 楚나라의 大盜. '莊蹤', '企足' 등로도 불림. 盜跖과 竝稱됨. 그러나《史記》西南夷列傳에 "始楚威王時, 使將軍莊蹻將兵循江上, 略巴·(蜀)黔中以西. 莊蹻者, 故楚莊王苗裔也. 蹻至滇池, 方三百里, 旁平地, 肥饒數千里, 以兵威定屬楚. 欲歸報, 會滇擊奪楚巴·黔中郡, 道塞不通, 因還, 以其衆王滇, 變服, 從其俗, 以長之"라 하였고, 〈索隱〉에 "楚莊王弟爲盜者"라 하여 楚 莊王의 아우였으며

도둑이었다가 나라에 큰 공을 세운 인물. 그 밖에《呂氏春秋》介立篇 "莊蹻之暴郢"의 高誘 注에 "莊蹻, 楚成(威)王之大盜"라 하여 같은 인물로 보고 있음. 장교의 이름은《呂氏春秋》異用篇,《荀子》議兵篇 등 여러 곳에 보임. '蹻'는 '각'으로도 읽음.

参고 및 관련 자료

1.《老子》24장

自見者不明, 自是者不彰, 自伐者無功, 自誇者不長.

2.《老子》33장

知人者智, 自知者明. 勝人者有力, 自勝者强.

3. 기타《荀子》(議兵篇 楊倞注),《太平御覽》(366)을 볼 것.

156(21-23)
스스로를 이기는 것

자하子夏가 증자曾子를 뵈었더니 증자가 물었다.

"어찌하여 살이 쪘습니까?"

자하가 대답하였다.

"싸움에 승리하여 그 때문에 살이 쪘습니다."

증자가 말하였다.

"무슨 말입니까?"

자하가 말하였다.

"내가 집에 들어앉아 선왕의 법도를 배울 때면 기쁨을 느꼈고, 밖에 나가서 부귀한 자를 보면 또한 부럽기도 하였습니다. 이 두 가지가 가슴속에서 싸워 승부를 알 수 없었습니다. 그 때에는 수척하였지요. 그런데 지금 선왕의 도리가 이겼습니다. 그 때문에 살이 찌게 된 것입니다."

이런 까닭에 뜻을 세우기가 어렵다는 것은 남을 이기는 데에 있지 않고 자신을 스스로를 이기는 데에 있는 것이다.

그 때문에 "자신 스스로를 이기는 것을 일러 강彊이라 한다"라 한 것이다.

子夏見曾子, 曾子曰:「何肥也?」

對曰:「戰勝, 故肥也.」

曾子曰:「何謂也?」

子夏曰:「吾入見先王之義則榮之, 出見富貴之樂又榮之, 兩者戰於胸中, 未知勝負, 故臞. 今先王之義勝, 故肥.」

是以志之難也, 不在勝人, 在自勝也.

故曰:「自勝之謂强.」

【子夏】孔子 제자. 衛나라 출신. 姓은 卜, 이름은 商, 字는 子夏(B.C.507~?). 孔子보다 44세 아래였다 함. 衛 文侯가 그를 스승으로 모셨음.

【曾子】曾參. 자는 子輿. 춘추시대 魯나라 南武城 출신으로 曾點(曾晳)의 아들이며 曾元의 아버지. 孔子 제자로 효성으로 이름이 높았음. 子思(孔伋)에게 학문을 전하여《大學》을 짓도록 하였다 하며《孝經》은 증자가 정리한 것이라 함.

〈曾子(曾參)〉《三才圖會》

【入見】집안에 들어앉아서 성인의 도를 공부함.

【榮之】영광스러운 일. 즐거움을 느껴 흠모함.《淮南子》에는 '說(悅)'로 되어 있음. 한편《荀子》正論篇에는 "志義脩, 德行厚, 知慮明, 是榮之由中出者也, 夫是之謂義榮. 爵列尊, 貢祿厚, 形埶勝, 上爲天子諸侯, 下爲卿相士大夫, 是榮之從外至者也"라 함.

【臞】몸이 여윔. '癯'자와 같으며 '瘠'자와 같은 뜻.

참고 및 관련 자료

1.《老子》33장

知人者智, 自知者明. 勝人者有力, 自勝者强.

2.《淮南子》精神訓

夫得其得者, 不以奢爲樂, 不以廉爲悲, 與陰俱閉, 與陽俱開. 故子夏心戰而臞, 得道而肥. 聖人不以身役物, 不以欲滑和.

3. 기타《太平御覽》(378)을 볼 것.

157(21-24)
아낄 것과 버릴 것

주周나라에 옥으로 만든 도판이 있어 주紂가 교격膠鬲으로 하여금 그것을 찾아오도록 명하였을 때 문왕文王이 내주지 않다가 비중費仲이 와서 달라고 하자 그것을 내주었다.

이는 교격은 어질고 비중은 무도하였기 때문이었다.

주나라로서는 어진 자가 뜻을 얻는 것이 싫었으므로 그 때문에 비중에게 내준 것이다.

문왕이 위수渭水 가에서 태공太公을 천거한 것은 그를 귀히 여겼기 때문이요, 비중에게 옥판을 내준 것은 그를 아꼈기 때문이었다.

그 때문에 "스승을 귀히 여기지 않고, 밑천이 될 자를 아끼지 않으면 비록 지혜가 있다 해도 크게 헤매리라. 이를 일러 요묘要妙라 한다"라 한 것이다.

周有玉版, 紂令膠鬲索之, 文王不予; 費仲來求, 因予之.
是膠鬲賢而費仲無道也.
周惡賢者之得志也, 故予費仲.
文王擧太公於渭濱者, 貴之也; 而資費仲玉版者, 是愛之也.
故曰:「不貴其師, 不愛其資, 雖知大迷, 是謂要妙.」

【紂】殷의 末王. 폭군으로 널리 알려짐. 帝辛, 商辛으로도 부르며 帝乙의 아들.
　妲己에게 빠져 '炮烙之刑'과 '酒池肉林' 따위의 악한 고사를 가지고 있으며
　周 文王(姬昌)을 羑里(牖里)에 가두는 등 周나라와 맞서다가 武王(姬發)에게 망함.
【玉版】옥에 문자를 새긴 圖版. 金匱와 같이 보물로 귀중하게 전해짐.《大戴
　禮記》에 "書之玉版, 藏之金匱, 爲後世戒"라 하였고,《史記》太史公自序에 "金匱
　玉版"이라 하였으며《拾遺記》에는 "帝堯在位, 聖德光洽, 河洛之濱, 得玉版方尺,
　圖天地之形"이라 함.
【膠鬲】殷末 폭군 紂를 섬기던 신하이며 어질고 현명하였음.《竹書紀年》에
　"帝辛四十年, 王使膠鬲求玉于周"라 함.
【文王】周나라 건국의 聖王. 姬昌. 后稷(姬棄)의 후손으로 季歷의 아들이며 古公
　亶甫의 손자. 商나라 말 紂임금 때 西伯이 되어 인정을 베풀었으며 紂의 미움을
　받아 羑里(牖里, 지금의 河南 湯陰縣)의 감옥에 갇히는 등 고초를 겪기도 하였
　으며 그 아들 武王(姬發)에 이르러 紂를 牧野에서 멸하고 周나라를 일으킴.
　《史記》周本紀 참조.
【費仲】紂의 집정대신. 紂의 횡포를 방조한 諛臣.《史記》殷本紀를 볼 것.
【得志】어진 자에게 악한 일에 대한 성공의 기회를 주는 것을 싫어함.
【太公】姜子牙, 姜尙. 太公望. 呂尙. 姜太公. 渭水 가에서 낚시질 하다가 文王에게
　발탁됨. 師尙父로 존칭하였으며 殷紂를 멸한 뒤 齊나라에 봉을 받아 齊나라
　시조가 됨.
【資】紂의 악행을 더욱 도와 결국 망할 분위기를 만드는 資料가 됨. '資'는
　'借資'의 뜻.
【要妙】《道德經》河上公 注에 "能通此意, 是謂知微妙要道也"라 함.

<hr>

참고 및 관련 자료

1.《老子》27장
不貴其師, 不愛其資, 雖智大迷. 是謂要妙.
2. 기타《事類賦》(9)를 볼 것.

22. 세림상 說林上

　흔히 '설림'으로 읽고 있으나 〈今註今譯本〉에는 '세림'으로 읽어야
한다고 하였다. 즉 '勸說', '遊說'로써 "말로 달래어 자신의 의견을 듣
도록 하다"의 뜻이다. '林'은 많은 유형을 모았다는 뜻이다. 《史記》
〈索隱〉에 "說林者, 廣說諸事, 其多若林, 故曰說林也"라 하였다.
　전체를 '上下' 2편으로 나눈 것으로 앞부분에 해당한다. 본편은 34
가지의 고사를 모아 매 고사마다 하나씩 나누어 설명한 것이다.

158(22-1)
천하를 거절한 무광務光

탕湯이 걸桀을 치고 나서 천하가 자기를 탐욕스럽다고 여길까 두려워 이에 천하를 무광務光에게 양위하려 하였다.

그러면서 다시 무광이 그것을 받아들일까 두려워 사람을 시켜 무광에게 이렇게 이르도록 하였다.

"탕이 그 군주를 죽이고 악한 짓을 한 원성을 그대에게 떠넘기고자 그 때문에 천하를 그대에게 넘겨주는 것이라오."

무광은 이에 스스로 하수에 몸을 던져 죽었다.

湯以伐桀, 而恐天下言己爲貪也, 因乃讓天下於務光.

而恐務光之受之也, 乃使人說務光曰:「湯殺君而欲傳惡聲於子, 故讓天下於子.」

務光因自投於河.

【湯】 원래 夏나라 때의 諸侯. 亳을 근거로 발전하여 夏나라 末王 桀의 무도함을 제거하고 伊尹을 등용하여 殷(商)을 세운 개국군주. 儒家에서 聖人으로 받듦. 《史記》 殷本紀를 참조할 것. 《十八史略》(1)에는 "殷王成湯: 子姓, 名履. 其先

曰契, 帝嚳子也. 母簡狄, 有娀氏女, 見玄鳥墮卵吞之, 生契. 爲唐虞司徒, 封於商,
賜姓"이라 함.

【以伐】'已伐'과 같음. 王先愼은 "以, 已同"이라 함.

【桀】夏나라 末王. 이름은 癸. 妹喜에게 빠져 무도한 짓을
저질렀으며 殷의 湯王에게 망함. 殷나라 末王 紂와 함께
'桀紂'라 하여 폭군의 전형으로 거론됨.《史記》夏本紀를
참조할 것.

〈商王 成湯〉《三才圖會》

【務光】夏殷 교체기의 隱士.《戰國策》秦策(5)의 高誘 注에
"卞隨·務光, 湯時隱士. 湯伐桀, 以天下讓之, 二人曰:「爾爲
不義, 欲以慢我也.」自沉於淸泠之淵"이라 함.

【讓天下】王先愼은 "言湯欲嫁名於務光, 故讓務光以天下, 受湯之天下, 是並弑
君之名而受之"라 함.

【河】河水. 黃河. 다른 기록에는 卞隨와 함께 淸泠淵, 廬水 등 각기 다름.

参고 및 관련 자료

1.《莊子》外物篇

堯與許由天下, 許由逃之; 湯與務光, 務光怒之.

2.《莊子》讓王篇

湯將伐桀, 因卞隨而謀, 卞隨曰:「非吾事也.」湯曰:「孰可?」曰:「吾不知也.」
湯又因務光而謀: 務光曰:「非吾事也.」湯曰:「孰可?」曰:「吾不知也.」湯曰:
「伊尹如何?」曰:「强力忍垢, 吾不知其他也.」湯遂與伊尹謀伐桀, 剋之, 以讓
卞隨. 卞隨辭曰:「后之伐桀也謀乎我, 必以我爲賊也; 勝桀而讓我, 必以我爲
貪也. 吾生乎亂世, 而无道之人再來漫我以其辱行, 吾不忍數聞也.」乃自投椆水
而死. 湯又讓務光曰:「知者謀之, 武者遂之, 仁者居之, 古之道也. 吾子胡不
立乎?」務光辭曰:「廢上, 非義也; 殺民, 非仁也; 人犯其難, 我享其利, 非廉也.
吾聞之曰: 非其義者, 不受其祿, 无道之世, 不踐其土. 況尊我乎! 吾不忍久見也.」
乃負石而自沈於廬水.

3.《呂氏春秋》離俗篇

湯將伐桀, 因卞隨而謀. 卞隨辭曰:「非吾事也.」湯曰:「孰可?」卞隨曰:「吾不

知也.」湯又因務光而謀. 務光曰：「非吾事也.」湯曰：「孰可?」務光曰：「吾不
知也.」湯曰：「伊尹何如?」務光曰：「彊力忍詢, 吾不知其他也.」湯遂與伊尹
謀夏伐桀, 克之, 以讓卞隨. 卞隨辭曰：「后之伐桀也, 謀乎我, 必以我爲賊也；
勝桀而讓我, 必以我爲貪也. 吾生乎亂世, 而無道之人再來詢我, 吾不忍數聞也.」
乃自投於潁水而死. 湯又讓於務光曰：「智者謀之, 武者遂之, 仁者居之, 古之
道也. 吾子胡不位之? 請相吾子.」務光辭曰：「廢上, 非義也；殺民, 非仁也. 人犯
其難, 我享其利, 非廉也. 吾聞之：非其義, 不受其利, 無道之世, 不踐其土,
況於尊我乎? 吾不忍久見也.」乃負石而沈於募水.

159(22-2)
두 가지를 겸하는 방법

진秦 무왕武王이 감무甘茂에게 복僕이나 행사行事 두 직책 가운데 하고 싶은 것을 택하도록 하였다.

그러자 맹묘孟卯가 감무에게 말하였다.

"그대는 시종이 되는 편이 낫소. 그대의 장점은 외교업무요. 그대가 비록 시종이 될지라도 왕께서는 그대를 그대로 외교사절을 시킬 것이오. 그대는 시종의 도장을 찬 채 외교사절 일을 하게 될 것이니 이는 두 가지를 겸하게 되는 것이오."

秦武王令甘茂擇所欲爲於僕與行事.

孟卯曰:「公不如爲僕. 公所長者, 使也. 公雖爲僕, 王猶使之於公也. 公佩僕璽而爲行事, 是兼官也.」

【秦武王】전국시대 秦나라 군주. 이름은 蕩. B.C.310~B.C.307년 재위함.
【甘茂】원래 楚나라 下蔡(지금의 安徽 鳳臺) 출신으로 秦 惠王 때 秦나라에 들어와 벼슬하였으며 武王 때 左丞相에 오름. 昭襄王 때 참훼를 입자 齊나라로 달아났다가 楚 懷王 때 楚나라에 사신으로 가기도 함.《史記》甘茂列傳을 참조할 것.

【僕與行事】僕은 御와 같은 신분. 侍從과 같음.《禮記》曲禮(上) 注에 "僕, 卽御
車者也"라 함. '行事'는 외교관. 兪樾은 '事'자를 衍文으로 보았음.

【孟卯】芒卯, 昭卯 등으로도 표기하며, 전국시대 齊나라 사람. 언변과 지모에
뛰어났으며 뒤에 魏나라 安釐王의 將軍이 됨.

【璽】官印. 옥으로 만든 도장.

【兼官】王先愼은 "言雖受僕之職, 而行之事猶使公"이라 함.

참고 및 관련 자료

1.《史記》(甘茂列傳)을 볼 것.

160(22-3)
공자孔子를 송나라 태재太宰에게 소개한 자어子圉

　자어子圉가 공자孔子를 송宋나라 태재太宰에게 소개하였다.

　공자가 태재를 만나고 나가자 자어가 들어와서 공자가 어떻더냐고 물었다.

　태재가 말하였다.

　"내가 공자를 만나보고 나서 자네를 보니 마치 벼룩이나 이처럼 하찮은 인물로 보이는구려. 내 지금 공자를 임금께 소개하려 하오."

　자어는 공자가 임금에게 귀함을 받을까 겁이 나서 태재에게 이렇게 말하였다.

　"임금께서 공자를 만나보고 나면 임금도 또한 그대 보기를 마치 벼룩이나 이처럼 하찮은 존재로 여기게 될 것이오."

　태재는 그래서 공자를 임금에게 다시는 소개할 생각을 접고 말았다.

　子圉見孔子於商太宰.

　孔子出, 子圉入, 請問客.

　太宰曰:「吾已見孔子, 則視子猶蚤蝨之細者也. 吾今見之於君.」

子圉恐孔子貴於君也, 因謂太宰曰:「君已見孔子, 亦將
視子猶蚤蝨也.」
太宰因弗復見也.

【子圉】宋나라 신하.
【商太宰】商은 宋나라를 가리킴. 周 武王이 殷(商)의 紂를 멸하고 紂의 庶兄 微子
啓를 봉하여 제사를 이어가도록 하여 그 때문에 宋을 商이라고도 부름.
【太宰】송나라 재상.
【請問客】소개한 객, 즉 공자가 어떤 인물이었던가를 질문한 것.
【蚤蝨之細】벼룩이나 이(蟣虱)처럼 작고 하찮음.

参고 및 관련 자료

1.《太平御覽》(951)을 볼 것.

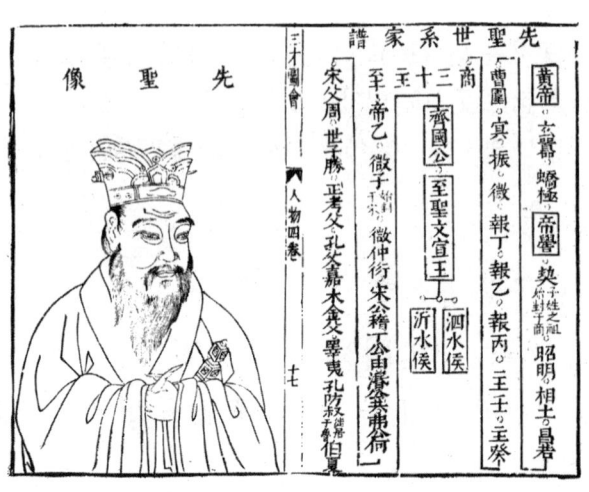

〈先聖 孔子(仲尼)와 家系譜〉《三才圖會》

161(22-4)
구리의 회맹

위魏 혜왕惠王이 구리白里에서 회맹을 열고 천자의 지위를 회복시키려 하였다.

그러자 팽희彭喜가 정군(鄭君, 韓王)에게 이렇게 말하였다.

"왕께서는 위 혜왕의 말을 들어주지 마십시오. 큰 나라들은 주나라가 천자 지위를 되찾는 것을 싫어하며 그저 작은 나라들만 이를 이롭게 여깁니다. 만약 임금께서 큰 나라들과 함께 하여 이를 찬성하지 않으면 위나라인들 어찌 작은 나라들을 믿고 주나라의 천자 지위를 회복시킬 수 있겠습니까?"

魏惠王爲白里之盟, 將復立於天子.

彭喜謂鄭君曰:「君勿聽. 大國惡有天子, 小國利之. 若君與大不聽, 魏焉能與小立之?」

【魏惠王】梁 惠王. 魏 武侯의 아들로 이름은 罃. B.C.369~B.C.319년 재위함. 《孟子》첫머리의 梁 惠王. 魏나라는 惠王 때 安邑(지금의 山西 夏縣)에서 大梁(지금의 河南 開封)으로 천도하여 그 때문에 나라 이름을 '梁'으로도 부름.

【臼里之盟】臼里는 지명. 지금의 河南 洛陽 서북 王城 부근.《戰國策》에는
'九里'로 되어 있음. 魏 惠王이 제후들을 모아 회맹한 곳.

【復立於天子】천자를 새로 옹립하여 그 권위와 지위를 회복시켜 줌. 그 무렵
周나라 천자는 顯王(姬扁)이었음.

【彭喜】韓나라 신하. 유세객.《戰國策》에는 '房喜'로 되어 있음.

【鄭君】韓王. 구체적으로 韓나라 昭侯를 가리킴. 韓나라가 鄭나라를 멸하고
그 땅 新鄭에 도읍을 정하여 그 때문에 鄭君이라 칭한 것임.《史記》韓世家에
"(韓)哀侯二年(B.C.375), 滅鄭, 因徙都鄭"이라 하였고, 〈索隱〉에 "韓旣徙都, 因改
號曰鄭. 故《戰國策》謂韓惠王曰鄭惠王, 猶魏徙大樑稱梁王然也"라 함.

> ### 참고 및 관련 자료

1.《戰國策》韓策(3)

魏王爲九里之盟, 且復天子. 房喜謂韓王曰:「勿聽之也. 大國惡有天子, 而小
國利之. 王與大國弗聽, 魏安能與小國立之?」

2.《戰國策》韓策(3) 鮑彪本

正曰: 大事記, 按韓非子, 魏惠公爲臼里之盟, 將復立天子, 彭喜謂鄭君曰,「君
勿聽」云云. 戰國策所載與此同, 但止言魏王而不言惠王, 以臼里爲九里, 以彭
喜爲房喜, 以鄭君爲韓王. 所謂將復立天子者, 是時七國旣稱王, 不以周爲天子也.
或者猶咎孟子勸諸侯行王道, 何哉? 盟不知何年, 附載於愼靚王三年, 魏惠王
薨之前. 按此策當屬惠王.

162(22-5)
포숙鮑叔의 책략

진晉나라가 형邢나라를 치자 제齊 환공桓公이 구원해 주려 하였다.

그러자 포숙鮑叔이 말하였다.

"너무 이릅니다. 형나라가 망하지 않으면 진나라가 피폐해지지 않을 것이며 진나라가 피폐해지지 않으면 제齊나라의 위세도 오르지 않습니다. 게다가 위험한 상태를 버틸 수 있게 하는 공이란 망해 가는 나라를 되살려 주는 은덕만큼 크지 못합니다. 임금께서 늦게 구원함으로써 진나라를 피폐하도록 하고 제나라가 실리를 얻도록 하며, 형나라가 망할 지경에 이르도록 기다렸다가 다시 보존하도록 살려주어 명분 또한 아름답다 여기도록 하느니만 못합니다."

환공은 이에 구원을 하지 않기로 하였다.

晉人伐邢, 齊桓公將救之.

鮑叔曰:「太蚤. 邢不亡, 晉不敝; 晉不敝, 齊不重. 且夫持危之功, 不如存亡之德大. 君不如晚救之以敝晉, 齊實利; 待邢亡而復存之, 其名實美.」

桓公乃弗救.

【邢】 周와 동성인 姬姓의 제후국. 周公의 넷째 아들 靖淵이 봉을 받았던 나라. 지금의 河北 邢臺에 있었으나 뒤에 夷儀(지금의 山東 聊城)로 옮김. B.C.635년 衛나라에 망함.

【齊桓公】 春秋五霸의 첫 首長. 이름은 小白. 齊나라에 난이 일어나자 鮑叔이 모시고 莒나라로 피신, 管仲은 公子 糾를 모시고 魯나라로 피신함. 뒤에 난이

〈齊桓公과 管仲〉 畫像石

진압되고 먼저 귀국하는 자가 왕이 될 수 있는 기회에 小白이 오는 길을 管仲 일행이 막고 활을 쏘아 소백의 허리띠 고리에 맞추자 소백은 죽은 척 쓰러져 있다가 지름길로 귀국하여 왕위에 오름. 뒤에 포숙의 추천으로 관중을 등용하여 제나라를 부강하게 하여 九合諸侯, 一匡天下하여 첫 패자가 됨.

B.C.685~B.C.643년까지 43년간 재위함.《史記》齊太公世家를 참조할 것.

【鮑叔】 鮑叔牙. 管仲과 함께 齊 桓公을 도운 大夫. 齊 襄公으로 인해 내란이 일어나자 공자 小白을 모시고 莒로 피하였다가 먼저 들어와 임금 자리(桓公)에 오르도록 함. 뒤에 公子 糾를 모시고 魯나라에 묶여있던 管仲이 소환되어 오자 桓公에게 管仲을 추천하여 재상으로 삼아 환공으로 하여금 春秋의 첫 霸者가 되도록 함. '管鮑之交'로 널리 알려져 있음.《史記》管晏列傳 및《列子》등을 참조할 것. 《國語》齊語 韋昭 注에 "鮑叔, 齊大夫, 姒姓之後, 鮑敬叔之子叔牙也"라 함.

【蚤】 '早'의 가차자.

【持危】 위험한 상태를 애써서 지탱해 나감.

【存亡】 망해 가는 나라를 구원하여 존속할 수 있도록 함.

163(22-6)
잃어버린 구슬

자서子胥가 달아나자 변방의 망보던 자가 그를 붙잡았다.

그러자 자서가 이렇게 말하였다.

"임금이 나를 잡으려 하는 것은 내가 아름다운 구슬을 가지고 있기 때문이다. 지금 나는 그 구슬을 이미 잃어버렸다. 앞으로 나는 '네가 그것을 빼앗아 삼켜버렸다'고 말할 것이다."

망보던 자가 그를 놓아 주었다.

子胥出走, 邊候得之.

子胥曰:「上索我者, 以我有美珠也; 今我已亡之矣. 我且曰『子取吞之.』」

候因釋之.

【子胥】춘추시대 楚나라 伍子胥(伍員). 그 아버지 伍奢와 형 伍尙이 자신으로 인해 平王에게 살해당하자 吳나라로 달아난 뒤 楚나라를 쳐서 원수를 갚기도 하였으며 吳王을 도와 越王 句踐에게 승리를 거두는 등 큰 활약을 하였으나 결국 夫差에게 죽음을 당함. 《史記》伍子胥列傳을 볼 것.

【邊候】 변방을 지키며 망을 보는 임무를 맡은 관원.《吳越春秋》에는 '關吏'로
되어 있음.

참고 및 관련 자료

1.《吳越春秋》(3) 王僚使公子光傳

宋元公無信於國, 國人惡之. 大夫華氏謀殺元公, 國人與華氏, 因作大亂. 子胥
乃與太子建俱奔鄭, 鄭人甚禮之. 太子建又適晉, 晉頃公曰:「太子卽在鄭, 鄭
信太子矣. 太子能爲内應而滅鄭, 卽以鄭封太子」太子還鄭, 事未成, 會欲私其
從者, 從者知其謀, 乃告之於鄭. 鄭定公與子産誅殺太子建. 建有子名勝, 伍員
與勝奔吳. 到昭關, 關吏欲執之. 伍員因詐曰:「上所以索我者, 美珠也. 今我已
亡矣, 將去取之.」關吏因舍之. 與勝行去, 追者在後, 幾不得脫.

2.《藝文類聚》(6)

《吳越春秋》曰: 伍子胥與太子建子勝俱奔吳. 夜行晝伏, 出到昭關. 關吏欲執之,
胥因詐曰:「上之所以索我者, 以我有美珠也. 今我已亡之矣. 我將告子欲取之.」
關吏因舍焉.

3.《藝文類聚》(84)

又曰: 子胥出走, 邊候得之. 子胥曰:「上求我也, 以我有美珠也. 今我已亡之矣.
且曰:『子取之.』」邊候憂而釋之.

164(22-7)
먼 나라로 달아간들

경봉慶封이 제齊나라에서 난을 일으키고 월越나라로 달아나려고 하였다. 그러자 족인族人이 말하였다.

"진晉나라가 가까운데 어찌 진나라로 가지 않습니까?"

경봉은 이렇게 말하였다.

"월나라는 멀어 피난하기에 이롭기 때문이다."

족인은 이렇게 말하였다.

"마음을 바꾸면 진나라에 있더라도 좋습니다. 그러나 마음을 바꾸지 않는다면 비록 월나라보다 더 먼 나라에 간다 한들 그것이 어찌 안전할 수 있겠습니까?"

慶封爲亂於齊而欲走越.

其族人曰:「晉近, 奚不之晉?」

慶封曰:「越遠, 利以避難.」

族人曰:「變是心也, 居晉而可; 不變是心也, 雖遠越, 其可以安乎?」

【慶封】春秋시대 齊나라 대부. 자는 子家. 혹은 慶季. 崔杼가 莊公을 시해하고 景公을 옹립할 때 崔杼에 동조하여 左相을 지냄. 景公 2년(B.C.546), 그는 다시 최저를 제거하고 실권을 잡았으나 곧바로 鮑氏, 高氏, 欒氏의 공격을 받고 魯나라로 달아났다가 吳나라로 옮겨감. 楚 靈王이 吳나라를 칠 때 잡혀 멸족을 당함.《左傳》을 참조할 것.

【欲走越】월(越)로 달아나려고 함. 사실은 오(吳)로 망명함.

【是心】반란을 일으키려고 하는 마음을 가리킴.

참고 및 관련 자료

1.《左傳》昭公 4年 傳

秋七月, 楚子以諸侯伐吳, 宋大子·鄭伯先歸, 宋華費遂·鄭大夫從. 使屈申圍朱方, 八月甲申, 克之, 執齊慶封而盡滅其族. 將戮慶封, 椒擧曰:「臣聞『無瑕者可以戮人』. 慶封唯逆命, 是以在此, 其肯從於戮乎? 播於諸侯, 焉用之?」王弗聽, 負之斧鉞, 以徇於諸侯, 使言曰:「無或如齊慶封弑其君, 弱其孤, 以盟其大夫!」慶封曰:「無或如楚共王之庶子圍弑其君, 兄之子麇, 而代之, 以盟諸侯!」王使速殺之. 遂以諸侯滅賴. 賴子面縛銜璧, 士袒, 輿櫬從之, 造於中軍. 王問諸椒擧, 對曰:「成王克許, 許僖公如是. 王親釋其縛, 受其璧, 焚其櫬.」王從之. 遷賴於鄢. 楚子欲遷許於賴, 使鬪韋龜與公子棄疾城之而還. 申無宇曰:「楚禍之首將在此矣. 召諸侯而來, 伐國而克, 城, 竟莫校, 王心不違, 民其居乎? 民之不處, 其誰堪之? 不堪王命, 乃禍亂也.」

165(22-8)
지백의 욕심을 키우십시오

지백智伯이 위魏 선자宣子에게 땅을 요구하였으나 위 선자가 내주지 않았다.

임장任章이 말하였다.

"무슨 까닭으로 내주지 않습니까?"

선자가 말하였다.

"이유도 없이 땅을 요구하기에 그 까닭으로 주지 않는 것이오."

임장이 말하였다.

"이유 없이 땅을 요구하면 이웃 나라들도 틀림없이 두려워할 것입니다. 저자는 욕심이 많아 만족할 줄 모를 것이니 천하가 틀림없이 두려워할 것입니다. 그대께서는 그에게 땅을 내어주시면 지백은 틀림없이 교만해져서 적을 가볍게 볼 것이며 그렇게 되면 이웃 나라들은 틀림없이 두려워 서로 뭉치게 될 것입니다. 서로 뭉친 병력으로 적을 가볍게 보는 그들을 상대한다면 지백이 운명을 길게 갈 수 없습니다. 《주서周書》에 '앞으로 상대를 깨뜨리려면 반드시 잠깐 그를 도와주어라. 앞으로 그를 가지려 한다면 반드시 우선 그에게 주어라'라 하였습니다. 그대께서는 달라는대로 주어 지백을 교만하게 하느니만 못합니다. 게다가 그대께서는 어찌 천하로써 지백을 상대할 계획은 버리시고 홀로 우리나라만이 지백의 공격 목표가 되겠다고 하십니까?"

선자가 말하였다.

"좋소."

이에 일만 호의 읍을 그에게 주었다.

지백은 크게 기꺼워하며 그것을 바탕으로 다시 조_趙에게 땅을 요구하였지만 조가 주지 않자 진양_{晉陽}을 포위하였다.

한_韓과 위가 밖에서 배반하고 조씨가 안에서 호응하여 지씨는 이로 인해 망하고 말았다.

智伯索地於魏宣子, 魏宣子弗予.

任章曰:「何故不予?」

宣子曰:「無故請地, 故弗予.」

任章曰:「無故索地, 鄰國必恐. 彼重欲無厭, 天下必懼. 君予之地, 智伯必驕而輕敵, 鄰邦必懼而相親. 以相親之兵待輕敵之國, 則智伯之命不長矣.《周書》曰:『將欲敗之, 必姑輔之; 將欲取之, 必姑予之.』君不如予之以驕智伯. 且君何釋以天下圖智氏, 而獨以吾國爲智氏質乎?」

君曰:「善.」

乃與之萬戶之邑.

智伯大悅, 因索地於趙, 弗與, 因圍晉陽.

韓·魏反之外, 趙氏應之內, 智氏自亡.

【智伯】춘추 말기 晉의 六卿의 하나. '知伯'으로도 표기하며 원래 이름은 荀瑤. 知襄子. 智襄子. 晉나라 대부. 知躒의 손자. 시호는 襄子. 智는 采邑 이름. 지금의 山西 解縣.《左傳》杜預 注에 "荀瑤. 荀躒之孫, 知伯襄子"라 함. 六卿 가운데 가장 세력이 강하여 먼저 范氏와 中行氏를 멸하고 趙氏를 멸하려다가 韓, 魏, 趙 三卿이 연합하여 知氏를 멸하여 망하고 말았음.

【魏宣子】魏桓子여야 함. 智伯과 함께 晉나라 六卿의 하나.《戰國策》에는 '魏桓子'로 되어 있으며 이름은 駒.《史記》와《좌전》에는 魏宣子가 없으며, 韓・趙와 연합하여 智伯을 멸망시킨 인물은 魏桓子임.

【任章】魏桓子의 家臣이며 謀臣. 任增, 任登으로도 표기함.

【周書】《逸周書》.《周記》. 또는《汲冢周書》라고도 하며 晉나라 때 汲縣의 무덤에서 발견된 것.《漢書》藝文志에《周書》71편이 저록되어 있으며 注에 "周史記. 師古曰: 劉向云「周時誥誓號令也.」蓋孔子所論百篇之餘, 今之存者四十五篇矣"라 함. 지금은 汲冢에서 발견된 60편이 있음. 淸代 朱右曾이 집일한《逸周書集訓校釋》이 있음. 어떤 사람은《陰符經》과 비슷한 글이라 보고 있음. 周 왕조 때의 古書로써 文王, 武王으로부터 靈王, 景王까지를 기록함. 한편 인용된 구절은《老子》(36장)에는 "將欲歙之, 必固張之; 將欲弱之, 必固强之; 將欲廢之, 必固擧之; 將欲奪之, 必固與之"라 하였음.

【釋】'捨'와 같음.

【質】'的'과 같음. 공격의 목표.

【晉陽】그 무렵 趙씨의 도읍. 지금의 山西 太原.

【自亡】'自'는 '因'과 같음.《戰國策》에는 '遂'로 되어 있음.

참고 및 관련 자료

1.《說苑》權謀篇

智伯請地於魏宣子, 宣子不與. 任增曰:「何爲不予?」宣子曰:「彼無故而請地, 吾是以不予.」任增曰:「彼無故而請地者, 無故而與之, 是重欲無厭也. 彼喜, 必又請地於諸侯, 諸侯不與, 必怒而伐之.」宣子曰:「善.」遂與地. 智伯喜, 又請地於趙, 趙不與, 智伯怒, 圍晉陽. 韓魏合趙而反智氏, 智氏遂滅.

2.《戰國策》魏策(1)

智伯索地於魏桓子, 魏桓子弗予. 任章曰:「何故弗予?」桓子曰:「無故索地, 故弗予.」任章曰:「無故索地, 鄰國必恐; 重欲無厭, 天下必懼. 君予之地, 智伯必憍. 憍而輕敵, 鄰國懼而相親. 以相親之兵, 待輕敵之國, 知氏之命不長矣! 周書曰:『將欲敗之, 必姑輔之; 將欲取之, 必姑與之.』君不如與之, 以驕智伯. 且君何釋以天下圖知氏, 而獨以吾國爲知氏質乎?」君曰:「善.」乃與之萬家之邑一. 知伯大說. 因索蔡皋梁於趙, 趙弗與, 因圍晉陽. 韓 魏反於外, 趙氏應之於內, 知氏遂亡.

3.《戰國策》趙策(1)

知伯帥趙·韓·魏而伐范·中行氏, 滅之. 休數年, 使人請地於韓. 韓康子欲勿與,
段規諫曰:「不可. 夫知伯之爲人也, 好利而鷙復(愎), 來請地不與, 必加兵於韓矣.
君其與之. 與之彼狃, 又將請地於他國, 他國不聽, 必鄉之以兵; 然則韓可以
免於患難, 而待事之變」康子曰:「善」使使者致萬家之邑一於知伯. 知伯說,
又使人請地於魏, 魏宣子欲勿與. 趙葭諫曰:「彼請地於韓, 韓與之. 請地於魏,
魏弗與, 則是魏內自強, 而外怒知伯也. 然則其錯兵於魏必矣! 不如與之」宣子
曰:「諾」因使人致萬家之邑一於知伯. 知伯說, 又使人之趙, 請蔡·皋狼之地,
趙襄子弗與. 知伯因陰結韓·魏, 將以伐趙. 趙襄子召張孟談而告之曰:「夫知
伯之爲人, 陽親而陰疏, 三使韓·魏, 而寡人弗與焉, 其移兵寡人必矣. 今吾安居
而可?」張孟談曰:「夫董閼安于, 簡主之才臣也, 世治晉陽, 而尹澤(鐸)循(修)之,
其餘政教猶存, 君其定居晉陽」君曰:「諾」乃使延陵王將車騎先之晉陽, 君因
從之. 至, 行城郭, 案府庫, 視倉廩, 召張孟談曰:「吾城郭之完, 府庫足用, 倉廩
實矣, 無矢奈何?」張孟談曰:「臣聞董子之治晉陽也, 公宮之垣, 皆以狄(荻)蒿
苫楚廧之, 其高至丈餘, 君發而用之」於是發而試之, 其堅則箘簬之勁不能過也.
君曰:「足矣, 吾銅少若何?」張孟談曰:「臣聞董子之治晉陽也, 公宮之室, 皆以
鍊銅爲柱質, 請發而用之, 則有餘銅矣」君曰:「善」號令以定, 備守以具. 三國
之兵乘晉陽城, 遂戰. 三月不能拔, 因舒軍而圍之, 決晉水而灌之. 圍晉陽三年,
城中巢居而處, 懸釜而炊, 財食將盡, 士卒病羸. 襄子謂張孟談曰:「糧食匱,
城(財)力盡, 士大夫病, 吾不能守矣. 欲以城下, 何如?」張孟談曰:「臣聞之, 亡不
能存, 危不能安, 則無爲貴知士也. 君釋此計, 勿復言此. 臣請見韓·魏之君」
襄子曰:「諾」張孟談於是陰見韓·魏之君曰:「臣聞脣亡則齒寒, 今知伯帥二國
之君伐趙, 趙將亡矣, 亡則二君爲之次矣」二君曰:「我知其然. 夫知伯爲人也,
麁中而少親, 我謀未遂而知, 則其禍必至, 爲之奈何?」張孟談曰:「謀出二君
之口, 入臣之耳, 人莫之知也」二君卽與張孟談陰約三軍, 與之期曰(日), 夜,
遣入晉陽. 張孟談以報襄子, 襄子再拜之. 張孟談因朝知伯而出, 遇知過(果)轅
門之外. 知過入見知伯曰:「二主殆將有變」君曰:「何如?」對曰:「臣遇張孟
談於轅門之外, 其志矜, 其行高」知伯曰:「不然. 吾與二主約謹矣, 破趙三分
其地, 寡人所親之, 必不欺也. 子釋之, 勿出於口」知過出見二主, 入說知伯曰:
「二主色動而意變, 必背君, 不如令殺之」知伯曰:「兵箸晉陽三年矣, 旦暮當拔之
而饗其利, 乃有他心? 不可, 子愼勿復言」知過曰:「不殺則遂親之」知伯曰:
「親之奈何?」知過曰:「魏宣子之謀臣曰趙葭, 康子之謀臣曰段規, 是皆能移其

君之計. 君其與二君約, 破趙則封二子者各萬家之縣一, 如是則二主之心可不變, 而君得其所欲矣.」知伯曰:「破趙而三分其地, 又封二子者各萬家之縣一, 則吾所得者少, 不可!」知過見君之不用也, 言之不聽, 出, 更其姓爲輔氏, 遂去不見. 張孟談聞之, 入見襄子曰:「臣遇知過於轅門之外, 其視有疑臣之心, 入見知伯, 出更其姓. 今暮不擊, 必後之矣.」襄子曰:「諾」使張孟談見韓・魏之君曰:「夜期殺守堤之吏, 而決水灌知伯軍.」知伯軍救水而亂, 韓・魏翼而擊之, 襄子將卒犯其前, 大敗知伯軍而禽知伯. 知伯身死, 國亡地分, 爲天下笑, 此貪欲無厭也. 夫不聽知過, 亦所以亡也. 知氏盡滅, 唯輔氏存焉.

4.《淮南子》人間訓

智伯求地於魏宣子, 宣子弗欲與之, 任登曰:「智伯之强, 威行於天下, 求地而弗與, 是爲諸侯先受禍也. 不若與之.」宣子曰:「求地不已, 爲之奈何?」任登曰:「與之使喜, 必將復求地於諸侯, 諸侯必植耳. 與天下同心而圖之一心, 所得者非直吾所亡也.」魏宣子裂地而授之. 又求地於韓康子, 韓康子不敢不予, 諸侯皆恐. 又求地於趙襄子, 襄子弗與. 於是智伯乃從韓・魏圍襄子於晉陽. 三國通謀, 擒智伯而三分其國. 此所謂奪人而反爲人所奪者也.

5.《淮南子》人間訓

智伯率韓・魏二國伐趙, 圍晉陽, 決晉水而灌之. 城下緣木而處, 縣釜而炊. 襄子謂張孟談曰:「城中力已盡, 糧食匱乏. 大夫病, 爲之奈何?」張孟談曰:「亡不能存, 危弗能安, 無爲貴智士, 臣請試潛行, 見韓・魏之君而約之.」乃見韓・魏之君, 說之曰:「臣聞之: 脣亡而齒寒. 今智伯率二君而伐趙, 趙將亡矣. 趙亡則二君爲之次矣. 不及今而圖之, 禍將及二君.」二君曰:「智伯之爲人也, 粗中而少親. 我謀而泄, 事必敗矣. 爲之奈何?」張孟談曰:「言出君之口, 入臣之耳, 人孰知之者乎? 且同情相成, 同利相死. 君其圖之.」二君乃與張孟談陰謀, 與之期. 張孟談乃報襄子. 至其日之夜, 趙氏殺其守隄之吏, 決水灌智伯. 智伯軍救水而亂, 韓・魏翼而擊之, 襄子將卒犯其前, 大敗智伯軍, 殺其身, 而三分其國. 襄子乃賞有功者, 而高赫爲賞首, 群臣請曰:「晉陽之存, 張孟談之功也, 而赫爲賞首, 何也?」襄子曰:「晉陽之圍也, 寡人國家危, 社稷殆, 群臣無不有驕侮心者, 唯赫不失君臣之禮. 吾是以先之.」由此觀之, 義者人之大本也, 雖有戰勝存亡之功, 不如行義之隆. 故君子曰:「美言可以市尊, 美行可以加人.」

6.《淮南子》人間訓

張務爲智伯謀曰:「晉六將軍, 中行文字最弱, 而上下離心, 可伐以廣地.」於是伐范中行滅之矣. 又教智伯, 求於韓・魏・趙, 韓・魏裂地而授之. 趙氏不與,乃率韓·魏而伐趙, 圍之晉陽三年, 三國陰謀同計, 以擊智氏, 遂滅之. 此務爲君廣地者也.

7.《淮南子》人間訓

昔者, 智伯驕, 伐范中行而克之. 又劫韓魏之君而割其地, 尙以爲未足, 遂興兵伐趙, 韓魏反之. 軍敗晉陽之下, 身死高粱之東, 頭爲飮器. 國分爲三, 爲天下笑. 此不知足之禍也. 老子曰:「知足不辱, 知止不殆. 可以脩久.」此之謂也.

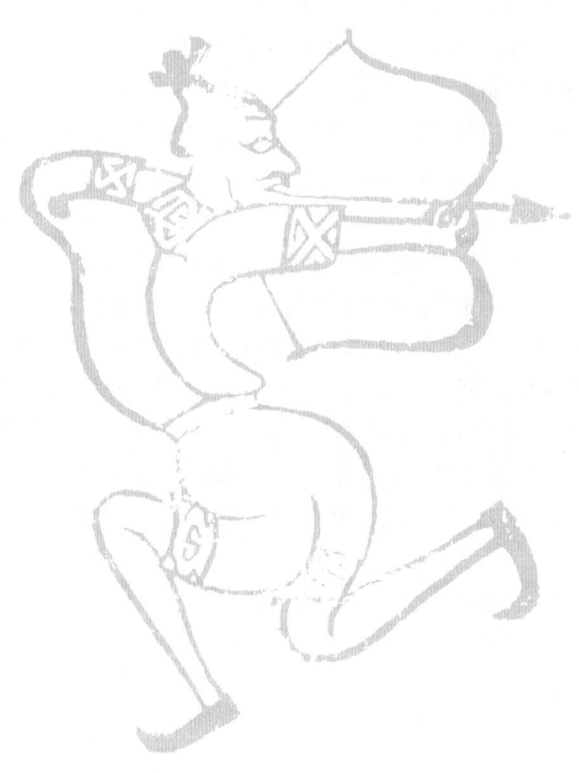

166(22-9)
누대 축조에 민력이 고갈

진秦 강공康公은 고대高臺를 축조하는 데 3년이나 걸렸다.

초楚나라가 군사를 일으켜 그 군사로써 앞으로 제齊나라를 치려 하였다.

임망任妄이 말하였다.

"기근이 적병을 불러들이고 질병이 적병을 불러들이고 노역이 적병을 불러들이고 내란이 적병을 불러들입니다. 임금께서 고대를 축조하느라 3년이나 걸렸습니다. 지금 초나라가 군사를 일으켜 제나라를 치려 하고 있습니다. 저는 제나라를 친다는 소리를 내세우고 실은 우리 진나라를 습격하려는 것임을 두려워합니다. 대비를 잘 하느니만 못합니다."

그리하여 동쪽 국경을 지키게 되자 초나라는 출병을 철회하였다.

秦康公築臺三年.

荊人起兵, 將欲以兵攻齊.

任妄曰:「饑召兵, 疾召兵, 勞召兵, 亂召兵. 君築臺三年, 今荊人起兵將攻齊, 臣恐其攻齊爲聲, 而以襲秦爲實也, 不如備之.」

戍東邊, 荊人輟行.

【秦康公】춘추시대 秦나라 군주. 穆公의 아들이며 이름은 罃. B.C.620~B.C.609년 까지 12년간 재위하고 그 뒤를 共公(稻)이 이음.

【築臺】높은 누대.

【任妄】秦 康公의 신하. 자세한 사적은 알 수 없음.

【輟行】행군을 멈춤. '輟'은 '止'의 뜻. 철회함. 王先愼은 "輟, 一本作輒, 非"라 함.

167(22-10)
오지 않는 구원병

제齊나라가 송宋나라를 공격하자 송나라는 장손자臧孫子를 남쪽 초楚
나라로 보내어 구원을 청하도록 하였다.

초나라는 크게 기꺼워하며 구원해 줄 것임을 허락하고 크게 환대하였다.

장손자는 걱정스러워하며 물러났다.

그의 마부가 물었다.

"구원을 청하여 얻어냈는데 지금 그대는 근심 띤 표정이니 어찌 된 것
입니까?"

장손자가 말하였다.

"우리 송나라는 작고 제나라는 크다. 무릇 작은 송나라를 구원하여 큰
제나라에게 미움을 사는 일은, 사람이라면 누구나 걱정하는 것이건만
초왕이 기꺼워하니 틀림없이 우리에게 수비를 튼튼히 하도록 하려는
것이다. 우리가 수비를 튼튼히 하여 제나라가 피폐해지면 초나라에게는
이득이 되기 때문이다."

장손자는 이내 돌아왔다.

제나라가 송나라를 공략하여 다섯 개 성을 함락시키도록 초나라의
구원군은 오지 않았다.

齊攻宋, 宋使臧孫子南求救於荊.

荊大說, 許救之, 甚歡.

臧孫子憂而反.

其御曰:「索救而得, 今子有憂色, 何也?」

臧孫子曰:「宋小而齊大. 夫救小宋而惡於大齊, 此人之所以憂也, 而荊王說, 必以堅我也. 我堅而齊敝, 荊之所利也.」

臧孫子乃歸.

齊人拔五城於宋而荊救不至.

【臧孫子】 宋나라의 신하.《戰國策》宋策에는 '臧子'로 되어 있음.
【甚歡】 '歡'은 '勸'자로 보아야 함. 힘써 구원해 줄 것임을 허락함. 顧廣圻는 "歡, 當從策作勸, 高注:「勸, 力也.」"라 함.
【其御】 말을 몰고 수행하였던 부관. '御'는 '侍'와 같음.

참고 및 관련 자료

1.《戰國策》宋策

齊攻宋, 宋使臧子索救於荊. 荊王大說, 許救甚勸. 臧子憂而反. 其御曰:「索救而得, 有憂色何也?」臧子曰:「宋小而齊大. 夫救於小宋而惡於大齊, 此王之所憂也; 而荊王說甚, 心以堅我. 我堅而齊弊, 荊之利也.」臧子乃歸. 齊王果攻, 拔宋五城, 而荊王不至.

168(22-11)
길은 빌려주되

위魏 문후文侯가 조趙나라에게 길을 빌려 중산中山을 치겠다고 하였으나 조 숙후肅侯는 허락하지 않으려 하였다.

조각趙刻이 말하였다.

"임금께서 잘못하고 계십니다. 위나라가 중산을 공략하여 빼앗지 못하면 위나라는 틀림없이 피폐할 것입니다. 피폐해지고 나면 위나라는 약해질 것이요, 위나라가 약해지고 나면 우리 조나라가 강해지는 것입니다. 위나라가 중산을 함락 시킨다 하더라도 틀림없이 우리 조나라를 넘어가서 중산을 소유할 수는 없습니다. 이는 군대를 동원하는 쪽은 위나라이며 토지를 얻는 쪽은 우리 조나라가 됩니다. 임금께서는 반드시 이를 허락하면서 아주 즐거워하시면 도리어 저들이 임금께서 앞으로 이익을 얻으리라는 것으로 알고 틀림없이 철회할 것입니다. 그러니 임금께서는 길을 빌려주시되 어쩔 수 없는 듯이 하시느니만 못합니다."

魏文侯借道於趙而攻中山, 趙肅侯將不許.

趙刻曰:「君過矣. 魏攻中山而弗能取, 則魏必罷. 罷則魏輕, 魏輕則趙重. 魏拔中山, 必不能越趙而有中山也.

是用兵者魏也, 而得地者趙也. 君必許之而大歡, 彼將
知君利之也, 必將輟行. 君不如借之道, 示以不得已也.」

【魏文侯】 전국시대 魏나라의 영명한 군주. 武侯의 아버지. 卜子夏·段干木·
田子方, 翟璜 등을 보필로 삼아 가장 먼저 개혁정책을 폈으며, 七雄 가운데
최초로 부국강병을 꾀함. B.C.445~B.C.396년까지 50년간 재위함. 이름은 '斯'.
《史記》에는 '都'로 되어 있음.
【中山】 전국시대 지금의 河北 定縣을 중심으로 있었던 나라. 白狄이 세웠던
나라로 趙나라와 접경을 이루고 있었으며《戰國策》에 中山策이 있음.
【趙肅侯】 시기로 보아 趙 烈侯여야 맞음. 肅侯는 이름은 어이며 B.C.349~
B.C.326년 재위하였으며 烈侯는 이름은 籍으로 B.C.408~B.C.400년 재위함.
《韓非子纂聞》에 "策無肅字. 魏文·趙肅, 相去殆六十年, 宜作烈侯爲正"이라 함.
【趙刻】 趙나라 신하.《戰國策》에는 '趙利'로 되어 있음.
【罷】 '罷'는 '弊', '疲'와 같음.
【大歡】 크게 좋아함. 歡은 喜色을 드러냄. 그러나《戰國策》에는 '勸'으로 되어
있음. '크게 권하는 태도를 보임.'

> 참고 및 관련 자료

1.《戰國策》趙策(1)
魏文侯借道於趙攻中山. 趙侯將不許. 趙利曰:「過矣. 魏攻中山而不能取, 則魏
必罷, 罷則趙重. 魏拔中山, 必不能越趙而有中山矣. 是用兵者, 魏也; 而得地者,
趙也. 君不如許之, 許之大勸, 彼將知矣(趙)利之也, 必輟. 君不如借之道, 而示
之不得已.」

169(22-12)
학택의 뱀

치이자피鴟夷子皮는 전성자田成子를 섬겼다.

전성자가 제齊나라에서 달아나 연燕나라로 가자 치이자피는 전傳을 짊어지고 그를 따라나섰다.

망읍望邑에 이르자 자피는 이렇게 말하였다.

"그대는 유독 학택涸澤의 뱀 이야기를 듣지 못하셨습니까? 못에 물이 말라 뱀이 앞으로 옮겨 가려 하였습니다. 그 때 어떤 작은 뱀이 큰 뱀에게 '그대가 앞서시고 제가 뒤따르면 사람들은 그저 뱀이 지나가는 것일 뿐이라 생각하면서 틀림없이 그대를 죽이는 자가 있을 것입니다. 그러니 서로 물고 나를 등에 업고 가느니만 못합니다. 그렇게 되면 사람들은 틀림없이 우리를 신령한 뱀이라 여길 것입니다'라고 말하였지요. 이에 이들은 서로가 물고 등에 업고 큰 길을 건넜더니 사람들이 모두 피하면서 '신령님이다'라 하였다는 것입니다. 지금 그대는 멋진 모습이고 나는 추악하게 생겼습니다. 내가 그대를 나의 상객上客으로 삼으면 나는 천승千乘의 군주처럼 보일 것입니다. 그러나 그대가 나를 사신으로 삼으면 저는 만승萬乘의 경卿으로 보일 것입니다. 그대는 나의 사인舍人이 되느니만 못합니다."

그리하여 전성자가 전을 짊어지고 그를 수행하였다.

숙소에 이르자 숙소 주인이 이들 대접을 아주 정중히 하였으며 술과 고기까지 바쳤다.

鴟夷子皮事田成子.

田成子去齊, 走而之燕, 鴟夷子皮負傳而從.

至望邑, 子皮曰:「子獨不聞涸澤之蛇乎? 澤涸, 蛇將徙. 有小蛇謂大蛇曰:『子行而我隨之, 人以爲蛇之行者耳, 必有殺子者. 子不如相銜負我以行, 人必以我爲神君也.』乃相銜負以越公道而行. 人皆避之, 曰:『神君也.』今子美而我惡. 以子爲我上客, 千乘之君也; 以子爲我使者, 萬乘之卿也. 子不如爲我舍人.」

田成子因負傳而隨之.

至逆旅, 逆旅之君待之甚敬, 因獻酒肉.

【鴟夷子皮】田成子가 그 군주 簡公을 살해하고 齊나라를 찬탈한 사건에 함께 가담한 인물. 춘추 말에 '鴟夷子皮'로 이름을 삼은 자는 모두 셋임. 하나는 楚나라 현인으로 《說苑》의 "鴟夷子皮曰侍于屈春"이며, 하나는 齊나라 姦商으로 본절의 인물. 그리고 越나라 范蠡가 越나라를 떠나 陶 땅으로 갈 때 이름을 이것으로 바꾸었음.

【田成子】田恆. 田恒. '恆'은 '恒'의 異體字. 田常, 陳恒, 陳成子, 田成子 등으로 널리 불림. 시호는 成. 簡公을 유폐시켜 시살한 인물. '陳恆'으로도 표기하며 '恆'은 '恒'의 異體字. 원래 그의 선조 陳完(田完, 敬仲)은 陳나라 출신으로 齊나라에 옮겨와 정착하여 田氏로 성을 바꾸었으며 차츰 세력을 키워 卿에 오른 다음, 그 후손이 뒤에 姜氏(姜太公의 후손)의 齊나라를 차지하여 戰國시대 田氏齊를 세움. 《史記》田敬仲完世家 참조.

【傳】관문을 지날 때 쓰이는 일종 부절. 《周禮》地官 司關에 "凡所達貨財, 則以節傳出之"라 하였고, 如淳은 "兩行書繒帛, 分持其一, 出入關合之, 乃得適, 謂之傳"이라 함. 한편 《古今注》에는 "凡傳, 皆以木爲之, 長五寸, 書符信於上, 又以一板封之, 皆封以御史印章, 所以爲信也. 如今之過所"라 함.

【望邑】지금의 陜西 望都縣 서북쪽.

【涸澤】물이 말라붙은 못. '涸'은 '학'으로 읽음.《莊子》의 '涸轍鮒魚'와 같음.
【銜負】'銜'은 서로가 생대의 꼬리를 무는 것. '負'는 큰 뱀이 작은 뱀을 등에
  업는 것.
【舍人】전국시대 귀족의 측근에서 봉사하던 시종의 총칭.
【逆旅之君】나그네가 머무는 숙사의 주인을 말함. '逆'은 '迎'과 같음.

참고 및 관련 자료

1.《藝文類聚》(96)

《韓子》曰: 鴟夷子皮事田成子. 成子去齊, 亡之燕, 鴟夷子皮負傳而從. 至望邑,
曰:「子獨不聞涸澤之蛇乎? 澤涸將徙, 小蛇謂大蛇曰:『大蛇行, 小蛇隨之, 人以
蛇之行者耳, 必殺其子. 子不如負我以行, 必以我爲神也.』乃相負, 越公道而行,
人皆避之. 今子美而我惡, 以爲上客, 一乘之君也. 以子爲使者, 萬乘之卿也. 不如
爲我舍人.」田成子負傳而隨之, 至逆旅. 逆旅之君待之甚敬, 因獻酒肉.

2. 기타《太平御覽》(933) 및《事類賦》(38)을 볼 것.

170(22-13)
온인溫人이 주周나라에 입국하며

온溫나라 사람이 주周나라에 가자 주나라에서 그를 객으로 여겨 관문을 통과시켜주지 않으면서 이렇게 물었다.

"타국 사람인가?"

그가 대답하였다.

"이 나라 사람이다."

그 사는 고을 사람에게 물었으나 알지 못하자 관리는 이에 그를 잡아 가두었다.

임금이 사람을 시켜 그에게 물었다.

"그대는 우리 주나라 사람이 아닌데도 스스로 타국 사람도 아니라 하였는데 무슨 까닭인가?"

그가 대답하였다.

"저는 젊은 시절에 외운 《시詩》에 '드넓은 하늘 아래 왕의 영토 아닌 곳이 없고, 땅 끝까지 이르러 왕의 신하 아닌 자가 없도다'라 하였습니다. 지금 임금께서 천자라면 저는 바로 천자의 신하입니다. 어찌 남의 신하가 되어 객이라 할 수 있겠습니까? 그 때문에 이 나라 사람이라고 말한 것입니다."

임금은 그를 풀어주도록 하였다.

溫人之周, 周不納客, 問之曰: 「客耶?」

對曰: 「主人.」

問其巷而不知也, 吏因囚之.

君使人問之曰: 「子非周人也, 而自謂非客, 何也?」

對曰: 「臣少也誦詩曰: 『普天之下, 莫非王土; 率土之濱, 莫非王臣.』今君, 天子, 則我天子之臣也. 豈有爲人之臣而又爲之客哉? 故曰: 主人也.」

君使出之.

【溫】지금의 河南 溫縣. 戰國시대에는 魏나라에 속한 작은 나라였음.

【周】東周 때의 洛陽을 가리킴.

【不納客】'客'은 타국사람.

【主人】본국 사람.

【巷人】그 고을에 사는 이. 그러나 《戰國策》에는 그가 사는 고을을 질문한 것으로 되어 있음.

【詩】《詩經》小雅 北山篇의 구절. 疏에 "言率土之濱, 擧其四方所至之內, 見其廣也"라 함.

참고 및 관련 자료

1. 《詩經》小雅 北山篇

陟彼北山, 言采其杞. 偕偕士子, 朝夕從事. 王事靡盬, 憂我父母. 溥天之下, 莫非王土. 率土之濱, 莫非王臣. 大夫不均, 我從事獨賢. 四牡彭彭, 王事傍傍. 嘉我未老, 鮮我方將. 旅力方剛, 經營四方.

2. 《戰國策》東周策

溫人之周, 周不納. 「客卽?」對曰: 「主人也.」問其巷而不知也, 吏因囚之. 君使人問之曰: 「子非周人, 而自謂非客, 何也?」對曰: 「臣少而誦詩, 詩曰: 『普天之下, 莫非王土; 率土之濱, 莫非王臣.』今周君天下, 則我天子之臣, 而又爲客哉? 故曰主人.」君乃使吏出之.

171(22-14)
둘을 함께 등용하면

한韓 선왕宣王이 규류樛留에게 말하였다.

"내가 공중公仲과 공숙公叔 두 사람을 함께 등용하고 싶은데 가능하겠소?"

구류가 대답하였다.

"안 됩니다. 진晉이 육경六卿을 등용하여 나라가 나뉘었고, 간공簡公은 전성田成과 감지闞止 둘을 모두 등용하여 간공 자신이 살해당하였으며, 위魏나라는 서수犀首와 장의張儀 둘을 모두 등용하여 서하西河 밖의 땅을 잃었던 것입니다. 지금 왕께서 이 두 사람을 함께 등용하시면 힘이 강한 자는 패거리를 심을 것이며, 힘이 약한 자는 외국의 세력을 빌려올 것입니다. 신하들이 안으로 패거리를 심어 임금에게 교만을 부리고, 밖으로는 외국과 교섭하여 땅을 깎아 먹는다면 왕의 나라는 위태롭게 될 것입니다."

韓宣王謂樛留曰:「吾欲兩用公仲·公叔, 其可乎?」

對曰:「不可. 晉用六卿而國分; 簡公兩用田成·闞止而簡公殺. 魏兩用犀首·張儀, 而西河之外亡. 今王兩用之, 其多力者樹其黨, 寡力者借外權. 群臣有內樹黨以驕主內, 有外爲交以削地, 則王之國危矣.」

【韓宣王】전국시대 韓나라 威侯를 가리킴. 昭侯의 아들이며 威侯는 8년에 비로소 왕을 칭하여 그 때부터 宣惠王이라 불렸음. B.C.332~B.C.312년까지 21년간 재위하고 襄王으로 이어짐.《史記》韓世家 및 六國年表 참조.

【樛留】韓 宣惠王의 신하.《戰國策》에는 '摎留'로 되어 있음.

【公仲】公仲侈, 公仲明, 公仲朋, 韓朋 등 여러 표기가 있음. 韓나라 公族이며 姓은 公仲이며 이름은 侈. 韓나라 相國을 역임함.《戰國策》秦策(2)의 鮑彪 注에 "侈作朋. 朋, 公仲名. 此書後或名朋, 或名侈, 朋侈字近, 故誤. 史竝作侈, 然韓策言公仲侈, 又言韓侈, 爲兩人. 今定公仲名, 明別韓侈也"라 함.

【公叔】韓公叔. 이름은 伯嬰. 韓나라 종실의 귀족. 韓 襄王의 아들이며 宣惠王 때 相國을 지냄.

【六卿】春秋時代 晉나라에는 知(智), 韓, 魏, 趙, 范, 中行 등 여섯 씨족이 모두 卿에 올라 이들의 권세가 대단하였으며 국권을 좌지우지하였음. 마침내 뒤에 이들이 다툼을 벌여 韓, 魏, 趙가 승리, 흔히 이들을 '三晉'이라 부르며 晉나라는 망하고 이들 三晉이 戰國時代 七雄의 반열에 오르게 됨.

【國分】六卿 가운데 韓·魏·趙가 독립하여 三晉으로 갈라져 戰國七雄이 됨.

【簡公】춘추 말 齊나라 군주. 이름은 壬. 悼公(陽生)을 이어 B.C.484~481년까지 4년간 재위하고 田常에게 시해를 당하였으며 平公(驁)이 그 뒤를 이어 춘추 시대를 마감함.

【田常】田恆. 田恒. '恆'은 '恒'의 異體字. 田常, 陳恒, 陳成子, 田成子 등으로 널리 불림. 시호는 成. 簡公을 유폐시켜 시살한 인물. '陳恆'으로도 표기하며 '恆'은 '恒'의 異體字. 원래 그의 선조 陳完(田完, 敬仲)은 陳나라 출신으로 齊나라에 옮겨와 정착하여 田氏로 성을 바꾸었으며 차츰 세력을 키워 卿에 오른 다음, 그 후손이 뒤에 姜氏(姜太公의 후손)의 齊나라를 차지하여 戰國시대 田氏齊를 세움.《史記》田敬仲完世家 참조.

【闞止】齊나라 대부 陽生의 가신. 子我.《左傳》杜預 注에 "闞止, 陽生家臣子我也. 待外, 欲俱去"라 함. 한편《史記》(仲尼弟子列傳),《呂氏春秋》(愼勢篇),《淮南子》(人間訓),《鹽鐵論》(殊語篇, 頌賢篇),《說苑》(正諫篇, 指武篇) 등에는 '闞止'를 孔子 弟子 '宰予'(字는 子我)라 하였음. 그러나《史記》索隱에는 "左傳闞止字子我, 爲陳恆所殺, 字與宰予相涉, 因誤"라 '宰予'의 자가 '子我'여서 잘못 알려진 것이라 하였음. 簡公을 시해한 인물.《史記》田敬仲完世家에 "齊人共立悼公子壬, 是爲簡公. 簡公四年春, 初, 簡公與父陽生俱在魯也, 監止有寵焉. 及卽位, 使爲政. 田成子憚之, 驟顧於朝. 御鞅言簡公曰:「田·監不可並也, 君其擇焉.」弗聽. 子我夕,

田逆殺人, 逢之, 遂捕以入. 田氏方睦, 使囚病而遺守囚者酒, 醉而殺守者, 得亡. 子我盟諸田於陳宗. 初, 田豹欲爲子我臣, 使公孫言豹, 豹有喪而止. 後卒以爲臣, 幸於子我. 子我謂曰:「吾盡逐田氏而立女, 可乎?」對曰:「我遠田氏矣. 且其違者不過數人, 何盡逐焉!」遂告田氏. 子行曰:「彼得君, 弗先, 必禍子.」子行舍於公宮. 夏五月壬申, 成子兄弟四乘如公. 子我在幄, 出迎之, 遂入, 閉門. 宦者禦之, 子行殺宦者. 公與婦人飮酒於檀臺, 成子遷諸寢. 公執戈將擊之, 太史子餘曰:「非不利也, 將除害也.」成子出舍于庫, 聞公猶怒, 將出, 曰:「何所無君!」子行拔劍曰:「需, 事之賊也. 誰非田宗? 所不殺子者有如田宗.」乃止. 子我歸, 屬徒攻闈與大門, 皆弗勝, 乃出. 田氏追之. 豐丘人執子我以告, 殺之郭關. 成子將殺大陸子方, 田逆請而免之. 以公命取車於道, 出雍門. 田豹與之車, 弗受, 曰:「逆爲余請, 豹與余車, 余有私焉. 事子我而有私於其讎, 何以見魯・衛之士?」庚辰, 田常執簡公于徐州. 公曰:「余蚤從御鞅言, 不及此.」甲午, 田常弑簡公于徐州. 田常乃立簡公弟鶩, 是爲平公. 平公卽位, 田常相之, 專齊之政, 割齊安平以東爲田氏封邑」이라 함.

【犀首】 犀首는 魏나라 관직 이름. 혹은 公孫衍의 별호. 그는 처음에 秦나라에서 大良造라는 벼슬을 하였으나 뒤에 魏나라로 들어가 장수 되어 蘇秦과 함께 合從說을 주장하여 秦나라에게 맞섬. 魏 惠王 16년(B.C.319)에 魏나라 宰相에 올랐음.《戰國策》및《史記》등을 참조할 것.

【張儀】 魏의 사람. 蘇秦과 쌍벽을 이루었던 전국시대 縱橫家의 대표적인 유세가. 蘇秦과 함께 鬼谷선생에게 외교술을 배웠으나 소진이 먼저 秦나라에 맞서는 六國 合從說(合縱說)로 성공하자 장의는 秦나라를 중심으로 連橫說(連衡說)을 써서 秦나라 국력을 신장시켰음.《史記》張儀列傳 및《戰國策》을 참조할 것.

【西河】 戰國시대 魏나라 郡 이름. 지금의 陝西 동부 黃河 西岸 일대.

참고 및 관련 자료

1.《戰國策》韓策(1)

宣王謂摎留曰:「吾欲兩用公仲・公叔, 其可乎?」對曰:「不可. 晉用六卿而國分, 簡公用田成・監(闞)止而簡公弑, 魏兩用犀首・張儀而西河之外亡. 今王兩用之, 其多力者內樹其黨, 其寡力者籍(藉)外權. 羣臣或內樹其黨以擅其主, 或外爲交以裂其地, 則王之國必危矣.」

2. 《戰國策》韓策(1) 鮑彪의 評語

彪謂: 此非天下之公議也, 顧所用如何耳. 使得人如周·召, 兩用之, 庸何傷?
若公仲·公叔也, 一之謂甚, 何必兩. 補曰: 胡氏管見, 謂摎留之論, 似是而非,
不可遂以爲法. 使所用而賢, 則一人而足, 不虞其專擅; 左右參副, 不虞其比黨.
使其不賢, 則一人足以喪國, 又況二三其衆乎! 意者留於仲·叔陰有所附, 欲國
柄歸一而不分, 故危言以動其君耳. 大事記云: 韓雖兩用仲·叔, 以戰國策考之,
仲實專政, 叔亦間用事, 終不若仲之權寵也. 愚按: 鮑說有與胡氏合者, 而不得
留之情, 故引以著之. 按此策, 宣惠欲兩用, 非已用也. 當時叔之事不著, 意其
止於用仲, 而仲·叔竝用, 實襄王之世. 以其爭主幾瑟·公子咎知之也. 公仲卒不勝
公叔, 則公叔又重矣. 二人爭權, 摎留之言遂驗. 是以帝王之要, 知人而後官人,
九經之序, 尊賢而後敬大臣, 則無患乎此矣.

3. 《韓非子》難一(600)

韓宣王問於摎留:「吾欲兩用公仲·公叔, 其可乎?」摎留對曰:「昔魏兩用樓·翟
而亡西河, 楚兩用昭·景而亡鄢·郢. 今君兩用公仲·公叔, 此必將爭事而外市,
則國必憂矣.」

172(22-15)
술에 취해 잃어버린 나라

소적매紹績昧가 술에 취해 잠자다가 갖옷을 잃어버렸다.

송군宋君이 말하였다.

"술에 취하면 옷까지도 잃어버리는가?"

그가 대답하였다.

"걸桀은 술에 취하여 천하를 잃었습니다. 그래서 〈강고康誥〉에 '언제나 술에 취하지 말라'라 하였으니 언제나 술을 한다는 것은 평소에 늘 술을 마신다는 뜻입니다. 평소에 늘 술을 마시는 자가 천자라면 천하를 잃고 필부라면 그 자신을 잃게 되는 것입니다."

紹績昧醉寐而亡其裘.

宋君曰:「醉足以亡裘乎?」

對曰:「桀以醉亡天下, 而《康誥》曰『毋彝酒』, 彝酒者, 常酒也. 常酒者, 天子失天下, 匹夫失其身.」

【紹績昧】 인명. 구체적으로 알 수 없음.

【桀】 夏나라 末王. 이름은 癸. 妹喜에게 빠져 무도한 짓을 저질렀으며 殷의 湯王

에게 망함. 殷나라 末王 紂와 함께 '桀紂'라 하여 폭군의 전형으로 거론됨.《史記》
夏本紀를 참조할 것.《十八史略》(1)에 "孔甲之後, 歷王皐·王發·王履癸. 號爲桀,
貪虐, 力能伸鐵鉤索. 伐有施氏, 有施以末喜女焉, 有寵, 所言皆從, 爲傾宮瑤臺,
殫民財. 肉山脯林, 酒池可以運船, 糟堤可以望十里, 一鼓而牛飮者三千人, 末喜
以爲樂. 國人大崩, 湯伐夏, 桀走鳴條而死"라 함.

【康誥】《尙書》의 편명. 지금은 이 구절이 〈康誥篇〉에 들어 있지 않고 〈酒誥篇〉에
들어 있음. 揚雄《法言》問神篇에 "昔之說書者序以百, 而酒誥之篇俄空焉,
今亡夫"라 함.

【毋彝酒】彝는《爾雅》에 "彝, 常也"라 함.

【 참고 및 관련 자료 】

1.《太平御覽》(479)을 볼 것.

173(22-16)
늙은 말과 개미의 지혜

관중管仲과 습붕隰朋이 환공桓公을 따라 고죽孤竹을 치러 봄에 가서 겨울에 돌아오게 되면서 그만 길을 잃고 말았다.

관중이 말하였다.

"늙은 말의 지혜가 쓸 만합니다."

이에 늙은 말을 풀어 그 뒤를 따라가 마침내 길을 찾을 수 있었다.

다시 산 속을 가는 도중 물이 떨어지자 습붕이 말하였다.

"개미는 겨울에는 산 남쪽에 살고 여름에는 산 북쪽에 삽니다. 개미집 높이가 한 치가 되면 그 아래 한 길 깊이에 물이 있습니다."

이에 땅을 파서 드디어 물을 얻었다.

관중의 총명함과 습붕의 지혜로도 그 알지 못하는 데에 이르면 늙은 말이나 개미를 스승으로 삼기를 난처하게 여기지 않는다.

그런데 지금 사람들은 그 어리석은 마음을 가지고도 성인의 지혜를 스승으로 삼을 줄 모르고 있으니 또한 잘못된 일이 아니겠는가?

管仲·隰朋從桓公伐孤竹, 春往冬反, 迷惑失道.

管仲曰:「老馬之智可用也.」

乃放老馬而隨之, 遂得道.

行山中無水, 隰朋曰:「蟻冬居山之陽, 夏居山之陰. 蟻壤
一寸而仞有水.」

乃掘地, 遂得水.

以管仲之聖而隰朋之智, 至其所不知, 不難師於老馬
與蟻.

今人不知以其愚心而師聖人之智, 不亦過乎?

【管仲】춘추시대 齊나라 인물. 이름은 夷吾. 자는 仲. 齊 桓公을 첫 霸者로 성취
시킨 인물. 처음 齊나라에 난이 일어나 公子들이 뿔뿔이 흩어질 때 管仲은 公子
糾를 모시고 魯나라로 피신하였으며 鮑叔은 小白을 모시고 거나라로 피신함.
뒤에 난이 끝나고 먼저 귀국하는 자가 왕위에 오르게 되어 있었으며 이 때
管仲은 小白 일행이 오는 길목을 지키다가 활로 小白을 쏘았으나 小白이
허리띠 고리에 맞고 죽은 척 쓰러져 있다가 지름길로 들어가 먼저 왕위에
올랐으며 이가 환공임. 이에 공자 규와 관중 일행은 귀국하지 못하고 처벌을
기다렸으나 鮑叔의 추천으로 환공의 재상이 되어 제나라를 부강하게 만들었
으며 재상에 오름. 환공이 그를 높여 仲父라 일컬었음. 《史記》 管晏列傳 및
《列子》 등을 참조할 것. '管鮑之交' 등의 많은 고사를 남겼으며 그의 사상과
언행을 기록한 《管子》가 전함.

【隰朋】齊 桓公을 모셨던 齊나라 대부. 齊 莊公의 증손으로 같은 姜姓에서 나왔
으며 戴仲의 아들 成子.

【桓公】齊 桓公. 春秋五霸의 첫 首長. 이름은 小白. 齊나라에 난이 일어나자
鮑叔이 모시고 莒나라로 피신, 管仲은 公子 糾를 모시고 魯나라로 피신함. 뒤에
난이 진압되고 먼저 귀국하는 자가 왕이 될 수 있는 기회에 小白이 오는 길을
管仲 일행이 막고 활을 쏘아 소백의 허리띠 고리에 맞추자 소백은 죽은 척
쓰러져 있다가 지름길로 귀국하여 왕위에 오름. 뒤에 포숙의 추천으로 관중을
등용하여 제나라를 부강하게 하고 九合諸侯, 一匡天下하여 첫 패자가 됨.
B.C.685~B.C.643년까지 43년간 재위함. 《史記》 齊太公世家를 참조할 것.

【孤竹】지금의 河北 盧龍縣에서 朝陽 일대의 작은 나라. 고대 伯夷와 叔弟의
고국. 《史記》 齊太公世家에 "桓公二十三年, 伐山戎, 至於孤竹而還"이라 함.

【蟻壤】개미무덤. '壤'은 '垤'와 같음.

1.《藝文類聚》(93)

《韓子》曰: 管仲隰朋, 從桓公而伐孤竹. 春往而冬返, 迷惑失道. 管仲曰:「老馬之智可用也.」乃放老馬而隨之, 遂得道焉.

2.《意林》(1)

桓公伐孤竹失道. 管仲曰:「老馬之智可用.」遂縱馬從而得歸. 行出山中無水, 隰朋曰:「蟻冬居山之陽, 夏居山之陰. 蟻壤寸而有水.」使掘之, 果得水焉.

3. 기타《太平御覽》(37, 490, 947) 및《事類賦》(30)를 볼 것.

174(22-17)
불사약不死藥

초왕楚王에게 불사약을 바치는 자가 있었는데 알자謁者가 그것을 손에 들고 안으로 들어갔다.

중사사中射士가 물었다.

"먹어도 되는 것이냐?"

알자가 말하였다.

"먹을 수 있는 것입니다."

그러자 그것을 낚아채 먹어 버렸다.

왕이 크게 노하여 사람을 시켜 그 중사사를 죽이도록 하였다.

중사사가 사람으로 하여금 임금에게 이렇게 말하도록 하였다.

"제가 알자에게 물었더니 '먹어도 된다'기에 저는 그 때문에 먹은 것이며 저에게는 죄가 없으며 알자에게 죄가 있는 것입니다. 게다가 객이 불사약을 바쳐 제가 그것을 먹었는데 왕께서 저를 죽인다면 이는 사약死藥이며 그 객이 왕을 속인 것이 됩니다. 무릇 죄 없는 저를 죽여 남이 왕을 속였음이 밝혀지느니 저를 풀어주느니만 못합니다."

왕은 이에 그를 죽이지 않았다.

有獻不死之藥於荊王者, 謁者操之以入.

中射之士問曰:「可食乎?」

曰:「可.」

因奪而食之.

王大怒, 使人殺中射之士.

中射之士使人說王曰:「臣問謁者, 曰『可食』, 臣故食之,
是臣無罪, 而罪在謁者也. 且客獻不死之藥, 臣食之而
王殺臣, 是死藥也, 是客欺王也. 夫殺無罪之臣, 而明人
之欺王也, 不如釋臣.」

王乃不殺.

【謁者】 궁중에서 빈객을 안내하는 중개 역할을 맡은 이.《戰國策》楚策 注에
"謁者,掌賓贊受事也"라 함.

【荊王】《戰國策》에 의하면 楚나라 頃襄王(襄王)에 해당함. 이름은 横. 懷王의
아들. 재위 36년.

【中射之士】《周禮》夏官에 '射人'이 있음. 원래는 활쏘기 연습의 업무인 射禮를
담당하던 儀典官.

参고 및 관련 자료

1.《戰國策》楚策(4)

有獻不死之藥於荊王者, 謁者操以入. 中射之士問曰:「可食乎?」曰:「可」因奪
而食之. 王怒, 使人殺中射之士. 中射之士使人說王曰:「臣問謁者, 謁者曰可食,
臣故食之. 是臣無罪, 而罪在謁者也. 且客獻不死之藥, 臣食之而王殺臣, 是死
藥也. 王殺無罪之臣, 而明人之欺王」王乃不殺.

175(22-18)
두 눈을 감은 장님

전사田駟가 추鄒나라 임금을 속이자 추나라 임금이 사람으로 하여금 앞으로 그를 죽일 참이었다.

전사는 두려워 혜자惠子에게 알렸다.

혜자가 추나라 임금을 만나 이렇게 말하였다.

"지금 어떤 사람이 임금을 뵙고 만약 한쪽 눈을 감고 있다면 어찌하시겠습니까?"

추나라 임금이 말하였다.

"나는 반드시 그 놈을 죽일 것이다."

혜자가 다시 말하였다.

"장님은 두 눈을 감고 있습니다. 임금께서는 어찌 그를 죽이지 않습니까?"

추나라 임금이 말하였다.

"그는 눈을 감지 않을 수 없기 때문이지."

혜자가 말하였다.

"전사는 동쪽으로 제후齊侯를 속이고 남쪽으로 초왕楚王을 속이고 있습니다. 전사가 사람 속이는 것은 장님과 똑같습니다. 임금께서 어찌 원한을 품습니까?"

추나라 임금은 이에 그를 죽이지 않았다.

田駟欺鄒君, 鄒君將使人殺之.

田駟恐, 告惠子.

惠子見鄒君曰:「今有人見君, 則睐其一目, 奚如?」

君曰:「我必殺之.」

惠子曰:「瞽, 兩目睐, 君奚爲不殺?」

君曰:「不能勿睐睐.」

惠子曰:「田駟東欺齊侯, 南欺荊王. 駟之於欺人, 瞽也, 君奚怨焉?」

鄒君乃不殺.

【田駟】齊나라 출신일 듯 하나 구체적으로는 알 수 없음.

【鄒】고대 소국. '邾'로도 불렸으며 周 武王이 祝融 八姓의 하나였던 邾俠 (曹俠)을 封하여 부용국으로 삼았었으며 '邾婁'로도 불렸음. 지금의 山東 鄒縣. 전국시대에 이름을 '鄒'로 바꾸었음. 曹姓이며 子爵 작위를 받았으나 魯나라에 예속되어 있었음.

【惠子】辯客 惠施를 가리킴. 전국시대 宋나라 사람으로 名家의 하나. 莊子와 같은 시대이며 魏 惠王의 재상을 지내기도 하였음.《莊子》天下篇에 惠施가 주장한 '歷物之意十條'라 실려 있음.

【睐】'睫' '瞇'과 같음. 눈을 감아 남을 얕보는 것. '睒'(섬)과는 다른 글자임.

【瞽】장님. 주로 궁중에서 樂官의 일을 맡아 임금을 가까이 하였음.

참고 및 관련 자료

1.《藝文類聚》(17)

《韓子》曰: 田駟欺鄒君, 鄒君將殺之. 田駟恐, 告惠子. 惠子見鄒君曰:「有人見君, 則睐其一目, 奚如?」君曰:「我必殺之.」惠子曰:「瞽睐兩目, 君奚弗殺? 駟東 欺齊侯, 南欺荊王, 駟之於欺人瞽也. 君奚怨?」乃弗殺.

2. 기타《太平御覽》(366)을 볼 것.

176(22-19)
헤엄 잘 치는 먼 나라 사람

노魯 목공穆公이 공자들을 혹은 진晉나라에 벼슬을 시키고 혹은 초楚나라에 벼슬을 시켰다.

이서犁鉏가 말하였다.

"월越나라에서 사람을 불러와 물에 빠진 아이를 구하려 한다면 월나라 사람이 아무리 헤엄을 잘 친다 해도 그 아이는 틀림없이 살려낼 수 없을 것입니다. 불이 났는데 바다에서 물을 끌어 온다면 바닷물이 아무리 많다 해도 불은 틀림없이 끌 수 없을 것입니다. 먼데 물은 가까운 불을 끌 수 없습니다. 지금 진나라와 초나라가 비록 강하다 해도 제齊나라가 가까이 있으니 이 노나라의 근심을 구해 줄 수는 없을 것입니다."

魯穆公使衆公子或宦於晉, 或宦於荊.

犁鉏曰:「假人於越而救溺子, 越人雖善遊, 子必不生矣. 失火而取水於海, 海水雖多, 火必不滅矣, 遠水不救近火也. 今晉與荊雖强, 而齊近, 魯患其不救乎!」

【魯穆公】 전국 초 魯나라 군주. 元公의 아들. 이름은 顯. 33년간 재위함. 子思(孔伋)를 등용하여 선정을 베풀었던 군주.

【宦】 우호의 표시로서 공자를 타국에 보내어 그곳에서 벼슬하도록 함.

【犁鉏】 齊나라 대부.《史記》齊世家에는 '犁鉏',〈內儲說下〉에는 '犁且'로 되어 있음.

【遠水不救近火】 고대 格言으로 보임.《賢文》,《明心寶鑑》 등에 "遠水不救近火, 遠親不如近隣"이라 함.

177(22-20)
엄수嚴遂와 한괴韓傀

엄수嚴遂가 주군周君과의 사이가 좋지 않아 주군은 그것이 걱정되었다.
풍저馮沮가 말하였다.

"엄수는 재상이지만 한괴韓傀가 군주에게 더 존중받고 있습니다. 한괴를
암살하느니만 못합니다. 그렇게 되면 그 임금은 틀림없이 엄씨의 짓이라
여길 것입니다."

嚴遂不善周君, 患之.

馮沮曰:「嚴遂相而韓傀貴於君. 不如行賊於韓傀, 則君
必以爲嚴氏也.」

【嚴遂】嚴仲子. 衛나라 濮陽 사람으로 韓나라에 벼슬하고 있었으며 韓傀와 원한
관계를 가지고 있었음.
【韓傀】'韓廆'. 자는 俠累. 哀侯의 숙부. 《戰國策》과 〈說林上〉에는 '韓傀'로 되어
있으며 같은 사람에 대한 표기가 일정치 않음. 戰國시대 韓나라 재상. 刺客 聶政
에게 살해당함.
【行賊】자객을 보내어 암살시킴.

178(22-21)
뇌물의 효능

장견張譴이 한韓나라 재상으로서 병들어 죽게 되자 공승무정公乘無正이란 자가 돈 삼십 금을 싸들고서 병문안을 갔다.

한 달 지나자 한왕韓王이 직접 장견에게 물었다.

"만약 그대가 죽고 나면 앞으로 누구를 자네 대신 재상으로 삼았으면 좋겠소?"

장견이 대답하였다.

"공승무정은 법을 존중하며 군주를 두려워합니다. 비록 그렇기는 하나 공자 식아食我가 백성의 신망을 얻고 있는 것만은 못합니다."

장견이 죽자 공승무정이 재상이 되었다.

張譴相韓, 病將死, 公乘無正懷三十金而問其疾.

居一月, 公自問張譴曰:「若子死, 將誰使代子?」

答曰:「無正重法而畏上, 雖然, 不如公子食我之得民也.」

張譴死, 因相公乘無正.

【張譴】韓나라 재상. 구체적으로는 알 수 없음.

【公乘無正】역시 구체적으로는 알 수 없음.

【食我】한나라 공자. 구체적 사적은 알려져 있지 않음.

【公自問】公은 韓王을 가리킴. 직접 자문을 구함.

【得民】백성의 신망을 얻음. 도리어 한왕에게 위협이 됨을 은근히 말한 것.

참고 및 관련 자료

1.《太平御覽》(810)을 볼 것.

179(22-22)
아들을 삶은 국을 먹은 악양樂羊

악양樂羊이 위魏나라 장수가 되어 중산中山을 칠 때 그의 아들이 중산에 있었다.

중산의 임금이 그 아들을 삶은 국을 악양에게 보내자 악양은 막사에 앉아 이를 마셔 한 잔을 모두 비웠다.

문후文侯가 도사찬堵師贊에게 말하였다.

"악양은 나 때문에 아들의 고기를 먹게 되었도다."

그러자 도사찬이 이렇게 대답하였다.

"그 아들까지 먹었으니 앞으로 누구인들 먹지 못하겠습니까?"

악양이 중산에서 돌아오자 문후는 그 공에 상을 내리면서도 그의 마음을 의심하였다.

맹손孟孫이 사냥을 나가서 사슴 새끼를 잡아 진서파秦西巴로 하여금 그것을 가지고 먼저 돌아가게 하였는데 그 어미 사슴이 따라오면서 우는 것이다.

진서파는 참지 못하고 그것을 어미에게 되돌려 주었다.

맹손이 돌아와서 사슴새끼를 찾았다.

진서파는 이렇게 대답하였다.

"제가 차마 볼 수 없어 그 새끼를 어미에게 돌려주었습니다."

맹손이 크게 노하여 그를 내쫓아버렸다.

그런데 삼 개월이 지나 맹손은 다시 그를 불러 아들의 선생님으로 삼았다.

시종이 말하였다.

"지난 번 그에게 죄를 주려 하시더니 지금은 다시 불러 아들의 선생님으로 삼으시니 어찌된 일입니까?"

맹손이 말하였다.

"무릇 사슴새끼에게도 차마 하지 못하는데 또한 앞으로 내 아들을 차마 할 수 있는 일이 있겠는가?"

그러므로 "간교한 거짓은 졸렬한 성실만 못하다"라 한 것이다.

악양은 공이 있었으므로 의심을 받았고, 진서파는 죄가 있었으므로 더욱 믿음을 얻었던 것이다.

樂羊爲魏將而攻中山, 其子在中山.

中山之君烹其子而遺之羹, 樂羊坐於幕下而啜之, 盡一杯.

文侯謂堵師贊曰:「樂羊以我故而食其子之肉.」

答曰:「其子而食之, 且誰不食?」

樂羊罷中山, 文侯賞其功而疑其心.

孟孫獵得麑, 使秦西巴持之歸, 其母隨之而啼.

秦西巴弗忍而與之.

孟孫適, 至而求麑.

答曰:「余弗忍而與其母.」

孟孫大怒, 逐之.

居三月, 復召以爲其子傅.

其御曰:「曩將罪之, 今召以爲子傅, 何也?」

孟孫曰:「夫不忍麑, 又且忍吾子乎?」

故曰:「巧詐不如拙誠.」
樂羊以有功見疑, 秦西巴以有罪益信.

【樂羊】전국 초 翟璜(翟黃)의 추천으로 魏 文侯의 장수가 되었던 인물. 樂毅의
선대. 中山을 멸하여 靈壽에 봉을 받음.
【中山】전국시대 지금의 河北 定縣을 중심으로 있었던 나라. 白狄이 세웠던
나라로 趙나라와 접경을 이루고 있었으며《戰國策》에 中山策이 있음.
【魏文侯】전국시대 魏나라의 영명한 군주. 武侯의 아버지. 卜子夏·段干木·田子方,
翟璜 등을 보필로 삼아 가장 먼저 개혁정책을 폈으며, 七雄 가운데 최초로 부국
강병을 꾀함. B.C.445~B.C.396년까지 50년간 재위함. 이름은 '斯'.《史記》에는
'都'로 되어 있음.
【堵師贊】魏 文侯의 신하.《戰國策》에는 '覩師贊'으로 되어 있음.《春秋後語》
에는 堵師는 複姓, 贊은 이름, 魏의 大夫라 하였음.
【罷】임무를 끝내고 돌아옴.《國語》吳語 韋昭 注에 "罷, 歸也"라 함.
【孟孫】魯의 대부 孟孫氏를 가리킴. 魯 桓公(慶父)의 자손을 모두 孟孫氏라
불렀음. 魯나라 三桓의 하나.
【秦西巴】孟孫의 家臣으로 이름이 巴임.
【傅】師傅. 선생님.

참고 및 관련 자료

1.《戰國策》魏策(1)
樂羊爲魏將而攻中山. 其子在中山, 中山之君烹其子而遺之羹, 樂羊坐於幕下
而啜之, 盡一盃. 文侯謂覩師贊曰:「樂羊以我之故, 食其子之肉」贊對曰:「其子
之肉尚食之, 其誰不食!」樂羊旣罷中山, 文侯賞其功而疑其心.

2.《戰國策》中山策
樂羊爲魏將, 攻中山. 其子時在中山, 中山君烹之, 作羹致於樂羊. 樂羊食之. 古今
稱之(曰):「樂羊食子以自信, (信)名害父以求法.」

3.《說苑》貴德篇
樂羊爲魏將, 以攻中山, 其子在中山, 中山懸其子示樂羊, 樂羊不爲衰志, 攻之

愈急, 中山因烹其子而遺之, 樂羊食之盡一杯, 中山見其誠也, 不忍與其戰, 果下之, 遂爲文侯開地, 文侯賞其功而疑其心. 孟孫獵得麑, 使秦西巴持歸, 其母隨而鳴, 秦西巴不忍, 縱而與之, 孟孫怒而逐秦西巴, 居一年召以爲太子傅, 左右曰:「夫秦西巴有罪於君, 今以爲太子傅, 何也?」孟孫曰:「夫以一麑而不忍, 又將能忍吾子乎?」故曰:『巧詐不如拙誠』, 樂羊以有功而見疑, 秦西巴以有罪而益信; 由仁與不仁也.

4.《淮南子》人間訓

有功者, 人臣之所務也; 有罪者, 人臣之所辟也. 或有功而見疑, 或有罪而益信, 何也? 則有功者離恩義, 有罪者不敢失仁心也. 魏將樂羊攻中山. 其子執在城中, 城中懸其子以示樂羊. 樂羊曰:「君臣之義, 不得以子爲私」攻之愈急. 中山因烹其子而遺之鼎羹與其首, 樂羊循而泣之曰:「是吾子」已爲使者跪而啜三杯. 使者歸報中山曰:「是伏約死節者也, 不可忍也」遂降之, 爲魏文侯大開地有功. 自此之後, 日以不信, 此所謂有功而見疑者也. 何謂有罪而益信? 孟孫獵得麑, 使秦西巴持歸烹之. 麑母隨之而啼, 秦西巴弗忍, 縱而予之. 孟孫歸, 求麑安在? 秦西巴對曰:「其母隨而啼, 臣誠弗忍, 竊縱而予之」孟孫怒, 逐秦西巴. 居一年, 取以爲子傅. 左右曰:「秦西巴有罪於君, 今以爲子傅何也?」孟孫曰:「夫一麑而不忍, 又何況於人乎?」此謂有罪而益信者也.

5.《藝文類聚》(73)

《韓子》曰: 樂羊爲魏文侯攻中山, 其子在中山. 中山之君, 烹其子而遺之. 樂羊坐於幕下而饗之, 盡一杯.

6. 기타《太平御覽》(645),《初學記》(17),《群書治要》등을 볼 것.

180(22-23)
칼에 대한 감정

증종자曾從子는 칼에 대한 감정을 잘 하는 사람이었다.

위군衛君이 마침 오왕吳王에게 원한을 품고 있었다. 증종자가 말하였다.

"오왕은 칼을 좋아합니다. 저는 칼을 감정하는 사람입니다. 제가 오왕을 위해 칼을 감정해 주면서 그 칼을 뽑아 보이며 그 틈을 타 임금을 위해 찔러 죽이겠습니다."

위군이 말하였다.

"자네가 그렇게 하는 것은 옳은 도리에 따라 하는 것이 아니라 이익을 얻기 위한 것이다. 오나라는 강하면서도 부유하며 우리 위나라는 약하고 가난하다. 그대가 만약 그곳에 간다면 나는 그대가 오왕을 위해 나에게 그러한 방법을 쓸 것임이 두렵다."

그리고는 그를 쫓아버렸다.

曾從子, 善相劍者也.

衛君怨吳王, 曾從子曰:「吳王好劍, 臣相劍者也. 臣請 爲吳王相劍, 拔而示之, 因爲君刺之.」

衛君曰:「子爲之是也, 非緣義也, 爲利也. 吳强而富, 衛弱而貧. 子必往, 吾恐子爲吳王用之於我也.」

乃逐之.

【曾從子】인명. 구체적으로는 알 수 없음.

【相劍】칼에 대한 감정.

【衛君怨吳王】衛君은 衛나라 出公(輒), 吳王은 夫差를 가리킴.《左傳》哀公 12년
傳을 볼 것.

【非緣義】義는 正義. 君臣之義. 군신 사이라는 의리에 따라 하는 행동이 아님.

【子必往】'必'은 '如'자와 같음.

참고 및 관련 자료

1.《左傳》哀公 12年 傳

吳徵會于衛. 初, 衛人殺吳行人且姚而懼, 謀於行人子羽. 子羽曰:「吳方無道,
無乃辱吾君? 不如止也.」子木曰:「吳方無道, 國無道, 必棄疾於人. 吳雖無道,
猶足以患衛. 往也! 長木之斃, 無不摽也; 國狗之瘈, 無不噬也, 而況大國乎!」
秋, 衛侯會吳于鄖. 公及衛侯·宋皇瑗盟, 而卒辭吳盟. 吳人藩衛侯之舍. 子服
景伯謂子貢曰:「夫諸侯之會, 事旣畢矣, 侯伯致禮, 地主歸餼, 以相辭也. 今吳
不行禮於衛, 而藩其君舍以難之, 子盍見大宰?」乃請束錦以行. 語及衛故, 大宰
嚭曰:「寡君願事衛君, 衛君之來也緩, 寡君懼, 故將止之」子貢曰:「衛君之來,
必謀於其衆, 其衆或欲或否, 是以緩來. 其欲來者, 子之黨也; 其不欲來者, 子之
讎也. 若執衛君, 是墮黨而崇讎也, 夫墮子者得其志矣. 且合諸侯而執衛君, 誰敢
不懼? 墮黨·崇讎, 而懼諸侯, 或者難以霸乎!」大宰嚭說, 乃舍衛侯. 衛侯歸,
效夷言. 子之尚幼, 曰:「君必不免, 其死於夷乎! 執焉而又說其言, 從之固矣.」

181(22-24)
상아 젓가락

주約가 상아로 젓가락을 만들자 기자箕子가 불안에 떨면서 상아 젓가락이라면 틀림없이 질그릇에 국을 담아 먹지 못할 것이므로 반드시 서각犀角이나 옥으로 잔을 만들어 쓸 것이며, 옥배와 상아 젓가락으로는 틀림없이 거친 숙곽菽藿 따위의 음식은 담아먹지 않을 것이요 틀림없이 모우旄牛, 코끼리, 표범의 태胎를 먹자고 할 것이며, 모우나 코끼리, 표범의 태로 즐기게 되면 틀림없이 단갈短褐을 입고 모자茅茨의 집에서는 살려 들지 않고 틀림없이 비단옷을 아홉 겹으로 입고 고대광실에 살겠다고 할 것이다.

여기에 걸맞은 것들을 구한다면 천하가 모자랄 것이다.

성인은 미세한 것을 보고 그 싹을 알며 실마리를 보고 그 끝을 안다.

그러므로 상아 젓가락을 보고 불안에 떨면서 천하로도 모자랄 것임을 알게 된 것이다.

紂爲象箸而箕子怖, 以爲象箸必不盛羹於土鉶, 則必犀玉之杯; 玉杯象箸必不盛菽藿, 則必旄象豹胎; 旄象豹胎必不衣短褐而舍茅茨之下, 則必錦衣九重, 高臺廣室也.

稱此以求, 則天下不足矣.

聖人見微以知萌, 見端以知末.

故見象箸而怖, 知天下不足也.

【紂】殷의 末王. 폭군으로 널리 알려짐. 帝辛, 商辛으로도 부르며 帝乙의 아들.
妲己에게 빠져 ‘炮烙之刑’과 ‘酒池肉林’ 따위의 악한 고사를 가지고 있으며
周 文王(姬昌)을 羑里(牖里)에 가두는 등 周나라와 맞서다가 武王(姬發)에게 망함.

【箕子】殷(商)나라 帝乙의 아들이며 紂王의 叔父, 혹 庶兄이라고도 함. 箕는 땅
이름. 子는 작위. 이름은 胥余. 紂가 무도한 짓을 하자 이를 極諫함.《論語》
微子篇에 “微子去之, 箕子爲之奴, 比干諫而死. 孔子曰:「殷有三仁焉.」”이라 함.

【土鉶】‘鉶’은 목이 긴 병. 국을 담는 질그릇. 검소한 생활을 상징함. 건도본에는
‘土篡’로 되어 있음.

【犀玉之杯】犀角이나 옥으로 잔을 만들어 사치를 부림.

【菽藿】콩잎을 넣어 끓인 하찮은 음식.

【旄象豹胎】‘旄’는 旄牛. 犛牛. 중국 서남방에서 나는 야크. 털이 긴 소. 코끼리와
표범의 태 속에 그대로 태어나지 않은 어린 새끼. 珍奇한 맛을 찾게 됨을 뜻함.

【短褐】소매 등을 짧게 하여 입는 굵은 베옷. 검소한 차림을 뜻함.

【茅茨之下】띠 풀로 지붕을 이은 집.

【錦衣九重】비단옷을 여러 겹 입음. 사치스러움을 상징함.

참고 및 관련 자료

1.《藝文類聚》(73)

《韓子》曰: 紂爲象著而箕子怖. 以爲象著必不加於土形, 必將犀玉之杯, 象著
玉杯, 必不羹菽藿, 則必薦豹胎.

2. 기타 《太平御覽》(759, 760) 및 《韓非子》(喩老篇)를 볼 것.

182(22-25)
큰 나라에게 겁을

　주공周公 단旦이 이윽고 은殷을 이기고 나서 앞으로 상개商蓋를 치고자 하였다.

　신공갑辛公甲이 말하였다.

　"큰 나라는 치기가 어렵고 작은 나라는 굴복시키기가 쉽습니다. 많은 작은 나라를 굴복시켜 큰 나라에게 겁을 주느니만 못합니다."

　이에 구이九夷를 쳐서 상개를 굴복시켰다.

　周公旦已勝殷, 將攻商蓋.

　辛公甲曰:「大難攻, 小易服. 不如服衆小以劫大.」乃攻
九夷而商蓋服矣.

【周公】姬旦. 周 文王(姬昌)의 아들이며 武王(姬發)의 아우. 武王을 도와 商(殷)의
紂를 멸하였으며 周나라 文物制度를 완비함. 조카 成王(姬誦)이 어려 즉위하자
7년간 섭정함. 管叔과 蔡叔이 武庚을 부추겨 난을 일으키자 東征하여 진압하고
洛陽을 成周로 건설하기도 함. 魯나라 曲阜를 봉지로 받아 魯나라 시조가 됨.
儒家에서 聖人으로 높이 받듦.《史記》魯周公世家 참조.

【商蓋】商奄이라고도 하며 商族의 유민이 남아 있던 동쪽 근거지로 지금의 山東 曲阜. 고대 奄國이 있었으며 이들은 商(殷)을 신봉하던 나라였음.《史記》 周本紀 索隱에《括地志》를 인용하여 "兗州曲阜縣奄里, 卽奄國之地"라 함.

【辛公甲】辛甲. 周 武王의 太史.《史記》周本紀 集解에 劉向《別錄》을 인용하여 "辛甲, 古殷之臣, 事紂, 蓋七十五諫, 而不聽. 去至周. 召公與語, 賢之, 告文王. 文王親自迎之, 以爲公卿, 封長子"라 함.《國語》晉語에는 '辛尹'으로 되어 있음. 처음에는 紂를 섬겼으나 紂가 무도함을 뉘우치지 않자 周나라로 망명함.《竹書 紀年》에 "帝辛三十九年, 大夫辛甲出奔周"라 하였으며, 淸代 馬國翰의 輯佚本이 있음.《漢書》藝文志에《辛甲》29편의 注에 "周臣, 七十五諫而去, 周封之"라 하였으며《左傳》襄公 4년 傳을 볼 것.

【九夷】동쪽 지역에 있던 이민족.《論語》子罕篇에 "子欲居九夷. 或曰:「陋, 如之何?」子曰:「君子居之, 何陋之有?」"라 하였고,《後漢書》東夷傳에「夷有 九種: 曰畎夷·于夷·方夷·黃夷·白夷·赤夷·玄夷·風夷·陽夷. 故孔子欲居九 夷也」라 함.

참고 및 관련 자료

1.《左傳》襄公 4年 傳

昔周辛甲之爲大史也, 命百官, 官箴王闕. 於虞人之箴曰:『芒芒禹迹, 畫爲九州, 經啓九道. 民有寢·廟, 獸有茂草; 各有攸處, 德用不擾. 在帝夷羿, 冒于原獸, 忘其國恤, 而思其麀牡. 武不可重, 用不恢于夏家. 獸臣司原, 敢告僕夫.』虞箴 如是, 可不懲乎?

183(22-26)
날짜를 잊으면

주紂가 낮을 밤처럼 꾸며 술을 마시면서 그 즐거움에 날짜까지 잊어 좌우에게 물어보았으나 아무도 아는 자가 없었다.

이에 사람을 시켜 기자箕子에게 물어 보도록 하였다.

기자가 그 무리들에게 이렇게 말하였다.

"천하의 주인 되어 온 나라가 모두 날짜를 잊으면 천하가 위태롭게 되고 만다. 온 나라 사람 모두 모르는데 나만 혼자 그것을 알고 있다면 내가 위험하게 된다."

그리고는 자신도 취해서 알지 못한다고 변명하였다.

紂爲長夜之飮, 懼以失日, 問其左右, 盡不知也.

乃使人問箕子.

箕子謂其徒曰:「爲天下主而一國皆失日, 天下其危矣. 一國皆不知而我獨知之, 吾其危矣.」

辭以醉而不知.

【紂】殷의 末王. 폭군으로 널리 알려짐. 帝辛, 商辛으로도 부르며 帝乙의 아들.
妲己에게 빠져 '炮烙之刑'과 '酒池肉林' 등의 악한 고사를 가지고 있으며
周 文王(姬昌)을 羑里(牖里)에 가두는 등 周나라와 맞서다가 武王(姬發)에게 망함.

【長夜之飮】술자리 분위기를 위해 창을 닫고 촛불을 켜 긴 밤처럼 하고 연이어
주연을 벌임. 《論衡》語增篇을 볼 것.

【懽以失日】환락에 빠져들어 날짜 가는 줄을 모름. '懽'은 원본에는 '懼'로 되어
있으나 '懽'자의 오류로 봄. 顧廣圻는 "懼, 當作懽"이라 하였으며 '懽'은 '歡'과
같음. '失日'은 날짜를 알지 못함. 《論衡》에는 "亡其甲子"라 함.

【箕子】殷(商)나라 帝乙의 아들이며 紂王의 叔父, 혹 庶兄이라고도 함. 箕는 땅
이름. 子는 작위. 이름은 胥余. 紂가 무도한 짓을 하자 이를 極諫함. 《論語》
微子篇에 "微子去之, 箕子爲之奴, 比干諫而死. 孔子曰:「殷有三仁焉.」"이라 함.

【辭】설명함. 변명의 말을 함. 그러나 일부 판본에는 끝 구절도 箕子의 말로
풀이한 것도 있음.

참고 및 관련 자료

1. 《論衡》語增篇

紂爲長夜之飮, 糟丘酒池, 沉湎於酒, 不舍晝夜, 是必以病. 病則不甘飮食, 不甘
飮食, 則肥腴不得至尺. 經曰:「惟湛樂是從, 時亦罔有克壽.」…… 傳語曰:
「紂沉湎於酒, 以糟爲丘, 以酒爲池, 牛飮者三千人, 爲長夜之飮, 亡其甲子」夫紂
雖嗜酒, 亦欲以爲樂. 令酒池在中庭乎? 則不當言爲長夜之飮. 坐在深室之中,
閉窗擧燭, 故曰長夜. 令坐於室乎? 每當飮者, 起之中庭, 乃復還坐, 則是煩苦
相踏藉, 不能甚樂. 令池在深室之中, 則三千人宜臨池坐. 前俛飮池酒, [後]仰
食肴膳, 倡樂在前, 乃爲樂耳. 如審臨池而坐, 則前飮害於肴膳, 倡樂之作, 不
得在前.

2. 기타 《太平御覽》(497)을 볼 것.

184(22-27)
신을 잘 삼는 노나라 사람

노魯나라 사람 자신은 신을 잘 삼았고, 아내는 흰 비단을 잘 짜서 월越나라로 이사를 가서 살고자 하였다.

어떤 이가 일러주었다.

"그대는 틀림없이 궁해질 것이오."

그 노나라 사람이 물었다.

"어찌 그렇소?"

그가 대답하였다.

"신은 발에 신기 위한 것인데 월나라 사람들은 맨발로 다니지요. 그리고 흰 비단은 관을 만들기 위한 것인데 월나라 사람들은 머리를 풀어헤치고 산답니다. 그대의 뛰어난 재주가 아무런 소용이 없는 나라로 간다하니 궁하지 않게 해 주고자 한들 그렇게 되겠소?"

魯人身善織屨, 妻善織縞, 而欲徙於越.

或謂之曰:「子必窮矣.」

魯人曰:「何也?」

曰:「屨爲履之也, 而越人跣行; 縞爲冠之也, 而越人被髮. 以子之所長, 遊於不用之國, 欲使無窮, 其可得乎?」

【屨】 신. 鞋, 履와 같음.

【縞】 흰 비단. 生絹.《禮記》王制篇 正義에 "生絹曰縞"라 함.

【跣行】 맨발로 다님. 신을 신지 않음.

【被髮】 '披髮'과 같음. 머리카락을 묶지 않고 풀어헤침. 冠을 쓰지 않음.

185(22-28)
버드나무가 아무리 잘 살아난다 해도

진진陳軫이 위왕魏王에게 존중받자 혜자惠子가 말하였다.

"반드시 왕의 측근들에게 잘 하시오. 무릇 버들이란 옆으로 눕혀 심어도 살아나고 거꾸로 심어도 살아나며 꺾어 심어도 또한 살아나지요. 그러나 만약 열 사람이 심고 한 사람이 그것을 뽑는다면 살아날 버들이 없을 것이오. 열 사람이나 되는 많은 사람이 살기 쉬운 것을 심었건만 한 사람을 이겨 내지 못하는 까닭은 무엇이겠소? 심기는 어려워도 뽑기는 쉽기 때문이다. 그대는 비록 자신을 왕에게 심는 일에 뛰어나다 해도 그대를 뽑아 버리려는 자가 많다면 그대는 틀림없이 위험해질 것이오."

陳軫貴於魏王, 惠子曰:「必善事左右. 夫楊, 橫樹之卽生, 倒樹之卽生, 折而樹之又生. 然使十人樹之而一人拔之, 則毋生楊矣. 至以十人之衆, 樹易生之物, 而不勝一人者, 何也? 樹之難而去之易也. 子雖工自樹於王, 而欲去子者衆, 子必危矣.」

【陳軫】전국시대 縱橫家. 遊說에 뛰어났던 인물. 처음 秦나라에 벼슬하였으나 뒤에 楚나라로 가서 六國 合從說을 주장하여 성공을 거둠. 그러나 《戰國策》에는 본 고사의 주인공이 '田需'로 되어 있음.

【魏王】魏 惠王. 梁 惠王. 魏 武侯의 아들로 이름은 罃. B.C.369~B.C.319년 재위함. 《孟子》 첫머리의 梁 惠王. 魏나라는 惠王 때 安邑(지금의 山西 夏縣)에서 大梁 (지금의 河南 開封)으로 천도하여 그 때문에 뒤에 나라 이름을 '梁'으로도 부름.

【惠子】惠施. 전국시대 名家의 하나. 莊子와 같은 시대이며 魏 惠王의 재상을 지내기도 하였음.《莊子》天下篇에 惠施가 주장한 '歷物之意十條'라 실려 있음.

참고 및 관련 자료

1.《戰國策》魏策(2)

田需貴於魏王, 惠子曰:「子必善左右. 今夫楊, 橫樹之則生, 倒樹之則生, 折而樹之又生. 然使十人樹楊, 一人拔之, 則無生楊矣. 故以十人之衆, 樹易生之物, 然而不勝一人者, 何也? 樹之難而去之易也. 今子雖自樹於王, 而欲去子者衆, 則子必危矣.」

2.《藝文類聚》(89)

《戰國策》曰: 夫楊橫樹之則生, 倒樹之亦生, 折而樹之又生. 然十人拊之, 一人拔之, 則無楊矣. 且以十人衆拊易生之初, 然而不勝一人者何也? 拊之難而去之易故也.

186(22-29)
죽고 난 다음의 단계

노魯나라 계손씨季孫氏가 그 임금을 시해할 무렵 오기吳起가 그곳에서
벼슬을 하고 있었다.

어떤 사람이 오기에게 말하였다.

"무릇 죽은 자는 막 죽었을 때는 피가 흐르지만 이미 피가 흐르고 나면
몸이 오그라들고 이미 오그라들고 나면 재로 변하며 재가 되고난 다음
에는 흙이 되지요. 흙으로 변하고 나면 더 이상 어찌할 수가 없답니다."

오기는 이에 노나라를 떠나 진晉나라로 갔다.

魯季孫新弑其君, 吳起仕焉.

或謂起曰:「夫死者, 始死而血, 已血而衂, 已衂而灰,
已灰而土. 及其土也, 無可爲者矣. 今季孫乃始血, 其毋
乃未可知也.」

吳起因去之晉.

【季孫】춘추시대 魯 桓公의 庶子 중에 慶父의 후손은 孟孫氏, 叔牙의 자손은
叔孫氏, 季友의 자손은 季孫氏라 불렀으며 이들은 魯나라 三桓으로 권력을
쥐고 횡행하였음. 그중 季孫氏가 魯 悼公을 시해함.

【君】魯 悼公을 가리킴. 이름은 寧. B.C.468~B.C.431년 재위함.

【吳起】孫子(孫臏)와 더불어 대표적인 병법가. 戰國時代 衛나라 左氏(지금의 山東 曹縣) 출신으로 용병과 병법에 뛰어나 처음 魯나라 장수를 거쳐 魏 文侯의 장수가 되어 中山을 정벌하고 秦나라 5개성을 점령하여 西河太守가 되기도 함. 그러나 武侯가 즉위하여 미움을 받자 楚나라로 도망, 楚 悼王을 도와 개혁 정책을 실현하고 令尹에 오름. 그러나 悼王이 죽고 宗室의 亂에 枝解(支解)의 형을 당하여 생을 마침. 병법서《吳子》6편을 남김.《史記》吳起列傳 참조.

【䏐】'胏'의 俗字. '肺'의 假借字. 몸이 오그라드는 것.《廣雅》釋言에 "䏐, 縮也"라 하였고, 王先愼은 "此言人血盡則皮肉皆縮"이라 함.

【晉】전국시대 晉나라는 없음. 따라서 三晉의 하나였던 魏나라로 간 것임.

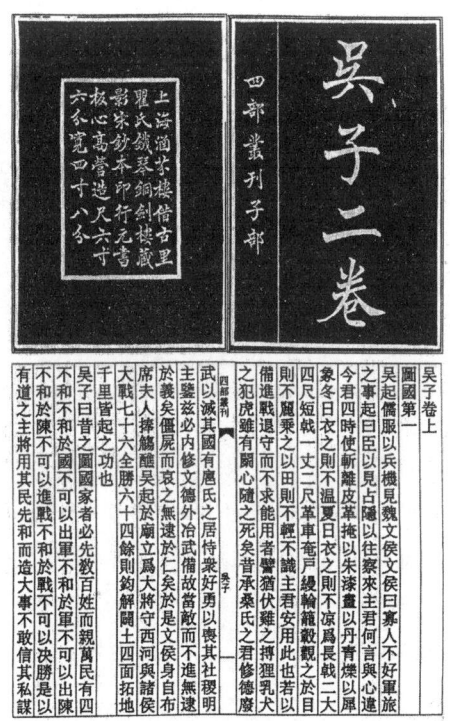

《吳子》四部叢刊本

187(22-30)
습사미隰斯彌의 예견

습사미隰斯彌가 전성자田成子를 뵙자 전성자가 그와 함께 망대에 올라 사방을 조망하였다.

삼면이 모두 트여 있는데 남쪽을 바라보았더니 습사미의 집 나무가 시야를 가리는 것이었다.

전성자는 역시 아무 말도 하지 않았다.

습사미는 집에 돌아와 사람을 시켜 나무를 베도록 하였다.

도끼로 찍어 나무 여러 군데 상처를 냈을 때 습사미가 그것을 멈추게 하는 것이었다.

상실相室이 말하였다.

"어찌 그리 마음이 빨리 바뀝니까?"

습사미가 말하였다.

"옛날 속담에 '연못 속의 물고기를 아는 자는 상서롭지 못하다'라 하였다. 무릇 전성자가 앞으로 큰일을 일으키려 하고 있는데 내가 그 기미를 알아차린 것을 보인다면 나는 틀림없이 위태롭게 될 것이다. 나무는 베지 않아도 아직 죄가 되지는 않을 것이다. 그러나 남이 말하지 않았는데도 알아차린다면 그 죄가 클 것이다."

이에 나무를 베지 않았다.

隰斯彌見田成子, 田成子與登臺四望.

三面皆暢, 南望, 隰子家之樹蔽之.

田成子亦不言.

隰子歸, 使人伐之.

斧離數創, 隰子止之.

其相室曰:「何變之數也?」

隰子曰:「古者有諺曰:『知淵中之魚者不祥.』夫田子將有大事, 而我示之知微, 我必危矣. 不伐樹, 未有罪也; 知人之所不言, 其罪大矣.」

乃不伐也.

【隰斯彌】齊나라 대부. 隰朋의 후손.

【田成子】田恆. 田恒. '恆'은 '恒'의 異體字. 田常, 陳恒, 陳成子, 田成子 등으로 널리 불림. 시호는 成. 簡公을 유폐시켜 시살한 인물. '陳恆'으로도 표기하며 '恆'은 '恒'의 異體字. 원래 그의 선조 陳完(田完, 敬仲)은 陳나라 출신으로 齊 나라에 옮겨와 정착하여 田氏로 성을 바꾸었으며 차츰 세력을 키워 卿에 오른 다음, 그 후손이 뒤에 姜氏(姜太公의 후손)의 齊나라를 차지하여 戰國 시대 田氏齊를 세움. 《史記》田敬仲完世家 참조.

【斧離數創】《儀禮》士冠禮 注에 "離, 割也"라 함. '裂'과 雙聲互訓. '創'은 '創傷'. 나무를 베고자 도끼질을 하여 나무가 상처를 입음.

【相室】원래 두 가지 뜻이 있음. 제후국의 집정 재상. 춘추시대 三晉은 자신들 집안일을 관리하던 우두머리를 相室이라 불렀으며 전국시대 諸侯國이 되고 서도 그대로 명칭을 씀. 두 번째는 일반 大夫들 집안의 관리인 우두머리를 일컫는 말로 계속 쓰임.

【知淵中之魚者不祥】너무 깊이 아는 것은 재앙을 불러옴. 《列子》說符篇을 볼 것.

【變之數】'數'은 '速'과 같음. 역시 雙聲互訓. 《集韻》에 "數, 速也"라 함.

【微】숨겨져 있어서 알아내기 어려운 것을 말함.

1. 《列子》說符篇

文子曰:「周諺有言:『察見淵魚者不祥, 智料隱匿者有殃.』且君欲無盜, 莫若
擧賢而任之; 使敎明於上, 化行於下, 民有恥心, 則何盜之爲?」

188(22-31)
잘 생긴 여자와 못생긴 여자

양자楊子가 송宋 땅을 지나가다 동쪽에 있는 여인숙에 들렀더니 첩이 두 사람 있었는데 못생긴 사람이 높고 미모가 뛰어난 사람이 낮은 직급이었다.

양자가 그 까닭을 물었더니 여인숙 주인이 대답하였다.

"미모가 뛰어난 자는 스스로 아름답다고 생각하지만 나는 아름다운 줄을 모르겠고, 못생긴 자는 스스로 못생겼다고 여기지만 나는 못생긴 줄을 모르겠습니다."

양자가 제자들에게 이렇게 말하였다.

"훌륭한 행동을 하면서도 스스로 훌륭하다고 자랑하는 마음을 버린다면 어디를 가더라도 아름답다 여김을 받지 않겠는가?"

楊子過於宋東之逆旅, 有妾二人, 其惡者貴, 美者賤.

楊子問其故, 逆旅之父答曰:「美者自美. 吾不知其美也; 惡者自惡. 吾不知其惡也.」

楊子謂弟子曰:「行賢而去自賢之心. 焉往而不美?」

【楊子】楊朱. 자는 子居. 道家의 한 사람으로 爲我派(貴生重己)의 대표적인 인물. 춘추시대 衛나라 사람.《莊子》山木篇에는 '陽子'로 되어 있음.《列子》와 《莊子》에 그의 학설에 대한 기록이 들어 있음.《列子》에 楊朱篇이 있음. 孟子는 墨翟과 함께 楊朱 두 사람을 매우 심하게 비판하였음.

【逆旅之父】여인숙의 주인. '父'는 '甫'와 같으며 남자에 대한 칭호.

참고 및 관련 자료

1.《列子》黃帝篇

楊朱過宋, 東之於逆旅. 逆旅人有妾二人, 其一人美, 其一人惡; 惡者貴而美者賤. 楊子問其故. 逆旅小子對曰:「其美者自美, 吾不知其美也; 其惡者自惡, 吾不知其惡也」 楊子曰:「弟子記之! 行賢而去自賢之行, 安往而不愛哉?」

2.《莊子》山木篇

陽子之宋, 宿於逆旅. 逆旅人有妾二人, 其一人美, 其一人惡, 惡者貴而美者賤. 陽子問其故, 逆旅小子對曰:「其美者自美, 吾不知其美也; 其惡者自惡, 吾不知其惡也」 陽子曰:「弟子記之! 行賢而去自賢之心, 安往而不愛哉!」

189(22-32)
딸을 시집보내면서

위衛나라 사람이 딸을 시집보내면서 이렇게 가르쳤다.

"반드시 남모르게 재물을 모아라. 남의 며느리가 되었다가 쫓겨나는 일은 흔히 있는 일일 뿐 그대로 그 집에 살 수 있는 경우란 요행일 뿐이란다."

딸이 이에 사사롭게 재물을 모았더니 그 시어머니가 사사로운 것이 많다고 여겨 내쫓아버렸다.

그의 딸이 가지고 돌아온 것은 시집갈 때 가지고 간 것의 갑절이나 되었다.

아버지는 딸을 잘못 가르친 데 대해서는 죄를 느끼지 않고 더욱 부유해진 것을 자신의 지혜라고 여겼다.

지금 남의 신하가 되어 관직에 있는 자는 모두가 이와 같은 유의 사람들이다.

衛人嫁其子而教之曰:「必私積聚. 爲人婦而出, 常也; 其成居, 幸也.」

其子因私積聚, 其姑以爲多私而出之.

其子所以反者倍其所以嫁.

其父不自罪於敎子非也, 而自知其益富.
令人臣之處官者, 皆是類也.

【子】 고대에는 딸도 '子'라 하였음.
【成居】 '成'은 '終'과 같음.《尙書》益稷의 鄭玄 注에 "成, 猶終也"라 함.
【知】 顧廣圻는 "知, 讀爲智"라 함. '지혜롭다'의 뜻.
【是類】 王先愼 〈集解〉에 "人主令臣聚斂附益, 傷損國體, 與敎其嫁子無異也"라 함.

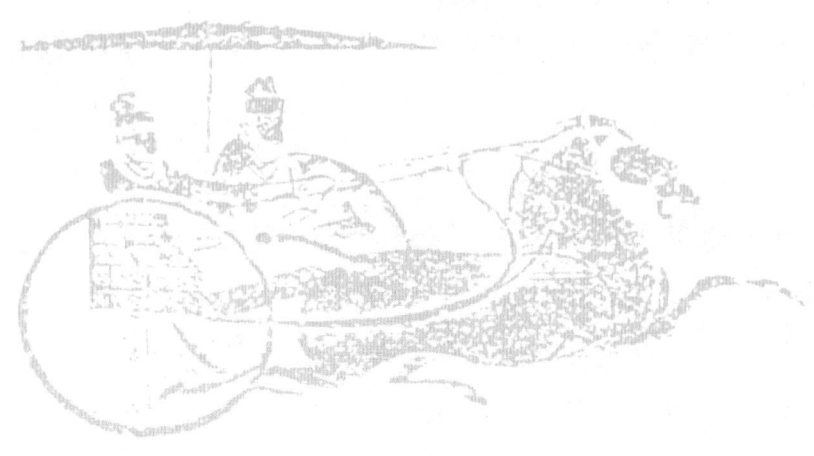

190(22-33)
측근에게 돈을 뿌렸더니

　노단魯丹은 세 번이나 중산中山의 임금에게 의견을 말하였으나 받아
들여지지 않자 돈 오십 금을 뿌려 그 좌우들을 섬겼다.

　그리고 다시 임금을 만났더니 말도 꺼내기 전에 임금이 그에게 식사
대접을 하였다.

　노단은 물러나와 숙소로 돌아가지 않고 드디어 중산을 떠나버렸다.

　그 시종이 물었다.

　"다시 만나 뵈어 이윽고 우리를 잘 대해 주었는데 어찌 떠나십니까?"

　노단이 말하였다.

　"저런 임금은 남의 말을 듣고서야 우리를 잘 대해 주고 있으니 틀림없이
남의 말을 듣고 우리에게 죄도 씌울 수 있다."

　아직 국경을 벗어나기도 전에 공자公子가 그를 이렇게 악담하였다.

　"조趙나라를 위해 우리 중산에 첩자로 온 것입니다."

　중산의 임금은 그를 찾아내 죄를 내렸다.

魯丹三說中山之君而不受也, 因散五十金事其左右.

復見, 未語, 而君與之食.

魯丹出, 不反舍, 遂去中山.

其御曰:「及見, 乃始善我. 何故去之?」

魯丹曰:「夫以人言善我, 必以人言罪我.」

未出境, 而公子惡之曰:「爲趙來間中山.」

君因索而罪之.

【魯丹】인명. 구체적 사적은 알 수 없음.

【三說】세 번씩이나 자기 의견을 진술함. '說'는 '세'로 읽음.

【中山】전국시대 지금의 河北 定縣을 중심으로 있었던 나라. 白狄이 세웠던 나라로 趙나라와 접경을 이루고 있었으며《戰國策》에 中山策이 있음.

【夫】發語詞가 아니며 인칭대명사. '彼'와 같음.

【惡之】惡談을 함. 헐뜯어 비방함.

참고 및 관련 자료

1.《意林》(1)

以人言善我者, 必以人言罪我也.

2. 기타《太平御覽》(810)을 볼 것.

191(22-34)
선비를 좋아하여

전백정田伯鼎은 사士를 좋아하여 그 군주를 살아남게 하였으며, 백공白公은 사를 좋아하여 초楚나라를 혼란 속에 빠뜨렸다.

사를 좋아한 사실은 똑같으나 사를 좋아한 이유는 다르다.

공손우公孫友는 스스로 월형刖刑을 당하여 백리해百里奚를 높여 주었으며 수조豎刁는 스스로 궁형宮刑을 받고 환공桓公에게 아첨하였다.

스스로 형을 받은 것은 같으나 스스로 처형을 받은 이유는 다르다.

혜자慧子가 말하였다.

"미친 자가 동쪽으로 달리면 그를 쫓는 자도 역시 동쪽으로 달린다. 그들이 동쪽으로 달리는 것은 똑같지만 동쪽으로 달려가서 이유는 다르다. 그러므로 '같은 일을 하는 사람일지라도 자세히 살펴보지 않을 수 없다'라고 말하는 것이다."

田伯鼎好士而存其君, 白公好士而亂荊.

其好士則同, 其所以爲則異.

公孫友自刖而尊百里, 豎刁自宮而諂桓公.

其自刑則同, 其所以自刑之爲則異.

慧子曰:「狂者東走, 逐者亦東走. 其東走則同, 其所以東走之爲則異. 故曰:『同事之人, 不可不審察也.』」

【田伯鼎】 인명. 구체적으로 어떤 일로 임금을 살려냈는지 알 수 없음.

【好士】 지식이나 재주 있는 인사를 선호함. 士는 卿, 大夫의 아래 신분이며 흔히 食客이 되어 의로운 일을 감행하는 부류를 뜻함.

【白公】 白公 勝. 勝은 이름. 춘추시대 楚 平王의 建의 아들. 伍子胥가 망명할 때 그를 데리고 鄭나라로 달아나자 鄭나라는 楚나라의 보복이 두려워 建을 죽여 버렸음. 伍子胥는 建의 아들 勝을 데리고 吳나라로 도망, 결국 오자서는 吳나라 군사를 이끌고 楚나라를 공격하여 수도 郢까지 들어갔음. 이렇게 되자 楚나라 令尹 子西는 勝을 불러들여 巢大夫로 삼고 號를 白公이라 칭해주었음. 백공은 子西에게 청하여 鄭나라를 쳐서 아버지의 원수를 갚자고 하였지만 자서는 대답만 해놓고 실행치 않다가 도리어 晉나라를 쳐서 鄭나라를 구해 주었음. 백공은 이에 子西를 죽여 버렸으며 이렇게 일이 벌어지자 平王의 손자 惠王은 달아나고 백공이 즉위하여 왕이 되었음. 이에 葉公(沈諸梁)이 백공을 죽이고 惠王을 복위시켰음.

【公孫友】 公孫支(公孫枝)의 誤記. 춘추시대 秦 穆公을 섬긴 대부. 百里奚에게 上卿의 자리를 양보했음. 盧文弨는 "友, 當作支"라 하였고, 王先愼은 "盧說是,《左傳》作枝, 枝·支同字"라 함. 자는 子桑. 秦나라 대부. 스스로 刖刑을 택한 고사는 알 수 없으며 百里奚의 어짊을 알고 스스로 次卿이 되어 그를 보좌함.《설원》臣術篇 및《左傳》僖公 9年을 볼 것.

【百里】 百里奚를 가리킴. 百里徯로도 표기하며 百里는 성. 五羔(五羖)大夫라 불림. 처음에는 虞公을 섬겼으나 7년 동안 그 정치가 그른 것을 보고 낙담하다가 晉이 虞를 쳐 포로가 되어 秦으로 가는 길에 달아나 楚나라로 가서 목동이 되었음. 秦 穆公에게 발탁되어 그를 패자로 만들었음. 穆公이 그를 楚나라에서 다섯 마리 검은 양가죽 값으로 샀기 때문에 '五羖大夫'라 부름.《史記》秦本紀에 그의 일화가 실려 있음.

〈百里奚牧牛圖〉

【齊桓公】 春秋五霸의 첫 首長. 이름은 小白. 齊나라에 난이 일어나자 鮑叔이 모시고 莒나라로 피신, 管仲은 公子 糾를 모시고 魯나라로 피신함. 뒤에 난이 진압되고 먼저 귀국하는 자가 왕이 될 수 있는 기회에 小白이 오는 길을 管仲 일행이 막고 활을 쏘아 소백의 허리띠 고리에 맞추자 소백은 죽은 척 쓰러져 있다가 지름길로 귀국하여 왕위에 오름. 뒤에 포숙의 추천으로 관중을 등용

하고 제나라를 부강하게 하여 九合諸侯, 一匡天下하고 첫 패자가 됨.
B.C.685~B.C.643년까지 43년간 재위함.《史記》齊太公世家를 참조할 것.
【竪刁】'豎刁'로도 표기하며 춘추시대 齊 桓公을 도왔던 인물. 환공에게 접근
하기 위하여 스스로 宮刑을 거쳐 宦官이 되어 온갖 아첨을 다함. 뒤에 관중이
죽은 뒤 易牙·開方과 함께 왕자들을 끼고 저마다 난을 일으킴.《史記》齊太
公世家를 참조할 것.
【慧子】'慧'는 '惠'와 같음. 惠施. 전국시대 名家의 하나. 莊子와 같은 시대이며
魏 惠王의 재상을 지내기도 하였음.《莊子》天下篇에 惠施가 주장한 '歷物之
意十條'라 실려 있음. '慧'는 '惠'자와 같음. 盧文弨는 "慧, 惠同"이라 함.

참고 및 관련 자료

1.《淮南子》說山訓

狂者東走, 逐者亦東走, 東走則同, 所以東走者則異. 溺者入水, 拯之者亦入水,
入水則同, 所以入水者則異. 故聖人同死生, 愚人亦同死生, 聖人之同死生通
於分理, 愚人之同死生不知利害所在.

2.《說苑》臣術篇

秦穆公使賈人載鹽, 徵諸賈人, 賈人買百里奚以五羖羊之皮, 使將車之秦, 秦穆公
觀鹽, 見百里奚牛肥, 曰:「任重道遠以險, 而牛何以肥也?」對曰:「臣飮食以時,
使之不以暴; 有險, 先後之以身, 是以肥也.」穆公知其君子也, 令有司具沐浴
爲衣冠與坐, 公大悅. 異日與公孫支論政, 公孫支大不寧曰:「君耳目聰明, 思慮
審察, 君其得聖人乎!」公曰:「然, 吾悅夫奚之言, 彼類聖人也.」公孫支遂歸取
鴈以賀曰:「君得社稷之聖臣, 敢賀社稷之福.」公不辭, 再拜而受. 明日, 公孫
支乃致上卿以讓百里奚曰:「秦國處僻民陋以愚無知, 危亡之本也, 臣自知不足
以處其上, 請以讓之.」公不許. 公孫支曰:「君不用賓相而得社稷之聖臣, 君之
祿也; 臣見賢而讓之, 臣之祿也. 今君旣得其祿矣, 而使臣失祿可乎? 請終致之!」
公不許. 公孫支曰:「臣不肖而處上位是君失倫也, 不肖失倫, 臣之過, 進賢而退
不肖, 君之明也, 今臣處位, 廢君之德而逆臣之行也, 臣將逃」公乃受之. 故百里
奚爲上卿以制之, 公孫支爲次卿以佐之也.

3.《說苑》尊賢篇

或曰:「將謂桓公仁義乎? 殺兄而立, 非仁義也; 將謂桓公恭儉乎? 與婦人同輿,

馳於邑中, 非恭儉也; 將謂桓公淸潔乎? 閨門之內, 無可嫁者, 非淸潔也. 此三者,
亡國失君之行也, 然而桓公兼有之, 以得管仲·隰朋, 九合諸侯, 一匡天下, 畢朝
周室, 爲五霸長, 以其得賢佐也; 失管仲·隰朋, 任竪刁, 易牙, 身死不葬, 蟲流
出戶. 一人之身, 榮辱俱施者, 何者? 其所任異也. 由此觀之, 則任佐急矣.」

23. 세림하說林下

'세림'의 내용이 많아 상하로 나눈 뒷부분이다.
　본편에서는 37가지의 관련 고사를 들어 낱낱이 그 의미를 해설하
고 있다.

192(23-1)
백락이 가르친 두 사람

백락伯樂이 두 사람에게 발길질 잘 하는 말을 감정하는 법을 가르치면서 그들과 더불어 간자簡者의 마구간 말을 살펴보았다.

한 사람은 발길질 잘 하는 말을 뽑아내었고 다른 한 사람은 뒤쪽으로 따라가서 세 번이나 말의 엉덩이를 어루만졌지만 걷어차지 않았다.

먼저 감정한 사람은 스스로 감정을 잘못하였다고 생각하였다.

다른 한 사람이 말하였다.

"그대는 감정을 잘못하지 않았다. 이는 말의 어깨가 구부러지고 무릎이 부었기 때문이오. 무릇 발길질 잘 하는 말이란 뒷발을 들어 올리려면 앞발이 떠 받쳐야 하는 것인데 무릎이 부어서 떠받칠 수가 없으므로 그 때문에 뒷발을 들어올리지 못한 것이라네. 그대는 발길질 잘 하는 말을 감정하는 데에는 능하지만 부은 발을 보는 데는 서툴렀던 것이라네."

대체로 사물이란 반드시 귀결되는 바가 있으니 무릎이 부은 까닭으로 뒷발을 떠받치지 못하는 것은 지자智者만이 홀로 알아낼 수 있는 것이다.

혜자惠子가 말하였다.

"원숭이도 울 속에 가두면 돼지나 똑 같다."

그러므로 정세가 유리하지 않으면 능력을 마음놓고 펼 수가 없는 것이다.

伯樂敎二人相踶馬, 相與之簡子廐觀馬.

一人擧踶馬, 其一人從後而循之, 三撫其尻而馬不踶.

此自以爲失相.

其一人曰:「子非失相也. 此其爲馬也, 踦肩而腫膝.
夫踶馬也者, 擧後而任前, 腫膝不可任也, 故後不擧. 子巧
於相踶馬而拙於任腫膝.」

夫事有所必歸, 而以有所腫膝而不任, 智者之所獨知也.

惠子曰:「置猿於柙中, 則與豚同.」

故勢不便, 非所以逞能也.

【伯樂】《淮南子》와《列子》,《莊子》 등에는 춘추시대 秦 穆公 때 사람으로
相馬에 뛰어났던 孫陽(자는 伯樂)이라 하였고,《荀子》와《呂氏春秋》 등에는
춘추 말 趙簡子의 마부였던 王良을 가리키는 것으로도 보았음. 그러나 뒤에
의술에 뛰어난 명의를 '扁鵲'이라 하듯이 말에 대해 아주 잘 아는 자를 일컫는
사람을 이르는 뜻으로 널리 쓰임. 원래는 별 이름으로 天馬를 관장하였다 함.
그 후 知己·知人의 뜻으로 쓰이기도 함. 韓愈의《雜說》에 "世有伯樂, 然後有
千里馬, 千里馬常有而伯樂不常有. 故雖有名馬, 祇辱於奴隷人之手, 騈死於槽
櫪之間, 不以千里稱也"라 함.

【相踶馬】'踶'는 '踢'와 같음. 相은 감정함.

【簡子】趙簡子. 趙簡主. 趙鞅. 이름은 志父. 晉나라 대부. 趙武(文子)의 손자이며
襄子의 아버지. 魏氏, 知氏, 范氏, 中行氏, 韓氏와 더불어 晉 六卿의 하나이며
趙나라의 기초를 세운 인물. 그 후손이 知氏와의 투쟁에 승리하여 三晉의
하나인 戰國時代 趙나라를 세움.

【踦肩】'踦'는 '跂'과 같음.《說文》에 "足跂也"라 하였고 段玉裁 注에 "跂者, 骨委
屈失其常"이라 함. 어깨가 구부러짐을 뜻함.

【腫膝】무릎이 부어올라 발을 잘 디디지 못하는 상태.

【任前】 '任'은 앞발로 체중을 견뎌내어야 뒷발을 들어 찰 수 있음을 말함.

【惠子】 惠施. 전국시대 名家의 하나. 莊子와 동시대이며 魏 惠王의 재상을 지내기도 하였음. 《莊子》 天下篇에 惠施가 주장한 '歷物之意十條'라 실려 있음.

【所以逞能】 '逞'은 마음대로 다함. 능력을 신나게 발휘함.

참고 및 관련 자료

1. 《意林》(1)

置猿於檻, 則與㹠同, 勢不能逞能也.

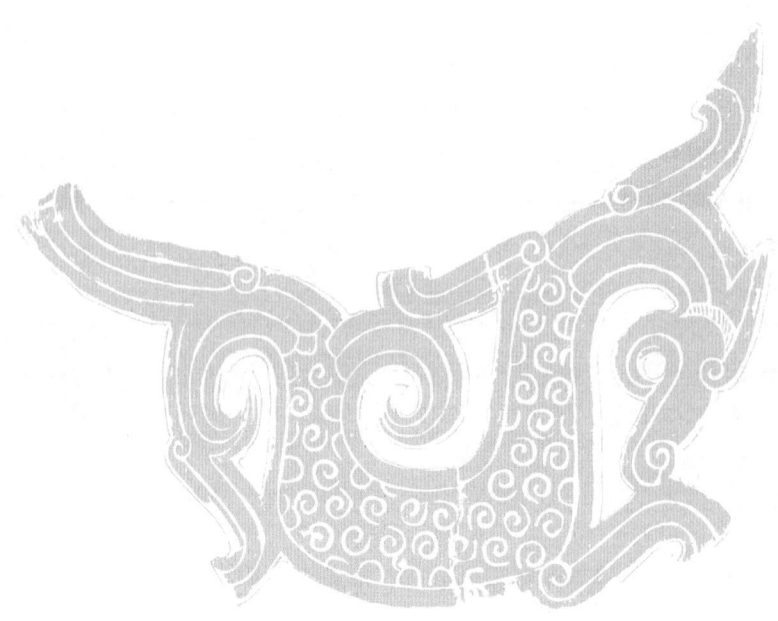

193(23-2)
장군문자와 증자

위衛나라 장군 문자文子가 증자曾子를 만났더니 증자는 일어나지도 않고 앉은 자리에서 그를 끌어들이면서 자신은 방 안쪽에 높은 자리에 바르게 앉아 자신을 맞이하는 것이었다.

문자가 그 시종에게 말하였다.

"증자는 어리석은 사람이구나! 나를 군자라고 생각한다면 군자를 어찌 존경하지 않는단 말이냐? 나를 포악한 사람으로 여긴다면 포악한 자라 해서 어찌 모멸을 줄 수 있겠는가? 증자가 죽임을 당하지 않은 것은 운명 이로구나."

衛將軍文子見曾子, 曾子不起而延於坐席, 正身見於奧.
文子謂其御曰:「曾子, 愚人也哉! 以我爲君子也, 君子安可毋敬也? 以我爲暴人也, 暴人安可侮也? 曾子不僇命也.」

【文子】衛나라 公孫彌牟. 자는 子之. 이름은 木. 公孫子南(昭子 逞)의 아들. 文子는 諡號로 彌牟文子로도 불림. 衛 靈公의 손자. 뒤에 장군이 되어 將軍

文子로도 부름.《禮記》檀弓(上)의 疏에《世本》을 인용하여 "靈公生昭子郢,
郢生文子木及惠叔蘭"이라 하였고, 杜氏《世族譜》에는 "子之, 公孫彌牟文子"
라 함.

【曾子】曾參. 자는 子輿. 춘추시대 魯나라 南武城 출신
으로 曾點(曾晳)의 아들이며 曾元의 아버지. 公子
제자로 효성으로 이름이 높았음. 子思(孔伋)에게
학문을 전하여《大學》을 짓도록 하였다 하며《孝經》
은 증자가 정리한 것이라 함.

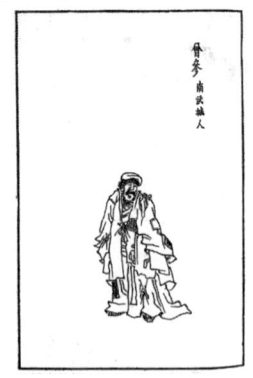

〈曾參〉《高士傳圖像》

【延】맞이하여 사람을 안내함. '導'자와 같음.《禮記》
曲禮 注에 "延, 導之也"라 함.

【正身於奧】'奧'는 방에서의 서남쪽 귀퉁이. 실내에서
상위 자리.《說文》에 "奧, 宛也. 室之西南隅"라 함. 正
身은 威儀를 갖춘 몸가짐.

【不僇命】'僇'은 '戮'과 같음. 죽임을 당함. 그러나 '모욕당하다'의 가벼운 뜻으로
보기도 함. '命'은 '幸'의 뜻.

참고 및 관련 자료

1.《太平御覽》(188)을 볼 것.

194(23-3)
주주翢翢라는 새

새 가운데 주주翢翢라는 것이 있어 머리는 무겁고 꼬리는 짧다.

그 새가 물가에서 물 마시려고 하면 반드시 뒤엎어지므로 이에 다른 새가 그 깃을 물고 도와주어야 물을 마실 수 있다.

사람의 경우 만약 만족하게 마실 수 없는 자가 있다면 그를 도와줄 자를 찾지 않을 수 없다.

鳥有翢翢者, 重首而屈尾.

將欲飮於河, 則必顚, 乃銜其羽而飮之.

人之所有飮不足者, 不可不索其羽也.

【翢翢】'周周'로도 표기하며 새 이름.《文選》阮嗣宗의 〈詠懷詩〉"周周尙銜羽"의 李善 注에《韓非子》의 이 기록을 인용하여 풀이하면서 '周周'로 표기하였음. 長尾鳥. 물을 마시기 위해 머리를 숙이면 위로 솟은 꼬리의 무게로 인해 평형을 유지하지 못함. '翢'는 '주'로 읽음. 〈全譯本〉에 '翢' '周(zhōu)'라 함.

【屈】《淮南子》詮言訓 "聖人無屈奇之服"의 注에 "屈, 短"이라 하여 '짧다'의 뜻으로 보았음.

【其羽】'羽'는 羽翼. 즉 곁에서 도와줌.

195(23-4)
장어와 뱀장어

장어는 뱀과 비슷하고 누에는 애벌레를 닮아 있다.

사람이 뱀을 보면 깜짝 놀라고 애벌레를 보면 소름을 느낀다.

그러나 어부는 장어를 손에 쥐고 아낙네들은 누에를 손으로 주워 올린다.

이익이 있는 곳에서는 모두가 맹분孟賁이나 전저傳諸와 똑같게 된다.

鱣似蛇, 蠶似蠋.

人見蛇, 則驚駭; 見蠋, 則毛起.

漁者持鱣, 婦人拾蠶, 利之所在, 皆爲賁·諸.

【鱣】 장어(鰻), 뱀장어, 바닷장어, 붕장어 등을 가리킴. 《太平御覽》에는 '鱓'으로 되어 있음. 원래 '鱣'은 철갑상어나 드렁허리를 가리킴.

【蠋】 뽕나무 나비의 유충. 靑蟲. '蠋'은 '蜀'과 같음. 누에와 비슷하게 생겼음.

【毛起】 몸의 털이 쭈뼛해짐. 소름 끼침.

【賁·諸】 賁은 전국시대 衛나라 勇士이며 力士 孟賁. 諸는 춘추 말 吳나라 용사 專諸를 가리킴. 〈乾道本〉에는 '孟賁'으로 되어 있음. 孟賁은 秦武王 때 烏獲과 함께 武王을 모시고 周나라 洛陽에 가서 九鼎을 들고 희롱하다가 그 鼎의

다리를 부러뜨린 일이 있음.《戰國策》참조. 專諸는 吳나라 堂邑 사람으로
오나라 公子 光(뒤에 闔閭)이 吳王 僚를 죽이고 자립하려는 뜻을 알아차린
伍子胥가 추천하여 王僚의 연회에서 요리 나르는 자로 가장, 생선 속에 비수를
감추어 들어가 僚를 찔러 죽이고 그 자리에서 죽임을 당함.《左傳》및《史記》
등을 참조할 것.

참고 및 관련 자료

1. 본 장은 〈内儲說上(七術)〉과 중복되며 일부 글자(握, 持)만 다름. 297을 볼 것.
2. 기타《太平御覽》(825, 933),《事類賦》(29)를 볼 것.

〈漁人圖〉

196(23-5)
어쩌다 그럴 수 있는 것

백락伯樂은 자기가 미워하는 자에게는 천리마의 감정법을 가르쳐 주었고, 자신이 아끼는 자에게는 노마駑馬의 감정법을 가르쳐 주었다.

천리마는 어쩌다 한 번 드물게 있어 벌이가 더디지만 노마는 매일 팔리기에 그 이득이 빠르다.

이는 《주서周書》에 말한 바 "비속한 논리일지라도 훌륭하게 쓰일 수도 있으나 이는 간혹 그럴 수 있는 것이다"라 한 것이다.

伯樂敎其所憎者相千里之馬, 敎其所愛者相駑馬.
以千里之馬時一有, 其利緩; 駑馬日售, 其利急.
此《周書》所謂「下言而上用者, 惑也.」

【伯樂】《淮南子》와《列子》,《莊子》등에는 춘추시대 秦 穆公 때 사람으로 相馬에 뛰어났던 孫陽(자는 伯樂)이라 하였고,《荀子》와《呂氏春秋》등에는 춘추 말 趙簡子의 마부였던 王良을 가리키는 것으로도 보았음. 그러나 뒤에 의술에 뛰어난 명의를 '扁鵲'이라 하듯이 말에 대해 아주 잘 아는 자를 일컫는 사람을 이르는 뜻으로 널리 쓰임. 원래는 별 이름으로 天馬를 관장하였다 함.

그 뒤 知己·知人의 뜻으로 쓰이기도 함. 韓愈의 《雜說》에 "世有伯樂, 然後有
千里馬, 千里馬常有而伯樂不常有. 故雖有名馬, 祗辱於奴隸人之手, 駢死於槽
櫪之間, 不以千里稱也"라 함.

【駑馬】둔한 말. 일반 말의 통칭.

【周書】《逸周書》. 《周記》. 혹 《汲冢周書》라고도 하며 晉나라 때 汲縣의 무덤
에서 발견된 것. 《漢書》藝文志에 《周書》71편이 저록되어 있으며 注에 "周史記.
師古曰: 劉向云「周時誥誓號令也.」蓋孔子所論百篇之餘, 今之存者四十五篇矣"
라 함. 지금은 汲冢에서 발견된 60편이 있음. 淸代 朱右曾이 집일한 《逸周書
集訓校釋》이 있음. 어떤 사람은 《陰符經》과 비슷한 글이라 보고 있음. 周 왕조
때의 古書로써 文王, 武王으로부터 靈王, 景王까지를 기록함.

【惑】비근하기는 하나 임금의 권형, 정치, 법적용에 혹 쓰일 수도 있음을 말한 것.
'惑'은 '或'과 같으며 어쩌다 그렇게 할 뿐 常用할 수는 없음.

참고 및 관련 자료

1. 《藝文類聚》(93)

《韓子》曰: 伯樂敎其憎者, 相千里馬; 敎其愛者, 相駑馬. 以千里馬世一有, 其
利少; 駑馬多, 其利多也.

2. 《淮南子》氾論訓

昔者《周書》有言曰:「上言者, 下用也; 下言者, 上用也. 上言者, 常也; 下言者,
權也.」此存亡之術也. 唯聖人爲能知權. 言而必信, 期而必當, 天下之高行也.
直躬其父攘羊而子證之, 尾生與婦人期而死之. 直而證父, 信而溺死, 雖有直信,
孰能貴之?

3. 《文子》道德篇

老子曰:「上言者下用也, 下言者上用也, 上言者常用也, 下言者權用也, 唯聖人
爲能知權. 言而必信, 期而必當, 天下之高行, 直而證父, 信而死女, 孰能貴之?
故聖人論事之曲直, 與之屈伸, 無常儀表, 祝則名君, 溺則捽父, 勢使然也. 夫權者,
聖人所以獨見, 夫先迕而後合者之謂權, 先合而後迕者不知權, 不知權者, 善反
醜矣.」

4. 기타 《太平御覽》(916)을 볼 것.

197(23-6)
뒤에 고칠 수 있는 것

환혁桓赫이 말하였다.

"새기고 깎는 법에 코는 크게 하는 것만 같지 못하며 눈은 작게 하는 것만 같지 못하다. 코가 크면 작게 할 수 있으나 작으면 크게 할 수 없다, 눈이 작으면 크게 할 수 있으나 크면 작게 할 수 없다."

일을 함에 있어서도 마찬가지이니 나중에 다시 할 수 없는 것을 생각한다면 일에 실패가 적을 것이다.

桓赫曰:「刻削之道, 鼻莫如大, 目莫如小. 鼻大可小; 小不可大也. 目小可大; 大不可小也.」

擧事亦然, 爲其後可復者也, 則事寡敗矣.

【桓赫】'杜赫'이 아닌가 함. 杜赫은 周나라 사람으로 周昭文君에게 유세한 적이 있었음. 顧廣圻는 "桓赫, 未詳. 或「桓」當是「杜」也"라 함.
【刻削之道】인형 얼굴을 조각하는 작업 자세를 말함.
【爲】여기서는 염두에 두고 일을 함. 즉 두 번 다시 할 수 없는 일을 고려하여 신중히 함.

1.《意林》(1)

刻削之道, 鼻莫如大, 目莫如小. 鼻大可小; 小不可大也. 目小可大; 大不可小.
擧事亦然.

198(23-7)
아는 것과 모르는 것

숭후崇侯와 악래惡來는 주紂로부터 죽음을 당하지 않을 방법은 알았지만 무왕武王이 그 자신을 멸할 것은 예견하지 못하였다.

비간比干과 오자서伍子胥는 그 임금이 틀림없이 망할 것임은 알았지만 자신이 죽을 것임은 알지 못하였다.

그러므로 "숭후와 악래는 마음속을 알았으나 일의 추세를 알지 못하였으며, 비간과 오자서는 일의 추세는 알았으나 마음속은 알지 못하였다"라고 한 것이다.

성인은 그 두 가지를 모두 겸비하고 있다.

崇侯·惡來知不適紂之誅也, 而不見武王之滅之也.

比干·子胥知其君之必亡也, 而不知身之死也.

故曰:「崇侯·惡來. 知心而不知事, 比干·子胥知事而不知心.」

聖人其備矣.

【崇侯】崇은 나라 이름. 지금의 陝西 鄠縣 동남쪽 豐城. 紂에게 武王을 모함하여 환심을 샀으나 武王에게 토벌 당함.

【惡來】秦의 조상으로 蜚廉의 아들. 紂의 간신. 武王이 紂를 칠 때 살해당함.

【紂】殷의 末王. 폭군으로 널리 알려짐. 帝辛, 商辛으로도 부르며 帝乙의 아들. 妲己에게 빠져 '炮烙之刑'과 '酒池肉林' 등의 악한 고사를 가지고 있으며 周 文王(姬昌)을 羑里(牖里)에 가두는 등 周나라와 맞서다가 武王(姬發)에게 망함.

【適】紂에게 빌붙어 환심을 삼. '適'은 得과 같음.

【武王】姬發. 文王(姬昌, 西伯)의 아들. 殷末 周民族의 領袖. 아버지의 뜻을 이어 庸, 蜀, 羌 등 부족과 연합하여 殷의 紂를 멸하고 西周의 封建王朝를 건립함. 周公(姬旦)의 형이며 成王(姬誦)의 아버지. 周初의 文物制度를 완비하여 儒家에서 흔히 三代의 개국시조 夏禹, 商湯, 周文武로 칭하며 추앙받기도 함.

【比干】殷나라 王子. 紂의 叔父로 紂의 惡政을 諫하다가 心臟이 찢기는 변을 당함. 《史記》殷本紀에는 "比干乃强諫紂. 紂怒曰:「吾聞聖人心有七竅, 剖比干觀其心.」"이라 하였고, 《十八史略》(1)에도 "紂淫虐甚, 庶兄微子數諫, 不從, 去之. 比干諫, 三日不去, 紂怒曰:「吾聞聖人之心有七竅.」剖而觀其心, 箕子佯狂爲奴, 紂囚之, 殷大師, 持其樂器祭器奔周"라 함.

【子胥】춘추시대 楚나라 伍子胥(伍員). 그 아버지 伍奢와 형 伍尙이 자신으로 인해 平王에게 살해당하자 吳나라로 달아난 뒤 楚나라를 쳐서 원수를 갚기도 하였으며 吳王을 도와 越王 句踐에게 승리를 거두는 등 큰 활약을 하였으나 마침내 夫差에게 죽임을 당함. 《史記》伍子胥列傳을 볼 것.

199(23-8)
살아남는 방법

송宋나라 태재太宰가 귀한 신분이 되자 정치를 독단하고 있었다.

계자季子가 송나라 임금을 만나 뵈려고 하자 양자梁子가 이를 듣고 말하였다.

"말을 할 때 반드시 재상과 셋이 있는 자리에서 하셔야 할 걸요? 그렇게 하지 않았다가는 앞으로 살아남지 못할 것입니다."

그러면서 계자는 살아남는 것을 중히 여겨 나라 일은 가볍게 여길 것을 설득하였다.

宋太宰貴而主斷.

季子將見宋君, 梁子聞之曰:「語必可與太宰三坐乎? 不然, 將不免.」

季子因說以貴主而輕國.

【太宰】內儲說上의 戴驩을 가리키는 것으로 봄.

【季子·梁子】 두 사람 모두 자세한 사적은 알려져 있지 않음.

【貴主】 '主'는 '生'의 오류. 顧廣圻는 "主, 當作生"이라 하였으며 《呂氏春秋》에 '貴生篇'이 있으며 생명이 가장 중요함을 뜻함.

【輕國】 생명을 보전하려면 정치에서 관심을 버리라는 뜻.

200(23-9)
주인을 몰라보는 개

양주楊朱의 아우 양포楊布가 흰 옷을 입고 밖에 외출하였다.

비가 와서 흰 옷을 벗고 검정 옷을 입고 돌아왔더니 그 집개가 알아보지 못하고 짖는 것이었다.

양포가 노하여 장차 개를 때리려 하였다.

양주가 말하였다.

"너는 때리지 말라. 너도 마찬가지 일 것이다. 지난날 네가 개로 하여금 흰색으로 나갔다가 검정색으로 돌아오게 한다면 자네가 어찌 이상하게 여기지 않을 수 있겠느냐?"

楊朱之弟楊布衣素衣而出.

天雨, 解素衣, 衣緇衣而反, 其狗不知而吠之.

楊布怒, 將擊之.

楊朱曰:「子毋擊也, 子亦猶是. 曩者使女狗白而往, 黑而來, 子豈能毋怪哉?」

【楊朱】楊子. 자는 子居. 道家의 한 사람으로 爲我派(貴生重己)의 대표적인 인물. 춘추시대 衛나라 사람.《莊子》山木篇에는 '陽子'로 되어 있음.《列子》와

《莊子》에 그의 학설에 대한 기록이 들어 있음.《列子》에 楊朱篇이 있음. 孟子는
墨翟과 함께 楊朱 두 사람을 매우 심하게 비판하였음.

【楊布】楊朱의 아우.

【衣緇衣】緇는 흑색. 흰옷을 검정 옷으로 갈아입음.

【不知】주인을 맞아들일 줄 모른다는 뜻.

참고 및 관련 자료

1.《列子》說符篇

楊朱之弟曰布, 衣素衣而出. 天雨, 解素衣, 衣緇衣而反. 其狗不知, 迎而吠之.
楊布怒, 將扑之. 楊朱曰:「子無扑矣! 子亦猶是也. 嚮者使汝狗白而往, 黑而來,
豈能無怪哉?」

2.《藝文類聚》(94)

《列子》曰: 楊朱之弟曰布, 衣素衣而出. 天雨, 解素衣, 衣黑衣而返. 其狗迎而
吠之. 楊布怒, 將朴狗. 楊朱曰:「子無朴矣. 子亦猶是也, 嚮者使汝狗白而往,
黑而來. 豈能無怪哉?」

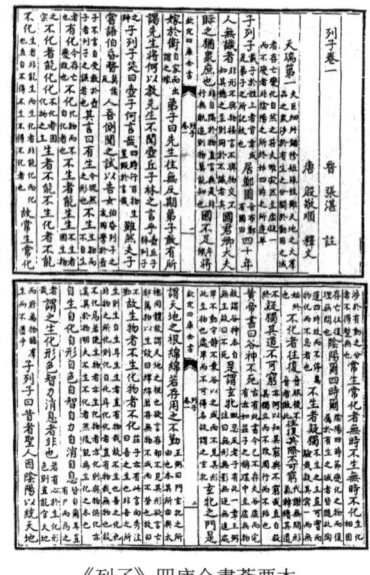

《列子》四庫全書薈要本

201(23-10)
아이가 위험한 활을 들고 있으면

혜자惠子가 말하였다.

"예羿가 깍지를 끼고 팔찌를 대어 활을 잡아당기려고 하면 먼 월越나라 사람일지라도 다투어 과녁을 잡고 있겠다고 나설 것이다. 그러나 어린 아이가 활을 잡아당기면 그 어머니라 할지라도 방에 들어가 문을 닫아 버릴 것이다."

그러므로 이렇게 말하는 것이다.

"확실하면 먼 월나라 사람도 예를 의심하지 않지만 확실하지 못하면 어머니라 할지라도 그 어린아이로부터 달아날 것이다."

惠子曰:「羿執鞅持扞, 操弓關機, 越人爭爲持的. 弱子扞弓, 慈母入室閉戶.」

故曰:「可必, 則越人不疑羿; 不可必, 則慈母逃弱子.」

【惠子】辯客 惠施를 가리킴. 전국시대 宋나라 사람으로 名家의 하나. 莊子와 같은 시대이며 魏 惠王의 재상을 지내기도 하였음.《莊子》天下篇에 惠施가 주장한 '歷物之意十條'라 실려 있음.

【羿】后羿. 夏나라 때 제후 有窮氏의 군주였으며, 有窮后羿라 부름. 활의 명수로서 하늘에 아홉 개의 해가 나타나자 이를 쏘아 하나만 남겼다는 '射滅九日', 그리고 그 아내가 달로 달아난 '嫦娥奔月' 등 많은 신화 전설을 남긴 인물. 《十八史略》(1)에는 "有窮后羿, 立其弟仲康而專其政, 羲和守義不服, 羿假王命, 命胤侯征之. 仲康崩, 子相立, 羿逐相自立. 嬖臣寒浞, 又殺羿自立. 相之后, 有仍國君女也, 方娠, 奔有仍, 而生少康"이라 하여 중강의 아들 상을 축출하고 자립하였다가 한착 등에게 죽임을 당함.

【執鞢】'鞢'은 '韘'과 같음. 깍지를 엄지손가락에 낌. 각본에는 '鞢'이 '決'로 되어 있으나 이는 오기임.

【持扞】'扞'은 '捍', '䎛'과 같음. 활을 쏠 때 시위의 반동을 막기 위해 대는 가죽 팔찌.

【關機】활시위를 힘껏 잡아당김. '關'은 '彎'과 같음. 疊韻互訓.

202(23-11)
부富에 대한 욕심

환공桓公이 관중管仲에게 물었다.
"부富에 대한 욕심은 그치는 데가 있습니까?"
관중이 대답하였다.
"물은 그치는 데에 이르면 그 물이 없는 것입니다. 부가 그치는 데에 이르면 그 부유함은 이미 풍족한 것입니다. 사람이란 스스로 풍족한 데에서 그칠 수 없으니 망하는 것이 바로 부의 끝이겠지요!"

桓公問管仲:「富有涯乎?」
答曰:「水之以涯, 其無水者也; 富之以涯, 其富已足者也. 人不能自止於足, 而亡其富之涯乎!」

【齊桓公】春秋五霸의 첫 首長. 이름은 小白. 齊나라에 난이 일어나자 鮑叔이 모시고 莒나라로 피신, 管仲은 公子 糾를 모시고 魯나라로 피신함. 뒤에 난이 진압되고 먼저 귀국하는 자가 왕이 될 수 있는 기회에 小白이 오는 길을 管仲 일행이 막고 활을 쏘아 소백의 허리띠 고리에 맞추자 소백은 죽은 척 쓰러져 있다가 지름길로 귀국하여 왕위에 오름. 뒤에 포숙의 추천으로 관중을 등용, 제나라를 부강하게 하고 九合諸侯, 一匡天下하여 첫 패자가 됨. B.C.685~ B.C.643년까지 43년간 재위함. 《史記》齊太公世家를 참조할 것.

【管仲】춘추시대 齊나라 인물. 夷吾는 이름이며 仲은 그의 字. 齊 桓公을 첫 霸者로 성취시킨 인물. 처음 齊나라에 난이 일어나 公子들이 뿔뿔이 흩어질 때 管仲은 公子 糾를 모시고 魯나라로 피신하였으며 鮑叔은 小白을 모시고 거나라로 피신함. 뒤에 난이 끝나고 먼저 귀국하는 자가 왕위에 오르게 되어 있었으며 이 때 管仲은 小白 일행이 오는 길목을 지키다가 활로 小白을 쏘았으나 小白이 허리띠 고리에 맞고 죽은 척 쓰러져 있다가 지름길로 들어가 먼저 왕위에 올랐으며 이가 환공임. 이에 공자 규와 관중 일행은 귀국하지 못하고 처벌을 기다렸으나 鮑叔의 추천으로 환공의 재상이 되어 제나라를 부강하게 만들었으며 재상에 오름. 환공이 그를 높여 仲父라 일컬었음.《史記》管晏列傳 및《列子》등을 참조할 것. '管鮑之交' 등의 많은 고사를 남겼으며 그의 사상과 언행을 기록한 《管子》가 전함.

【有涯】涯는 끝.《莊子》養生主에 "吾生也有涯, 而知也无涯. 以有涯隨无涯, 殆已; 已而爲知者, 殆而已矣. 爲善无近名, 爲惡无近刑. 緣督以爲經, 可以保身, 可以 全生, 可以養親, 可以盡年"라 함.

【止於足】'知足', '止足'과 같음.

203(23-12)
다시 다듬어 값을 천 배로

송宋나라 부자 장사꾼으로 감지자監止子란 자가 있어 사람들과 값이 백금百金이나 나가는 박옥璞玉을 사려고 다투다가 짐짓 일부러 그것을 떨어뜨려 깨트리고는 백금 값을 변상하고 깨어져 생긴 흠집을 갈아 천일千溢을 벌었다.

일에는 그것을 하다가 실패를 하더라도 그런 일을 하지 않는 것보다 더 나은 경우가 있으니 그 배상이 때에 맞아야 그렇게 되는 것이다.

宋之富賈有監止子者, 與人爭買百金之璞玉, 因佯失而毀之, 負其百金, 而理其毀瑕, 得千溢焉.

事有擧之而有敗, 而賢其毋擧之者, 負之時也.

【賈】'고'로 읽으며 고대 "行賣曰商, 坐賣曰賈"라 하였음.
【監止子】인명. 구체적인 사적은 알 수 없음.
【負】負擔함. 賠償함. 값을 물어줌.
【千溢】'溢'은 '鎰'과 같음. 고대 중량의 단위.
【時】時宜에 맞아야 그렇게 됨.

참고 및 관련 자료

1. 《太平御覽》(828)을 볼 것.

204(23-13)
말할 때 말을 해야

말 부리는 재주를 가지고 초왕楚王을 만나려는 자가 있어 다른 많은 마부들이 그를 질시하였다.

그는 이렇게 말하였다.

"저는 능히 사슴을 잡을 수 있습니다."

왕을 만나뵙자 왕이 말을 몰았으나 사슴을 따라잡지 못하였지만 그가 몰아 따라잡았다.

왕이 그 말 부리는 재주를 칭찬하자 많은 마부들이 자신을 질투하고 있다고 그때서야 말하였다.

有欲以御見荊王者, 衆驥妒之.

因曰:「臣能撽鹿.」

見王, 王爲御, 不及鹿; 自御, 及之.

王善其御也, 乃言衆驥妒之.

【衆驥】 많은 마부. '驥'는 말 사육을 겸한 말 부리는 마부를 가리킴.

【撽】 邀擊, 徼擊, 要擊과 같음.

205(23-14)
노인의 지혜로운 말

초楚나라가 공자公子로 하여금 군사를 거느리고 진陳나라를 치도록 하였다.
어떤 노인이 그를 배웅하면서 말하였다.

"진晉나라는 강하니 신중히 하지 않으면 안 됩니다."

공자가 말하였다.

"노인께서 어찌 걱정을 하십니까? 제가 그대를 위하여 진나라를 깨뜨
리겠습니다."

노인이 말하였다.

"좋습니다. 나는 곧 진陳나라 남문 밖에 여막을 지어놓겠습니다."

공자가 물었다.

"무슨 뜻입니까?"

노인이 말하였다.

"나는 구천句踐을 비웃고 있습니다. 남을 위해 하는 일이 이와 같이 쉽다면
그가 어찌 홀로 십 년 씩이나 힘쓰며 고난을 겪었겠습니까?"

荊令公子將伐陳.
丈人送之曰:「晉强, 不可不愼也.」
公子曰:「丈人奚憂? 吾爲丈人破晉.」
丈人曰:「可. 吾方廬陳南門外.」

公子曰:「是何也?」

曰:「我笑句踐也, 爲人之如是其易也, 已獨何爲密密
十年難乎?」

【公子】《左傳》哀公 17년 傳에 "楚公孫朝帥師滅陳"이라 하여 子西의 아들
    公孫朝를 가리킴.
【將】 '率'과 같음.
【丈人】 노인에 대한 존칭. 長老와 같음.
【晉强】 陳나라는 소국이지만 배후에 晉나라가 있음을 명심하도록 충고를 한 것임.
【廬】 초상을 치르기 위해 임시로 廬幕을 짓는 것으로 아주 쉬운 일을 뜻함.
    王先愼은 "公子方伐陳, 丈人卽爲廬於南門之外, 較公子所說爲更易矣"라 함.
【笑句踐】 吳나라에게 會稽山에서 패한 越王 句踐이 오랜 시일을 두고 복수한
    노고를 비웃음. 句踐은 越王 勾踐. 勾踐(句踐)은 越王 允常의 아들로 闔廬를
    이어 越王이 됨. 麾下에 大夫 文種과 范蠡 등의 모신을 두고 吳王 夫差의 伯嚭,
    伍子胥와 대칭을 이루어 吳越鬪爭, 吳越同舟, 臥薪嘗膽 등의 많은 고사를 남김.
    뒤에 결국 吳나라를 멸하고 南方 霸者가 되었다가 楚나라에게 망함. 한편
    越나라는 《史記》越世家에 "其先禹之苗裔而夏后帝少康之庶子也"라 함. 姒姓
    으로 지금의 浙江 紹興(옛 會稽)을 중심으로 句踐 때 크게 발전하였으며 일부
    春秋五霸에서 宋 襄公 대신 句踐을 넣기도 함.
【密密】 '密'은 '勉'과 같음. 온 힘을 기울임. '密勿', '黽勉' 등과 같음. 疊語의 連綿語.

〈句踐 臥薪嘗膽圖〉

206(23-15)
허유와 민가 사람

요堯임금이 천하를 허유許由에게 물려주겠다고 하자 허유가 민가로
달아났더니 그 민가 사람이 그의 피관皮冠을 갈무리해 주었다.

무릇 천하까지 버리겠다고 하는데 민가 사람이 그 피관을 갈무리해
준 일은 허유라는 사람을 잘못 알았던 것이다.

堯以天下讓許由, 許由逃之, 舍於家人, 家人藏其皮冠.
夫棄天下而家人藏其皮冠, 是不知許由者也.

【堯】전설상 上古시대 五帝의 하나. 陶唐氏. 唐堯로도 부름. 祁姓이며 이름은
放勳. 帝嚳의 아들.《十八史略》(1)에 "帝堯陶唐氏: 伊祁
姓, 或曰名放勳, 帝嚳子也. 其仁如天, 其知如神, 就之如
日, 望之如雲, 都平陽. 茆茨不剪, 土階三等. 有草生庭,
十五日以前, 日生一葉, 以後日落一葉, 月小盡, 則一葉
厭而不落, 名曰蓂莢, 觀之以知旬朔"이라 함.《史記》
五帝本紀를 볼 것.

【許由】고대 隱士. 許繇로도 표기하며 堯가 천하를 그
에게 讓位하려 하자 箕山으로 숨어 농사를 지으며 살
다가 다시 九州의 長을 맡아 달라 하자 潁水에 귀를

〈許由〉《高士傳圖像》

씻었다 함.《高士傳》및《莊子》를 참조할 것.
【舍於家人】家人은 일반 서민을 가리킴. 민가에 숙박함.
【皮冠】사슴 가죽으로 만든 관. 도둑맞을까 염려하여 민가 주인이 갈무리해
준 것임.

참고 및 관련 자료

1.《高士傳》(上)

許由, 字武仲, 陽城槐里人也, 爲人據義履方, 邪席不坐, 邪膳不食. 後隱於沛
澤之中. 堯讓天下於許由曰:「日月出矣, 而爝火不息, 其於光也, 不亦難乎? 時雨
降矣, 而猶浸灌, 其於澤也, 不亦勞乎? 夫子立而天下治, 而我猶尸之. 吾自視
缺然, 請致天下」許由曰:「子治天下, 天下旣已治矣. 而我猶代子, 吾將爲名乎?
名者, 實之賓也. 吾將爲實乎? 鷦鷯巢於深林, 不過一枝; 偃鼠飲河, 不過滿腹.
歸休乎君, 予無所用天下爲. 庖人雖不治庖, 尸祝不越樽俎而代之矣」不受而
逃去. 齧缺遇許由曰:「子將奚之?」曰:「將逃堯」曰:「奚謂邪?」曰:「夫堯知
賢人之利天下也, 而不知其賊天下也. 夫唯外乎賢者知之矣」由於是遁耕於中岳
潁水之陽箕山之下, 終身無經天下色. 堯又召爲九州長, 由不欲聞之, 洗耳於潁
水濱. 時其友巢父牽犢欲飲之, 見由洗耳, 問其故. 對曰:「堯欲召我爲九州長,
惡聞其聲, 是故洗耳」巢父曰:「子若處高岸深谷, 人道不通, 誰能見子? 子故
浮游欲聞, 求其名譽, 汚吾犢口」牽犢上流飲之. 許由沒, 葬箕山之巓, 亦名許
由山, 在陽城之南十餘里. 堯因就其墓, 號曰箕山公神, 以配食五嶽, 世世奉祀,
至今不絶也.

207(23-16)
이 세 마리

세 마리 이가 돼지를 뜯어먹으며 서로 다툼이 벌어졌는데 다른 이한 마리가 그곳을 지나다가 이렇게 말하였다.

"무슨 주장을 가지고 그렇게 다투고 있소?"

세 마리가 말하였다.

"살찌고 풍족한 곳을 두고 다투는 것이오."

다른 한 마리가 이렇게 말하였다.

"그대들이 납제臘祭가 다가오면 띠 풀로 불살라 질 것은 걱정하지 않고 어찌 또 무엇을 걱정하고 있소?"

이에 서로가 모여들어 그 어미돼지를 물어뜯고 피를 빨며 먹어들어 갔다. 돼지가 비쩍 마르자 사람들은 그 돼지를 죽이지 않았다.

三蝨食彘相與訟, 一蝨過之, 曰:「訟者奚說?」

三蝨曰:「爭肥饒之地.」

一蝨曰:「若亦不患臘之至而茅之燥耳, 若又奚患?」

於是乃相與聚嘬其身而食之.

彘臞, 人乃弗殺.

【食彘】다른 판본에는 이 두 글자가 없음. 이에 대해 王先愼은 "各本無「食彘」 二字. 《御覽》九百五十一引有, 今據補"라 함.

【臘】冬至가 지난 뒤 세 번째 戌日에 百神에게 지내는 제사를 臘祭라 함. 《說文》에 "臘, 冬至後三戌臘祭百神"라 함. 이에 따라 음력 12월을 臘月이라 함. 이 제사는 원래 夏나라는 '嘉平', 殷나라는 '淸祀', 周나라는 '사'(蜡), 秦나라는 '랍'(臘)이라 불렸으며 漢나라 이후 진나라 풍습을 이어감.

【茅之燥】돼지를 잡아서 띠 풀로 불살라 희생으로 바치게 되면 이들도 함께 타서 죽게 됨을 뜻함.

【嗽其母】'嗽'는 피를 빨아먹어 결국 어미돼지가 비쩍 마르게 됨.

【彘臞】'臞'는 '癯', '瘦'와 같음. 비쩍 마름.

참고 및 관련 자료

1. 《太平御覽》(951)을 볼 것.

208(23-17)
입이 두 개 달린 뱀

벌레 가운데 훼螝라는 뱀이 있는데 한 몸에 입이 두 개 있어 먹이를
다투다가 서로 물어뜯어 끝내는 서로 죽고 만다.

신하들이 정권을 다투어 그 나라를 망치는 것도 모두 훼와 같은 유이다.

蟲有螝者, 一身兩口, 爭食相齕也, 遂相殺也.
人臣之爭事而亡其國者, 皆螝類也.

【螝】 '虺', '蚖'와 같음. 고대 전설 속의 뱀.《楚辭》招魂에 "雄虺九首, 往來儵忽,
呑人以益其心些"라 하였고 王逸 注에 "言復有雄虺, 一身九頭, 往來奄忽, 常喜
呑人魂魄以益其心, 賊害之甚也"라 함.
【爭食相齕】 먹이를 먹을 때 서로 다투다가 서로를 물어뜯음.
【爭事】 여기서는 정치권력 투쟁을 말함.

참고 및 관련 자료

1.《太平御覽》(951)을 볼 것.

209(23-18)
사람의 몸가짐

집에 흰 흙을 바르고 그릇을 깨끗이 세척하면 청결해진다.

사람의 몸가짐도 또한 마찬가지이니 칠하거나 씻어낼 여지가 없도록 한다면 잘못이 적을 것이다.

宮有堊, 器有滌, 則潔矣.

行身亦然, 無滌堊之地, 則寡非矣.

【有堊】堊은 燒石灰나 生石灰로 흰 색의 도료로 쓰임.

210(23-19)
표정

공자公子 규糾가 장차 난을 일으키려 하자 환공桓公이 사자를 보내어 그를 살펴보도록 하였다.

사자가 이렇게 보고하였다.

"웃고 있어도 즐거운 표정이 아니며 물건을 보아도 주시해 보지를 않으니 틀림없이 난을 일으킬 것입니다."

이에 노魯나라 사람을 시켜 그를 죽이도록 하였다.

公子糾將爲亂, 桓公使使者視之.

使者報曰:「笑不樂, 視不見, 必爲亂.」

乃使魯人殺之.

【公子糾】齊 桓公(小白)의 이복형. 魯나라에 도망해 있었음.

【齊桓公】春秋五霸의 첫 首長. 이름은 小白. 齊나라에 난이 일어나자 鮑叔이 모시고 莒나라로 피신, 管仲은 公子 糾를 모시고 魯나라로 피신함. 뒤에 난이 진압되고 먼저 귀국하는 자가 왕이 될 수 있는 기회에 小白이 오는 길을 管仲 일행이 막고 활을 쏘아 소백의 허리띠 고리에 맞추자 소백은 죽은 척 쓰러져 있다가 지름길로 귀국하여 왕위에 오름. 뒤에 포숙의 추천으로 관중을 등용

하여 제나라를 부강하게 하고 九合諸侯, 一匡天下하여 첫 패자가 됨.
B.C.685~B.C.643년까지 43년간 재위함.
【使魯人殺之】桓公은 魯나라에 있던 公子 糾를 노나라로 하여금 죽이도록 하고
管仲은 소환하여 직접 죽이겠다고 하였음.《史記》齊太公世家를 참조할 것.

참고 및 관련 자료

1.《左傳》莊公 9年 傳

鮑叔帥師來言曰:「子糾, 親也, 請君討之. 管·召, 讎也, 請受而甘心焉.」乃殺子
糾于生竇, 召忽死之. 管仲請囚, 鮑叔受之, 及堂阜而稅之. 歸而以告曰:「管夷
吾治於高傒, 使相可也.」公從之.

211(23-20)
머리카락을 잘랐다고

　공손홍公孫弘이 머리카락을 자르고 월왕越王의 기사가 되자 공손희公孫喜가 사람을 보내어 그와 절교할 것을 알렸다.

"나는 그대와 형제의 관계를 갖지 않겠다."

　공손홍이 말하였다.

"나는 머리카락을 잘랐을 뿐이다. 그런데 그대는 목까지 잘려가며 남을 위해 전투를 하고 있다. 내 앞으로 그대를 어떻게 말해야 하겠는가?"

　주남周南의 전투에서 공손희는 죽고 말았다.

　公孫弘斷髮而爲越王騎, 公孫喜使人絶之曰:「吾不與子爲昆弟矣.」

　公孫弘曰:「我斷髮, 子斷頸而爲人用兵, 我將謂子何?」

　周南之戰, 公孫喜死焉.

【公孫弘】戰國時代에는 두 명의 公孫弘이 있었으며 그중 하나는 中山國의 공손홍이며 하나는 齊나라 孟嘗君 식객으로 孟嘗君을 위해 秦 昭王을 만났던 인물임. 그 뒤 漢나라 때 역시 公孫弘(平津侯)이 있었음. 여기서 말한 公孫弘은 그 밖의 또 다른 인물로 公孫悔와 형제 사이로 보임.

【斷髮】越나라의 고유 풍속. 즉 夷狄의 풍속을 따라 머리를 짧게 깎는 것. 中原
여러 나라는 이와 달리 蓄髮의 풍습이었음.

【公孫喜】魏나라 사람. 공손홍과 형제 사이였던 것으로 보임. 周南 전투의 장수
였음.

【周南之戰】周(洛陽) 남쪽 伊闕에서 周, 魏가 연합하여 秦나라를 공격했던 전투.
그 무렵 公孫喜가 장군이었음.《史記》韓世家에 "釐王三年, 使公孫喜率周·魏
攻秦. 秦敗我二十四萬, 虜喜伊闕"라 하였음.

212(23-21)
기미가 보이면

포악한 자와 이웃하여 사는 어떤 사람이 집을 팔고 피해 가려고 하였다. 다른 사람이 말하였다.

"이 자의 죄는 찰대로 찼습니다. 그대는 잠시 기다려 보시오."

그가 대답하였다.

"나는 그가 나를 가지고 그 극치에 달하는 일에 이를까 두렵소."

그리고 마침내 떠나 버렸다.

그러므로 "사물에 기미가 보이면 머뭇거릴 일이 아니다"라고 말하는 것이다.

有與悍者鄰, 欲賣宅而避之.

人曰:「是其貫將滿矣, 子姑待之.」

答曰:「吾恐其以我滿貫也.」

遂去之.

故曰:「物之幾者, 非所靡也.」

【貫將滿】'貫'은《說文》에 "錢貝之貫"이라 함. 돈꿰미가 가득 차 더 이상 꿸 수 없음. 사물이 가득 차서 한계에 이름을 뜻함. 여기서는 그의 악행이 지극한 데에 이르렀음을 비유한 것. 한편 〈乾道本〉에는 '滿矣'가 "滿也遂去之故曰勿之"의 8자가 있음. 이에 대해 王先愼은 "八字涉下文而複衍. 今據刪"이라 함.

【以我滿貫】나로써 그 극치에 달하는 마지막 희생이 됨을 말함.

【幾】사물의 미묘한 徵兆나 幾微.

【靡】'遲'와 같음.《荀子》榮辱篇 "靡之"의 注에 "猶言緩之"라 함.

참고 및 관련 자료

1.《太平御覽》(180)을 볼 것.

213(23-22)
욕심에는 꺾이고 마는 법

공자가 제자들에게 이렇게 물었다.

"누가 능히 자서子西가 자신의 명예를 낚으려 하는 짓을 선도할 수 있겠느냐?"

자공子貢이 말하였다.

"저賜라면 능히 할 수 있습니다."

이에 그를 선도하였더니 자서는 전혀 의심하지 않고 그의 뜻을 받아들였다.

공자가 말하였다.

"자서는 가슴이 넓구나. 이익에 얽매이지 않았구나! 깨끗하도다! 사람의 성품에는 항심恆心이 있는 법이다. 굽은 것은 굽었다 하고 곧은 것은 곧다고 하는구나."

그리고 공자는 또 이렇게 말하였다.

"자서는 재앙을 면하기 어려우리라."

백공白公의 난에 자서는 죽고 말았다.

그러므로 "행동에는 곧음을 다 한다 해도 욕심에는 꺾이고 마는 것"이라 말한 것이다.

孔子謂弟子曰:「孰能導子西之釣名也?」

子貢曰:「賜也能.」

乃導之, 不復疑也.

孔子曰:「寬哉, 不被於利! 絜哉, 民性有恆! 曲爲曲,
直爲直.」

孔子曰子西不免.

白公之難, 子西死焉.

故曰:「直於行者曲於欲.」

【導】 善導함. 引導함. 바로잡아줌.

【子西】 楚나라 公子 申. 자는 子西. 楚 平王의 庶子이며 昭王의 庶兄. 令尹을
　　지내어 흔히 令尹子西로 불림. 백공의 난에 피살되고 말았음.《左傳》을 참조
　　할 것.

【釣名】 명예를 얻고자 함.《漢書》公孫弘傳 "夫以三公爲布被, 誠飾詐欲以釣名"
　　注에 "釣, 取也, 若釣魚之謂也"라 함.

【賜】 端木賜. 공자 제자 子貢의 이름.《史記》仲尼弟子列傳에 "端木賜, 衛人.
　　字子貢, 少孔子三十一歲. 子貢利口巧辭, 孔子常黜其辯"이라 하여 言辯에 뛰어
　　났던 인물.

【不復疑】 자공의 충고 말에 子西가 의심을 품지 않고 순순히 받아들임.

【絜】 '潔'과 같음.

【民性有恆】 '恆'은 '恒'과 같음. 사람의 성품에는 '恆心'이 있음.

【白公】 白公 勝. 勝은 이름. 춘추시대 楚 平王의 建의 아들. 伍子胥가 망명할
　　때 그를 데리고 鄭나라로 달아나자 鄭나라는 楚나라의 보복이 두려워 建을
　　죽여 버렸음. 伍子胥는 建의 아들 勝을 데리고 吳나라로 도망, 결국 오자서는
　　吳나라 군사를 이끌고 楚나라를 공격하여 수도 郢까지 들어갔음. 이렇게
　　되자 楚나라 令尹 子西는 勝을 불러들여 巢大夫로 삼고 號를 白公이라 일컬음.
　　백공은 子西에게 청하여 鄭나라를 쳐서 아버지의 원수를 갚자고 하였지만

자서는 대답만 해놓고 실행치 않다가 도리어 晉나라를 쳐서 鄭나라를 구해 주었음. 백공은 이에 子西를 죽여 버렸으며 이렇게 일이 벌어지자 平王의 손자 惠王은 달아나고 백공이 즉위하여 왕이 되었음. 이에 葉公(沈諸梁)이 백공을 죽이고 惠王을 복위시켰음.

【曲於欲】'曲'은 '蔽'와 같음.

╭─ 참고 및 관련 자료 ─╮

1.《孔子集語》를 볼 것.

214(23-23)
색부嗇夫의 사람됨

진晉나라 중항문자中行文子가 망명해 가다가 어느 현縣을 지나게 되었다. 따르던 자가 말하였다.

"이곳의 색부嗇夫는 귀하와 연고가 있는 사람입니다. 귀하께서는 어찌 머물러 쉬었다가 잠시 뒤따라올 수레를 기다리지 않습니까?"

문자가 말하였다.

"내가 일찍이 음악을 좋아했더니 이 사람이 나에게 명금鳴琴을 보내주었고, 내 패옥佩玉을 좋아했더니 나에게 옥환玉環을 보내준 적이 있었다. 이는 나의 잘못을 더욱 들추어 조장해주려는 것이었으며, 그것으로써 나의 마음을 사려는 것이었다. 나는 그가 나를 가지고 다른 사람의 마음을 사려 할까 두렵다."

그리고 바로 그곳을 떠났다.

과연 그는 문자를 따르던 후속 수레 두 대를 빼앗아 이를 임금에게 바쳤다.

晉中行文子出亡, 過於縣邑.

從者曰:「此嗇夫, 公之故人. 公奚不休舍, 且待後車?」

文子曰:「吾嘗好音, 此人遺我鳴琴; 吾好珮, 此人遺

我玉環: 是振我過者也. 以求容於我者, 吾恐其以我求
容於人也.」

乃去之.

果收文子後車二乘而獻之其君矣.

【中行文子】晉나라 六卿 가운데 하나였던 荀寅. 中行氏는 원래 晉나라 대부
荀林父의 후손. 晉 文公 때 左右中 三行의 軍事 編制를 만들 때 荀林父가
中行將이 되어 中行桓子로 불렸으며, 그 후손이 뒤에 晉나라 六卿의 하나인
中行氏로 발전하였으나 역시 智氏(智伯, 荀瑤)에게 망하고 말았음. '行'은 '항'
으로 읽음. 荀寅이 齊나라로 달아난 사건은《左傳》哀公 5년 傳을 볼 것.
【嗇夫】지방 縣의 民事와 徵稅를 담당하던 관직.《鶡冠子》에 "五鄉爲縣, 縣有
嗇夫治也"라 하였고,《漢書》百官公卿表에는 "鄉有嗇夫, 職聽訟, 收賦稅"라 함.
【後車】주인 일행을 뒤따르는 수레.
【鳴琴】고대 금의 이름.《梁元帝纂要》에 "鳴琴, 古琴名, 有鳴簾自鳴"이라 함.
【珮玉】'珮'는 '佩'와 같음. 허리띠에 차서 늘어뜨리는 玉飾.
【振我過】'振'은 '揚'과 같음. 허물을 더욱 많이 저지르도록 助長함.
【求容於我】나의 마음에 들고자 함. 나의 환심을 사고자 하는 목적으로 한 짓임.
《呂氏春秋》似順의 "順令而取容"의 注에 "容, 悅也"라 함.

215(23-24)
나를 추천해 달라

주조周趮가 궁타宮他에게 이렇게 제의하였다.

"나를 위하여 제왕齊王에게 '제나라의 힘으로 나 주조를 위魏나라에서 중용될 수 있도록 해주면 위나라 왕으로 하여금 제왕을 섬기도록 해드리겠다'고 말해 주시오."

궁타가 말하였다.

"안 됩니다. 이는 위나라에서 세력이 없다는 사실을 보이는 것이 됩니다. 제왕은 틀림없이 위나라에서 세력이 없는 자를 도왔다가 위나라 세력을 가진 자에게 원한을 살 일은 하지 않을 것입니다. 그대께서는 차라리 '왕께서 바라시는 것을 말씀하시면 제가 그대로 위나라로 하여금 받아들이도록 하겠다'라고 하느니만 못합니다. 제왕은 틀림없이 귀하가 제나라에서 힘을 가진 자로 여겨 그대에게 의지하게 될 것입니다. 이것이 바로 공이 제나라에 세력을 펴서 제나라의 힘으로 위나라에서 세력을 얻게 되는 것입니다."

周趮謂宮他曰:「爲我謂齊王曰:『以齊資我於魏, 請以魏事王.』」

宮他曰:「不可, 是示之無魏也, 齊王必不資於無魏者, 而以怨有魏者. 公不如曰:『以王之所欲, 臣請以魏聽王.』

齊王必以公爲有魏也, 必因公. 是公有齊也, 因以有齊·
魏矣.」

【周趎】魏나라 사람. 周朁, 周宵, 周霄, 周躁 등 여러 표기가 있음.
【宮他】周나라 사람. 그 무렵 魏나라에 와 있었던 듯함.
【齊王】齊 閔王. 湣王으로도 표기하며 이름은 地. 宣王의 아들. 淖齒에게 죽임을
당함. B.C.300~B.C.284년까지 17년간 재위하고 襄王에게 이어짐.
【以有齊魏】顧廣圻는 "以齊有魏"라 되어야 한다고 하였음. "齊나라로써 魏
나라를 가지게 되다"의 뜻.

참고 및 관련 자료

1.《戰國策》魏策(4)

周肖謂宮他曰:「子爲肖謂齊王曰:『肖願爲外臣.』令齊資我於魏.」宮他曰:
「不可, 是示齊輕也. 夫齊不以無魏者以害有魏者, 故公不如示有魏. 公曰:『王之
所求於魏者, 臣請以魏聽.』齊必資公矣, 是公有齊, 以齊有魏也.」

임금의 효성을 칭찬하라

백규白圭가 송宋나라 영윤令尹에게 말하였다.

"임금이 장성하여 자신이 직접 정사를 보게 되면 그대는 알 일이 없어질 것입니다. 지금 임금은 나이가 어리면서도 명성을 얻기에 힘쓰고 있으니 초楚나라로 하여금 임금의 효성을 칭찬해 주도록 하느니만 못합니다. 그렇게 하면 임금은 그대의 자리를 빼앗지 않을 것이며 크게 그대를 존중할 것입니다. 그렇게 되면 그대는 송나라에서 늘 권력을 쓸 수 있게 될 것입니다."

白圭謂宋令尹曰:「君長自知政, 公無事矣. 今君少主也而務名, 不如令荊賀君之孝也. 則君不奪公位, 而大敬重公, 則公常用宋矣.」

【白圭】戰國시대 魏나라 사람. 이름은 丹. 圭는 자. 혹 周나라 사람이라고도 함. 魏나라에 관직을 맡아 惠施와 함께 이름을 날렸으며 治水에 뛰어난 치적을 보이기도 하였음.《孟子》告子(下)에 "白圭曰:「丹之治水也愈於禹.」"라 하였고, 趙岐 注에 "丹名, 圭字也. 當諸侯之時有小水, 白圭爲治除之, 因自謂過乎禹也" 라 함.

【宋令伊】 宋 相國(令尹)에게 일러 말함. 그러나 令尹은 楚나라만의 관직 이름
 으로 宋나라에는 없어 이에 많은 판본에는 '大尹'으로 고쳐져 있음.《戰國策》
 宋策에도 '大尹'으로 되어 있으며 高誘 注에 "大尹, 宋卿也"라 함.

참고 및 관련 자료

1.《戰國策》宋策
謂大尹曰:「君日長矣, 自知政, 則公無事. 公不如令楚賀君之孝, 則君不奪太后
之事矣, 則公常用宋矣.」

217(23-26)
무함巫咸이 아무리 잘 빈다 해도

관중管仲과 포숙鮑叔이 서로 이렇게 말하였다.

"임금의 난행亂行이 심하니 틀림없이 나라를 잃게 될 것입니다. 제齊 나라의 여러 공자公子들 가운데 보좌할 만 한 자는 공자 규糾가 아니면 소백小白이오. 나는 그대와 더불어 저마다 한 사람씩 섬겨서 먼저 성공한 자가 서로 거두어주기로 합시다."

관중은 이에 공자 규를 따르고 포숙은 소백을 따랐다.

나라 사람이 과연 임금을 시해하는 일이 벌어지고 말았다.

소백이 먼저 들어가 임금이 되어 노魯나라 사람이 관중을 붙들어 바치자 포숙이 말하여 그를 재상으로 삼았다.

그러므로 속담에 "무함巫咸이 비록 잘 빈다 하지만 자신의 재앙을 털어 낼 수 없고, 진월인秦越人이 비록 병을 잘 고친다 하지만 자신에게 침을 잘 놓지는 못한다"라 하였던 것이다.

관중의 훌륭한 재주로도 포숙의 도움을 기다려야만 했던 것이니 이것이 비루한 속담에 이른 바 "노예가 자신의 갖옷을 팔고자 해도 팔리지 않고, 사士가 스스로 말솜씨를 자랑해도 남이 믿어주지 않는다"라고 하는 것이다.

管仲·鮑叔相謂曰:「君亂甚矣, 必失國. 齊國之諸公子 其可輔者, 非公子糾, 則小白也. 與子人事一人焉, 先達者相收.」

管仲乃從公子糾, 鮑叔從小白.

國人果弑君.

小白先入爲君, 魯人拘管仲而效之, 鮑叔言而相之.

故諺曰:「巫咸雖善祝, 不能自祓也; 秦醫雖善除, 不能自彈也.」

以管仲之聖而待鮑叔之助, 此鄙諺所謂「虜自賣裘而不售, 士自譽辯而不信」者也.

【管仲】 춘추시대 齊나라 인물. 管仲. 夷吾는 이름이며 仲은 그의 字. 齊 桓公을 첫 霸者로 성취시킨 인물. 처음 齊나라에 난이 일어나 公子들이 뿔뿔이 흩어질 때 管仲은 公子 糾를 모시고 魯나라로 피신하였으며 鮑叔은 小白을 모시고 莒나라로 피신함. 뒤에 난이 끝나고 먼저 귀국하는 자가 왕위에 오르게 되어 있었으며 이 때 管仲은 小白 일행이 오는 길목을 지키다가 활로 小白을 쏘았으나 小白이 허리띠 고리에 맞고 죽은 척 쓰러져 있다가 지름길로 들어가 먼저 왕위에 올랐으며 이가 환공임. 이에 공자 규와 관중 일행은 귀국하지 못하고 처벌을 기다렸으나 鮑叔의 추천으로 환공의 재상이 되어 제나라를 부강하게 만들었으며 재상에 오름. 환공이 그를 높여 仲父라 일컬었음. 《史記》 管晏列傳 및 《列子》 등을 참조할 것. '管鮑之交' 등의 많은 고사를 남겼으며 그의 사상과 언행을 기록한 《管子》가 전함.

【鮑叔】 鮑叔牙. 管仲과 함께 齊 桓公을 도운 大夫. 齊 襄公으로 인해 내란이 일어나자 공자 小白을 모시고 莒로 피하였다가 먼저 들어와 임금 자리(桓公)에 오르도록 함. 뒤에 公子 糾를 모시고 魯나라에 묶여 있던 管仲이 소환되어 오자 桓公에게 管仲을 추천하여 재상으로 삼아 환공으로 하여금 春秋의 첫 霸者가 되도록 함. '管鮑之交'로 널리 알려져 있음. 《史記》 管晏列傳 및 《列子》 등을 참조할 것. 《國語》 齊語 韋昭 注에 "鮑叔, 齊大夫, 姒姓之後, 鮑敬叔之子叔牙也" 라 함.

【君亂】군주가 음란에 빠짐. 君은 齊 襄公을 가리킴. 僖公의 아들이며 이름은
諸兒. B.C.697~B.C.686년까지 12년간 재위함. 魯 桓公에게 시집간 누이동생
文姜과 사통하면서 彭生으로 하여금 魯 桓公을 죽이게 하였으며 많은 악행을
저질러 마침내 齊나라에 내란을 유발함.《左傳》,《史記》및《列女傳》등을
참조할 것.

【巫咸】고대 殷나라 때의 무당 이름.《尙書》君奭篇에 "巫咸乂王家"라 하였고,
《楚辭》"巫咸將夕降兮"의 注에 "巫咸, 古神巫, 當殷中宗之世"라 함.

【自祓】자신을 祓除함. 재앙을 없앰.

【秦醫】秦越人. 즉 扁鵲을 가리킴. 전설상의 名醫 扁鵲은 따로 있었으나 흔히
秦越人을 편작으로 여겼음. 秦은 성씨, 越人은 이름. 秦越人은 盧醫로도
부르며 鄭縣(지금의 河北 任丘縣) 출신으로 그에 대한 사적은 기록마다 차이가
있으나 춘추 말부터 전국 초기까지 활동했던 것으로 보임.《史記》扁鵲列傳을
참조할 것.

【彈】砭鍼으로 종기를 자극하여 터뜨려 치료함.〈外儲說〉에 "不能使人以半寸
砥石彈之"라 하여 血位를 자극하거나 피부를 찔러 膿血을 뽑아내는 치료법.

【賣裘】자신이 훔친 臟物로서의 갖옷을 뜻함.

참고 및 관련 자료

1.《太平御覽》(828)을 볼 것.

218(23-27)
점괘의 효용

초왕楚王이 오吳나라를 치자 오나라는 저위沮衛와 궐융蹶融을 보내어 초나라 군사들을 위문하도록 하였다.

그러자 초나라 장군이 말하였다.

"저자를 잡아 묶어라. 죽여서 그 피를 북에 발라라."

그리고 그에게 물었다.

"네가 올 때 점을 쳤느냐?"

그가 대답하였다.

"점을 쳤다."

"점괘가 길吉하더냐?"

그가 말하였다.

"길하였다."

초나라 사람이 물었다.

"지금 초나라에서는 앞으로 너를 죽여 그 피를 북에 바르려고 하는데 어찌 된 것이냐?"

그가 대답하였다.

"이것이 바로 그 길한 까닭이다. 오나라가 나로 하여금 오도록 한 것은 진실로 그대 장군의 노여움을 살펴보려는 것이었다. 장군이 노하면 해자를 깊이 파고 보루를 높이 쌓을 것이요, 장군이 노하지 않으면 경계를 게을리 할 것이다. 지금 장군이 나를 죽인다면 오나라는 틀림없이 경계하며 잘 지킬 것이다. 또한 나라가 점을 친다는 것은 나 같은 신하 하나를 위해 점을 치는 것이 아니다. 무릇 신하 한 사람을 죽여서 나라 전체가 보존된다면 그것을 길한 것이라 말하지 않고 무엇이라 하겠는가? 더구나 죽은 자가 아무 것도 알지 못한다면 내 피를 가지고 북에 바른다 해도 아무런 이득이 없을 것이다, 죽은 자가 앎이 있다면 나는 앞으로 전투가 벌어질 때를 내 힘으로 북이 울리지 않게 할 것이다"

초나라 사람은 이에 그를 죽이지 않았다.

荊王伐吳, 吳使沮衛·蹶融犒於荊師.

荊將軍曰:「縛之, 殺以釁鼓.」

問之曰:「汝來卜乎?」

答曰:「卜.」

「卜吉乎?」

曰:「吉.」

荊人曰:「今荊將以女釁鼓, 其何也?」

答曰:「是故其所以吉也. 吳使人來也, 固視將怒. 將軍怒, 將深溝高壘; 將軍不怒, 將懈怠. 今也將軍殺臣, 則吳必警守矣. 且國之卜, 非爲一臣卜. 夫殺一臣而存一國, 其不言吉, 何也? 且死者無知, 則以臣釁鼓無益也; 死者有知也, 臣將當戰之時, 臣使鼓不鳴.」

荊人因不殺也.

【沮衛蹶融】 沮衛는 관명이라고도 하나 구체적으로 알 수 없음. 《太平御覽》과 〈集解〉에는 인명으로 보았음. 蹶融은 인명. 《左傳》에는 '蹶由'로 되어 있음.

【犒】犒饋. 즉 군사들에게 음식을 대접하며 그 노고를 치하함.
【釁鼓】'釁'은 血祭. 북에 희생의 피를 발라 案前과 加護를 비는 것.
【溝】전투의 堡壘 둘레를 파서 垓字를 삼음. 溝塹과 같음.
【無知】죽은 이는 아무것도 아는 것이 없음.
【使鼓不鳴】자신의 영혼이 전투의 신호를 알리는 북으로 하여금 울리지 않도록 함.

참고 및 관련 자료

1. 《左傳》昭公 5年 傳

楚子以馹至於羅汭. 吳子使其弟蹶由犒師, 楚人執之, 將以釁鼓. 王使問焉,
曰:「女卜來吉乎?」對曰:「吉. 寡君聞君將治兵於敝邑, 卜之以守龜, 曰:『余亟
使人犒師, 請行以觀王怒之疾徐, 而爲之備, 尚克知之.』龜兆告吉, 曰:『克可
知也.』君若驩焉, 好逆使臣, 滋敝邑休怠, 而忘其死, 亡無日矣. 今君奮焉震電
馮怒, 虐執使臣, 將以釁鼓, 則吳知所備矣. 敝邑雖羸, 若早修完, 其可以息師.
難易有備, 可謂吉矣. 且吳社稷是卜, 豈爲一人. 使臣獲釁軍鼓, 而敝邑知備, 以禦
不虞, 其爲吉孰大焉. 國之守龜, 其何事不卜? 一臧一否, 其誰能常之? 城濮之兆,
其繄在邲. 今此行也, 其庸有執志.」乃弗殺.

2. 《說苑》奉使篇

秦楚轂兵, 秦王使人使楚, 楚王使人戲之曰:「子來亦卜之乎?」對曰:「然!」「卜之
謂何?」對曰:「吉」楚人曰:「噫! 甚矣! 子之國無良龜也. 王方殺子以釁鐘, 其吉
如何?」使者曰:「秦楚轂兵, 吾王使我先窺我死而不還, 則吾王知警戒, 整齊
兵以備楚, 是吾所謂吉也. 且使死者, 而無知也, 又何釁於鐘, 死者, 而有知也,
吾豈錯秦相楚哉? 我將使楚之鐘鼓無聲, 鐘鼓無聲, 則將無以整齊其士卒而
理君軍. 夫殺人之使, 絶人之謀, 非古之通議也. 子大夫試熟計之.」使者, 以報
楚王. 楚王赦之. 此之謂「造命」.

3. 기타 《太平御覽》(338)을 볼 것.

219(23-28)
구유仇由의 멸망

지백知伯이 구유仇由를 치려고 하였으나 길이 험난하여 통할 수가 없었다. 이에 큰 종을 주조하여 구유의 임금에게 선물로 보냈다.

구유의 임금이 크게 기뻐하며 길을 닦아 앞으로 이들을 받아들이려 하였다.

그러자 적장만지赤章曼枝가 말하였다.

"안 됩니다. 이는 작은 나라가 큰 나라를 섬기는 방법인데 지금 큰 나라가 그렇게 해서 오겠다니 틀림없이 병졸이 따라올 것입니다. 받아들여서는 안 됩니다."

구유의 임금은 듣지 않고 마침내 그것을 받아들였다.

적장만지는 이에 수레 굴대 끝을 자르고 말을 달려 제齊나라로 사라졌고 일곱 달만에 구유는 망하고 말았다.

知伯將伐仇由, 而道難不通, 乃鑄大鐘遺仇由之君.

仇由之君大說, 除道將內之.

赤章曼枝曰:「不可. 此小之所以事大也, 而今也大以來, 卒必隨之, 不可內也.」

仇由之君不聽, 遂內之.
赤章曼枝因斷轂而驅, 至於齊, 七月而仇由亡矣.

【知伯】춘추 말기 晉의 六卿의 하나. '智伯'으로도 표기하며 원래 이름은 荀瑤.
知襄子. 智襄子. 晉나라 대부. 知躒의 손자. 시호는 襄子. 智는 采邑 이름. 지금의
山西 解縣. 《左傳》 杜預 注에 "荀瑤. 荀躒之孫, 知伯襄子"라 함. 六卿 가운데
가장 세력이 강하여 먼저 范氏와 中行氏를 멸하고 趙氏를 멸하려다가 韓, 魏, 趙
三卿이 연합하여 知氏를 멸하여 망하고 말았음.
【仇由】仇猶, 仇首, 仇繇, 仇䣝, 仇䲷, 夙繇, 厹繇 등으로도 표기하며 지금의 山西
盂縣 동북부에 있던 작은 나라. 지금 그곳에 仇猶山, 仇猶河가 있으며 仇猶君의
사당이 있음.
【除道將內】'除'는 도로를 개설함. '內'은 '納'과 같음.
【赤章曼枝】仇由의 신하. 赤章은 複姓. 구체적인 사적은 알 수 없음.
【斷轂而驅】산 속 좁은 길을 빨리 달리기 위하여 수레바퀴 양 끝에 길게 나온
굴대를 짧게 잘라 버리고 수레를 몰아 달아남.
【七月】顧廣圻의 《韓非子識誤》에는 '七日'이어야 한다고 보았음. 그러나 《太平
御覽》에는 도리어 '十月'로 되어 있음.

참고 및 관련 자료

1. 《呂氏春秋》 權勳篇

中山之國有厹繇者. 智伯欲攻之而無道也, 爲鑄大鐘, 方車二軌以遺之. 厹繇之
君將斬岸堙谿以迎鐘. 赤章蔓枝諫曰:「《詩》云: 『唯則定國.』 我胡
則以得是於智伯? 夫智伯之爲人也貪而無信, 心欲攻我而無道也, 故爲大鐘,
方車二軌以遺君. 君因斬岸堙谿以迎鐘, 師必隨之.」弗聽. 有頃, 諫之, 君曰:
「大國爲懽, 而子逆之, 不祥. 子釋之.」赤章蔓枝曰:「爲人臣不忠貞, 罪也; 忠貞
不用, 遠身可也.」斷轂而行, 至衛七日而厹繇亡. 欲鐘之心勝也, 欲鐘之心勝則
安厹繇之說塞矣. 凡聽說, 所勝不可不審也, 故太上先勝.

2.《史記》樗里子傳

游騰爲周說楚王曰:「知伯之伐仇猶, 遺之廣車, 因隨之以兵, 仇猶遂亡. 何則?
無備故也. 齊桓公伐蔡, 號曰誅楚, 其實襲蔡. 今秦, 虎狼之國, 使樗里子以車
百乘入周, 周以仇猶·蔡觀焉, 故使長戟居前, 彊弩在後, 名曰衛疾, 而實囚之.
且夫周豈能無憂其社稷哉? 恐一旦亡國以憂大王.」楚王乃悅.

3.《戰國策》西周策

游騰謂楚王曰:「昔智伯欲伐厹由, 遺之大鍾, 載以廣車, 因隨入以兵, 厹由卒亡,
無備故也. 桓公伐蔡也. 號言伐楚, 其實襲蔡. 今秦者, 虎狼之國也, 兼有吞周
之意; 使樗里疾以車百乘入周, 周君懼焉, 以蔡·厹由戒之, 故使長兵在前, 強弩
在後, 名曰衛疾, 而實囚之也. 周君豈能無愛國哉? 恐一日之亡國, 而憂大王.」
楚王乃悅.

4. 기타《太平御覽》(575)을 볼 것.

220(23-29)
의상倚相의 판단

월越나라가 오吳나라에게 승리하고 다시 초楚나라에게 군사를 내도록 하여 진晉나라를 공격하고자 하였다.

좌사左史 의상倚相이 초왕楚王에게 말하였다.

"무릇 월나라는 오나라를 쳐서 깨뜨리기는 하였으나 뛰어난 용사는 죽고 정예의 병졸들은 모두 없어졌으며 대갑大甲도 손상을 입었습니다. 그런데 지금 또 군사를 요구하여 진나라를 공격하는 것은 우리에게 그 군대가 피폐하지 않았다는 것을 보이려는 것입니다. 우리가 군사를 일으켜 오나라를 나누어 갖느니만 못합니다."

초왕이 말하였다.

"좋소."

그래서 군사를 일으켜 월나라 뒤를 추격하였다.

월왕이 노하여 이를 맞아 치려하였다.

그러자 대부 문종文種이 말하였다.

"안 됩니다. 우리의 뛰어난 용사는 다 죽고 대갑은 손상을 입었습니다. 우리가 그들과 맞서 싸우면 이기지 못할 것은 틀림없습니다. 뇌물을 주느니만 못합니다."

이에 노산露山의 북쪽 오백 리 땅을 할양하여 뇌물로 주었다.

越已勝吳, 又索卒於荊而攻晉.

左史倚相謂荊王曰: 「夫越破吳, 豪士死, 銳卒盡, 大甲傷. 今又索卒以攻晉, 示我不病也. 不如起師與分吳.」

荊王曰: 「善.」

因起師而從越.

越王怒, 將擊之.

大夫種曰: 「不可. 吾豪士盡, 大甲傷. 我與戰, 必不克, 不如賂之.」

乃割露山之陰王百里以賂之.

【索卒】 군사를 내 줄 것을 요구함. '索'은 '求'와 같음.

【左史】 관직 이름. 史官.

【倚相】 楚나라의 유명한 사관. 《國語》 楚語에도 그 이름이 보이며 《左傳》 昭公 24년 傳에 「左史倚相趨過, 王曰: 「是良史也, 子善視之! 是能讀《三墳》·《五典》·《八索》·《九丘》.」」라 함.

【荊王】 蒲坂圓은 楚 惠王이라 함. 이름은 章. 春秋末부터 戰國初까지의 楚나라 임금. 그러나 《說苑》에는 莊王으로 되어 있음.

【大甲】 튼튼한 갑옷으로 중무장한 군대를 말함. 《漢書》 刑法志 "魏氏武卒, 衣三屬之甲" 注에 "作大甲. 三屬, 竟人身也"라 함. '三屬'은 披膊, 胸鎧, 腿裙 등의 장비로 몸을 감싼 軍裝을 뜻함.

【從越】 '從'은 '逐'의 뜻. 追擊함.

【越王】 句踐을 가리킴. 范蠡와 文種의 보필로 吳나라 夫差를 멸하고 春秋말 霸者가 됨.

【大夫種】 文種은 이름. 자는 少禽, 또는 子禽. 越王 句踐의 공신. 뒤에 句踐에게 죽임을 당함.

【露山】 지금의 江水와 淮水 일대. 《史記》 楚世家에 "四十四年, 楚滅杞. 與秦平. 是時越已滅吳而不能正江·淮北; 楚東侵, 廣地至泗上"라 하였고, 〈越王句踐世家〉

에는 "句踐已平吳, 乃以兵北渡淮, 與齊·晉諸侯會於徐州, 致貢於周. 周元王使
人賜句踐胙, 命爲伯. 句踐已去, 渡淮南, 以淮上地與楚, 歸吳所侵宋地於宋, 與魯
泗東方百里. 當是時, 越兵橫行於江·淮東, 諸侯畢賀, 號稱霸王"라 함.

참고 및 관련 자료

1.《說苑》權謀篇

越破吳, 請師於楚以伐晉. 楚王與大夫皆懼, 將許之. 左史倚相曰:「此恐吾攻己,
故示我不病. 請爲長轂千乘, 卒三萬, 與分吳地也.」莊王聽之, 遂取東國.

221(23-30)
열흘 내린 비

초楚나라가 진陳을 칠 때 오吳나라가 진나라를 구원하러 나서 두 군 사이가 삼 십리였다.

비가 열흘 동안 내리다가 밤에 별이 보였다.

좌사 의상倚相이 자기 子期에게 말하였다.

"비가 열흘이나 내려 갑옷을 간수하고 무기를 쓰지 않고 모아두기만 하였으니 오나라 군대가 틀림없이 쳐들어올 것입니다. 대비를 하셔야 할 것입니다."

이에 진을 치고 대비하여 아직 진을 갖추기 전에 오나라 군사가 닥쳐 왔다가 초나라가 진을 치는 것을 보고 되돌아갔다.

좌사가 말하였다.

"오나라 군대가 되돌아가면 왕복 60리니 장수들은 반드시 쉬어야 하고 병졸들은 반드시 식사를 해야 할 것입니다. 우리는 30리만 가서 치면 되는 것이니 틀림없이 그들을 패배시킬 수 있을 것입니다."

이에 그들을 추격하여 마침내 오나라 군대를 무찔렀다.

荊伐陳, 吳救之, 軍間三十里.

雨十日, 夜星.

左史倚相謂子期曰:「雨十日, 甲輯而兵聚. 吳人必至, 不如備之.」

乃爲陳, 陳未成也而吳人至, 見荊陳而反.

左史曰:「吳反覆六十里, 其君子必休, 小人必食. 我行三十里擊之, 必可敗也.」

乃從之, 遂破吳軍.

【荊伐陳】 B.C.485년 楚나라 司馬子期가 陳나라를 치자 吳나라가 陳나라 구원에
　나선 사건임.《說苑》에는 楚 莊王의 일로 되어 있으나 莊王과 倚相, 子期는
　시간적으로 맞지 않음.
【夜星】 밤에 날이 갬. '星'은 '精'과 같으며 '精'은 '晴'과 같음. 날이 개어 별이 보임.
【左史倚相】 楚나라 史官. 앞 장 참조.
【子期】 楚 昭王의 庶子이며 이름은 結. 令尹 子西의 아우. 군사책임자인 司馬
　벼슬에 있었음.《史記》에는 '子綦'로,《左傳》에는 '子期'로 표기되어 있음. 白公
　勝에게 피살당함.
【爲陳】 진을 침. '陳'은 '陣'과 같음.
【君子】 장교와 장수들. 小人은 병졸을 가리킴. 尹桐陽은 "君子, 謂軍吏; 小人,
　士卒也"라 함.

참고 및 관련 자료

1.《說苑》指武篇
楚莊王伐陳, 吳救之, 雨十日十夜, 晴. 左史倚相曰:「吳必夜至, 甲列壘壞, 彼必
薄我, 何不行列, 鼓出待之」吳師至楚, 見成陳而還. 左史倚相曰:「追之」吳行
六十里而無功, 王罷卒寢. 果擊之, 大敗吳師.

2. 기타《太平御覽》(10)을 볼 것.

222(23-31)
화해를 위한 거절

한韓나라와 조趙나라가 서로 다툼을 벌였다.

한나라 임금이 위魏나라에게 군대를 요구하여 이렇게 말하였다.

"바라건대 군사를 빌려서 조나라를 치고자 합니다."

위 문후文侯가 말하였다.

"과인과 조나라는 형제 관계이니 그러한 요구를 따를 수 없습니다."

조나라도 또 군대를 요구하여 한나라를 치려하였다.

문후가 말하였다.

"과인은 한나라와 형제 관계이니 감히 그러한 요구를 따를 수 없습니다."

두 나라는 모두 원병을 얻을 수 없어 노하여 돌아갔다.

얼마 뒤 그들은 문후가 자기들을 화해시키려고 그렇게 했음을 알고 모두 위나라를 찾아와서 예를 갖추었다.

韓・趙相與爲難.

韓子索兵於魏曰:「願借師以伐趙.」

魏文侯曰:「寡人與趙兄弟, 不可以從.」

趙又索兵以攻韓.

文侯曰:「寡人與韓兄弟, 不敢從.」

二國不得兵, 怒而反.
已乃知文侯以搆於已, 乃皆朝魏.

【爲難】 싸움을 일으킴. 적대관계가 됨. 이때는 魏 文侯(斯), 趙 烈侯(籍), 韓
　敬侯(虔)가 각기 제후의 반열에 올라 戰國七雄이 되었을 때였음.
【魏文侯】 전국시대 魏나라의 뛰어난 군주. 武侯의 아버지. 卜子夏·段干木·田
　子方, 翟璜 등을 보필로 삼아 가장 먼저 개혁정책을 폈으며, 七雄 가운데 최초로
　부국강병을 꾀함. B.C.445~B.C.396년까지 50년간 재위함. 이름은 '斯'.《史記》
　에는 '都'로 되어 있음.
【韓子】 여기서는 韓의 군주를 가리킴.
【搆】 '講'과 같음. 강화를 통해 화해시키려는 의도로 그렇게 한 것임.

╭─────────────────────╮
│ 참고 및 관련 자료 │
╰─────────────────────╯

1.《戰國策》魏策(1)
韓·趙相難. 韓索兵於魏曰:「願得借師以伐趙」魏文侯曰:「寡人與趙兄弟, 不敢
從」趙又索兵以攻韓, 文侯曰:「寡人與韓兄弟, 不敢從」二國不得兵, 怒而反.
已乃知文侯以講於己也, 皆朝魏.

223(23-32)
위조품 참정讒鼎

제齊나라가 노魯나라를 치고 참정讒鼎을 요구하자 노나라는 그 위조품을 가지고 갔다.

제나라 사람이 말하였다.

"이는 위조품이다."

노나라 사람이 말하였다.

"진품입니다."

제나라가 말하였다.

"악정자춘樂正子春을 오게 하라. 우리는 그분의 의견을 들어 보겠다."

노나라 임금이 악정자춘에게 부탁하자 악정자춘이 말하였다.

"어찌 진품을 가지고 가지 않았습니까?"

임금이 말하였다.

"나는 그것이 아까워 그랬다오."

악정자춘이 대답하였다.

"저도 또한 저의 신용을 아낀답니다."

齊伐魯, 索讒鼎, 魯以其鴈往.

齊人曰:「鴈也.」

魯人曰:「眞也.」

齊曰:「使樂正子春來, 吾將聽子.」

魯君請樂正子春, 樂正子春曰:「胡不以其眞往也?」

君曰:「我愛之.」

答曰:「臣亦愛臣之信.」

【讒鼎】鼎은 세 발 달린 보물 솥. 讒은 그 명칭. 참언을 경계하는 내용을 명문
으로 새긴 솥이라고도 하며 또는 지명으로 禹가 甘讒에서 九鼎을 주조하여
그 이름이 유래되었다고도 함. 다른 기록에는 '岑鼎', '崇鼎' 등으로 되어 있음.
한편《左傳》昭公 3년 傳에 "叔向曰:「然. 雖吾公室, 今亦季世也. 戎馬不駕, 卿無
軍行, 公乘無人, 卒列無長. 庶民罷敝, 而宮室滋侈; 道殣相望, 而女富溢尤. 民聞
公命, 如逃寇讎. 欒·郤·胥·原·狐·續·慶·伯降在皂隷, 政在家門, 民無所依.
君日不悛, 以樂慆憂. 公室之卑, 其何日之有? 〈讒鼎之銘〉曰:『昧旦丕顯, 後世
猶怠』, 況日不悛, 其能久乎?」라 함.
【鴈】일부 기록에는 '贗'자로 되어 있으며 同音互訓임. '僞'와 같음. 위조품.
모조품.
【樂正子春】曾參의 제자로 孝로써 이름이 알려졌던 현인.《禮記》檀弓(上)에
"曾子寢疾, 病. 樂正子春坐於牀下, 曾元·曾申坐於足, 童子隅坐而執燭. 童子曰:
「華而睆, 大夫之簀與?」子春曰:「止!」曾子聞之, 瞿然曰:「呼!」曰:「華而睆, 大夫
之簀與?」曾子曰:「然, 斯季孫之賜也, 我未之能易也, 元, 起易簀」曾元曰:「夫子
之病革矣, 不可以變, 幸而至旦, 請敬易之.」曾子曰:「爾之愛我也不如彼; 君子
之愛人也以德, 細人之愛人也以姑息. 吾何求哉? 吾得正而斃焉斯已矣.」舉扶
而易之. 反席未安而沒"이라 함. 그러나 다른 기록에는 이 고사에서 자문을 구한
자가 柳下惠로 되어 있음.

참고 및 관련 자료

1.《呂氏春秋》審己篇
齊攻魯, 求岑鼎, 魯君載他鼎以往. 齊侯弗信而反之, 爲非. 使人告魯侯, 曰:

「柳下季以爲是, 請因受之」魯君請於柳下季, 柳下季答曰:「君之賂, 以欲岑鼎也? 以免國也? 臣亦有國於此, 破臣之國以免君之國, 此臣之所難也.」於是魯君乃以眞岑鼎往也. 且柳下季可謂此能說矣. 非獨存己之國也, 又能存魯君之國.

2. 《新序》節士篇

齊攻魯, 求岑鼎, 魯君載岑鼎往, 齊侯不信而反之, 以爲非也. 使人告魯君:「柳下惠以爲是, 因請受之.」請魯君請於柳下惠. 柳下惠對曰:「君子欲以爲岑鼎也, 以免國也? 臣亦有國於此, 破臣之國, 以免君之國, 此臣所難也.」魯君乃以眞岑鼎往. 柳下惠可謂守信矣, 非獨存己之國也, 又存魯君之國. 信之於人, 重矣, 猶輿之輗軏也. 故孔子曰:『大車無輗, 小車無軏, 其何以行之哉?』此之謂也.

3. 기타 《太平御覽》(430)을 볼 것.

〈毛公鼎〉

224(23-33)
말은 꾸며대기 나름

　한구韓咎가 스스로 나서서 임금 자리에 올랐으나 아직 안정되지는 않은 상태였다.

　그 아우가 주周나라에 있어 주나라에서는 그를 높여 주려고 하면서도 한구가 그를 인정하지 않을까 두려웠다.

　기무회蟇毋恢가 말하였다.

　"전차 백 대를 그에게 딸려 보내느니만 못합니다. 인정하면 그대로 경호를 하였다고 말하면 되고 인정하지 않으면 바로 적을 바치러 왔다고 말하면 됩니다."

　韓咎立爲君未定也.

　弟在周, 周欲重之, 而恐韓咎不立也.

　蟇毋恢曰:「不若以車百乘送之. 得立, 因曰爲戒; 不立, 則曰來效賊也.」

【韓咎】韓나라 公子 咎. 韓 襄王의 아들. 襄王에게는 公子 嬰, 公子 咎, 公子 蟣虱 등 세 아들이 있었으며 공자 嬰이 일찍 죽고 공자 咎가 왕이 되어 이가

한 釐王임. 이에 공자 蟻虱이 周(楚)나라에 있으면서 자신도 왕권 다툼에 국제
세력을 이용하려 하였음. 본문의 내용은 蘇代가 꾸민 모책이었음.

【綦母恢】周나라 신하. 綦母(혹은 綦毋)는 성. 恢는 이름. 綦母毋恢로도 표기함.

【爲戒】가는 도중의 警護, 警備를 뜻함.

【效賊】공자 咎에게 맞서려던 賊害의 인물을 바침. 王先愼은 "效, 致也. 咎爲韓君,
以兵車爲其弟之戒. 否則咎爲韓賊, 則以兵車致賊於韓也"라 함.

참고 및 관련 자료

1. 《戰國策》 韓策(2)

韓咎立爲君而未定也, 其弟在周, 周欲以車百乘重而送之, 恐韓咎入韓之不立也.
綦母恢曰:「不如以百金從之, 韓咎立, 因(曰)也以爲戒; 不立, 則曰來效賊也.」

225(23-34)
해대어海大魚

　정곽군靖郭君이 설薛 땅에 성을 쌓으려 하자 식객 가운데 그것을 간하는 자가 많았다.

　정곽군이 알자謁者에게 이렇게 말하였다.

　"객을 안내해 들여보내지 말라."

　그런데 제齊나라 어떤 사람으로 뵙기를 청하면서 이렇게 말하는 것이었다.

　"저는 청컨대 세 글자만 말하겠습니다. 세 글자를 넘으면 저를 삶아 죽이십시오."

　정곽군은 그래서 그를 만나보았다.

　그 객이 급히 달려 나와서 이렇게 말하였다.

　"해대어海大魚!"

　그리고는 이내 되돌아 달아났다.

　정곽군이 말하였다.

　"그 이야기를 듣겠노라."

　객이 말하였다.

　"저는 감히 죽음을 놀이 삼아 할 수 없습니다."

　정곽군이 말하였다.

　"원컨대 나를 위해 말해 달라."

　그가 대답하였다.

"군께서는 큰 물고기에 대해 들어 보셨습니까? 그물로도 잡을 수 없고 주살로도 얽을 수 없으나 그 고기가 뛰어서 물 밖으로 나오면 땅강아지나 개미들도 마음대로 할 수 있습니다. 지금 제나라는 군에게 있어 역시 바다와 같습니다. 군께서 제나라를 오래도록 가지고 계신다면 어찌 설 땅이 문제가 되겠습니까? 군께서 제나라를 잃으면 비록 설 땅에 성을 높이 쌓아 하늘에 닿는다 하더라도 오히려 아무런 이득이 없을 것입니다."

정곽군이 말하였다.

"좋소!"

이에 그만두게 하고 설 땅에 성을 쌓지 않았다.

靖郭君將城薛, 客多以諫者.

靖郭君謂謁者曰:「毋爲客通.」

齊人有請見者曰:「臣請三言而已. 過三言, 臣請烹.」

靖郭君因見之.

客趨進曰:「海大魚!」

因反走.

靖郭君曰:「請聞其說.」

客曰:「臣不敢以死爲戲.」

靖郭君曰:「願爲寡人言之.」

答曰:「君聞大魚乎? 網不能止, 繳不能絓也, 蕩而失水, 螻蟻得意焉. 今夫齊亦君之海也. 君長有齊, 奚以薛爲君? 失齊, 雖隆薛城至於天, 猶無益也.」

靖郭君曰:「善!」

乃輟, 不城薛.

【靖郭君】戰國時代 齊나라의 실력자 田嬰. 威王의 아들이며 宣王과는 異母兄弟
사이였음. 戰國四公子 孟嘗君(田文)의 아버지. 일찍이 田忌, 孫臏 등과 함께 馬陵
전투(B.C.341)에서 魏나라를 대패시키고 宣王 9년(B.C.311) 相國에 올라 11년간
통치함. 湣王 3년에는 薛(지금의 山東 滕縣)을 봉지로 받아 薛公으로도 불림.
죽은 뒤의 諡號가 靖郭君이었음. 《史記》孟嘗君列傳을 참조할 것.
【薛】지금의 山東 滕縣 동남쪽으로 靖郭君과 孟嘗君을 이어 이 집안의 采邑이
었음.
【謁者】빈객 안내역을 맡은 사람.
【烹】솥에 넣어 삶아서 죽이는 형벌의 일종.
【海大魚】바닷물에 사는 큰 고기. 세 글자이므로 '三言'이라 한 것임.
【繳不能牽】'繳'은 주살. 화살 등에 줄을 달아 물고기나 새를 잡는 사냥법. '絓'는
'結'과 같음. 주살로 얽어서 잡음.
【蕩而失水】'蕩'은 '搖蕩'. 제멋대로 마음 놓고 행동함.

참고 및 관련 자료

1.《戰國策》齊策(1)

靖郭君將城薛, 客多以諫. 靖郭君謂謁者:「无爲客通.」齊人有請者曰:「臣請
三言而已矣! 益一言, 臣請烹.」靖郭君因見之. 客趨而進曰:「海大魚.」因反走.
君曰:「客有於此.」客曰:「鄙臣不敢以死爲戲.」君曰:「亡, 更言之.」對曰:
「君不聞大魚乎? 網不能止, 鉤不能牽, 蕩而失水, 則螻蟻得意焉. 今夫齊, 亦君之
水也. 君長有齊陰, 奚以薛爲? 夫齊, 雖隆薛之城到於天, 猶之無益也.」君曰:
「善.」乃輟城薛.

2.《新序》雜事(2)

靖郭君欲城薛, 而客多以諫, 君告謁者, 無爲客通事. 於是有一齊人曰:「臣願一言,
過一言, 臣請烹.」謁者贊客. 客曰:「海大魚.」因反走. 靖郭君曰:「請少進.」客曰:
「否. 臣不敢以死戲.」靖郭君曰:「嘻! 寡人毋得已, 試復道之.」客曰:「君獨不聞
海大魚乎? 網弗能止, 繳不能牽, 碭而失水, 陸居則螻蟻得意焉. 且夫齊, 亦君之
水也, 君已有齊, 奚以薛爲? 君若無齊, 城薛, 猶且無益也.」靖郭君大悅, 罷民,
弗城薛也.

3.《淮南子》人間訓

何謂虧於耳・忤於心而合於實? 靖郭君將城薛, 賓客多止之, 弗聽. 靖郭君謂謁者曰:「無爲賓通言」齊人有請見者曰:「臣請道三言而已, 過三言請烹.」靖郭君聞而見之. 賓趨而進, 再拜而興, 因稱曰:「海大魚.」則反走. 靖郭君止之曰:「願聞其說.」賓曰:「臣不敢以死爲熙.」靖郭君曰:「先生不遠道而至此, 爲寡人稱之.」賓曰:「海大魚. 網弗能止也, 釣弗能牽也. 蕩而失水, 則螻螘皆得志焉. 今夫齊, 君之淵也. 君失齊, 則薛能自存乎?」靖郭君曰:「善」乃止不城薛. 此所謂虧於耳, 忤於心, 而得事實者也. 夫以無城薛止城薛, 其於以行說, 乃不若海大魚.

4. 기타《太平御覽》(192)을 볼 것.

226(23-35)
정세를 교묘히 이용

초왕楚王의 아우가 진秦나라에 가 있었는데 진나라에서 그를 돌려보내 주려 하지 않는 것이었다.

중사사中射士가 말하였다.

"저에게 자금 백금을 주시면 제가 그를 능히 돌려보내도록 할 수 있습니다."

그리하여 백금을 수레에 싣고 진晉나라로 가서 숙향淑向을 만나 이렇게 말하였다.

"초왕의 아우가 진나라에 가 있는데 진나라가 돌려보내지 않고 있습니다. 청컨대 백금을 그대 숙향에게 드립니다."

숙향이 돈을 받고 그에게 진晉 평공平公을 만나게 주선해주면서 이렇게 말하도록 하였다.

"호구壺丘 땅에 성을 쌓을 수 있습니다."

평공이 물었다.

"무슨 이유요?"

그가 대답하였다.

"초왕의 아우가 진나라에 가 있는데 진나라가 돌려보내지 않고 있습니다. 이는 진나라가 초나라를 미워한다는 뜻입니다. 틀림없이 우리가 호구에 성 쌓는 것을 감히 막지 못할 것입니다. 만약 막으려고 하면 우리는 '우리를 위하여 초왕의 아우를 돌려보내 주면 우리는 성을 쌓지 않겠다'라고

하시면 됩니다. 그쪽이 만일 돌려보내 주면 초나라를 우리 편으로 얻을
수 있습니다. 그쪽이 돌려보내 주지 않으면 이는 끝내 미워하는 것이며
틀림없이 우리가 호구에 성 쌓는 것을 감히 막지 못하게 되는 것입니다."

평공이 말하였다.

"좋소!"

이에 호구에 성을 쌓으면서 진나라 군주에게 이렇게 말하였다.

"우리를 위하여 초왕의 아우를 돌려보내 준다면 우리는 성을 쌓지
않겠다."

진나라는 그를 돌려보내 주었고 초왕은 초왕대로 크게 기꺼워하며 순금
백일百鎰을 진나라에게 보내 주었다.

荊王弟在秦, 秦不出也.

中射之士曰:「資臣百金, 臣能出之.」

因載百金之晉, 見叔向, 曰:「荊王弟在秦, 秦不出也.
請以百金委叔向.」

叔向受金, 而以見之晉平公曰:「可以城壺丘矣.」

平公曰:「何也?」

對曰:「荊王弟在秦, 秦不出也, 是秦惡荊也, 必不敢禁
我城壺丘. 若禁之, 我曰:『爲我出荊王之弟, 吾不城也.』
彼如出之, 可以得荊; 彼不出, 是卒惡也, 必不敢禁我城
壺丘矣.」

公曰:「善!」

乃城壺丘, 謂秦公曰:「爲我出荊王之弟, 吾不城也.」

秦因出之, 荊王大說, 以鍊金百鎰遺晉.

【荊王】楚 靈王. 그 무렵 靈王의 아우 公子 午가 秦나라에 사신으로 갔다가 억류당함.

【中射之士】고대 제후의 조정에서 侍御하던 무사. 《太平御覽》에는 '中尉之士'로 되어 있음.

【平公】晉 平公. 이름은 彪. 平公은 師曠과 叔向이 많은 보필을 받았음. 悼公(周)을 이어 B.C.577~B.C.532년까지 26년간 재위하였으며 그 뒤를 昭公(夷)이 이음.

【叔向】羊舌肸. 晉나라 公室의 일족이며 上大夫. 士渥濁을 이어 太傅에 오름. 그러나 《國語》晉語(7)에 의하면 悼公(周)이 이미 그 무렵 태자였던 豹(平公)를 위해 叔向을 불러 태부로 삼았었으며 그 뒤 진나라에 큰 영향을 미친 인물. '叔嚮'으로도 표기함.

【壺丘】지금의 山西 垣曲縣의 동남 지역. 이곳에 성을 쌓으면 秦나라에게 위협이 됨.

【鍊金】정련한 순금.

参고 및 관련 자료

1. 《說苑》權謀篇

楚公子午使於秦, 秦因之, 其弟獻三百金於叔向. 叔向謂平公曰:「何不城壺丘? 秦楚患壺丘之城. 若秦恐而歸公子午, 以止吾城也, 君乃之, 難亦未構, 楚必德君」 平公曰:「善」乃城之. 秦恐, 遂歸公子午使之晉, 晉人輟城, 楚獻晉賦三百車.

2. 기타 《太平御覽》(810)을 볼 것.

227(23-36)
사람을 익사시킬 때는

합려閭廬가 영郢을 쳐서 세 번 싸워 세 번 이기고 나서 자서子胥에게 물었다.

"이제 물러서도 되겠소?"

자서가 대답하였다.

"사람을 물에 빠뜨려 죽일 경우 한번만 물을 마시게 하고 그친다면 그를 죽일 수가 없으니 이는 그의 호흡이 끊어지지 않기 때문입니다. 기세를 타서 그를 가라앉게 하느니만 못합니다."

闔廬攻郢, 戰三勝, 問子胥曰:「可以退乎?」

子胥對曰:「溺人者一飲而止, 則無逆者, 以其不休也. 不如乘之以沈之.」

【闔廬】 吳나라 임금. 闔閭로도 표기하며 吳王 僚를 시살하고 왕위에 오른 公子 光. 夫差의 아버지. 夷妹의 아들이며 吳王 僚의 배다른 아우. 吳王 僚를 시해하고 왕위에 올라 이름을 闔廬(闔閭)로 바꿈. 吳나라의 강력한 군주가 되어 越王 句踐과 치열하게 다툰 많은 고사와 일화를 낳음. B.C.514~496년까지 재위하고 아들 夫差가 그 뒤를 이음.《史記》吳太伯世家를 볼 것.

【子胥】춘추시대 楚나라 伍子胥(伍員). 그 아버지 伍奢와 형 伍尙이 자신으로 인해 平王에게 살해당하자 吳나라로 달아난 뒤 楚나라를 쳐서 원수를 갚기도 하였으며 吳王을 도와 越王 句踐에게 승리를 거두는 등 큰 활약을 하였으나 마침내 夫差에게 죽임을 당함. 《史記》伍子胥列傳을 볼 것.

【郢】楚나라 도읍. 吳나라가 定公 4년 伍子胥의 모책에 의해 楚나라를 쳐들어 가서 郢을 함락시켰으며 이 때 伍子胥는 아버지와 형을 죽인 楚 平王의 무덤을 찾아가 다시 剖棺戮尸하며 분풀이를 하였음. 이때 申包胥가 秦나라 조정에 가서 도움을 요청, 吳나라가 秦나라에게 패함. 지금의 湖北 江陵縣 북쪽 紀南城. 《漢書》地理志에 "南郡江陵, 古楚郢都, 楚文王自丹陽徙此, 後九世平王城之"라 함.

【無逆】다른 판본에는 '逆'자가 '溺'로 되어 있음. 顧廣圻는 "藏本·今本逆作溺. 案所改誤也, 逆當作逯, 形近之誤"라 하여 '逆'으로 고침.

228(23-37)
주의를 주었다가 도리어 의심을

정鄭나라 사람의 아들 하나가 벼슬하러 가면서 집사람에게 이렇게 일렀다.
"필히 무너진 담을 잘 쌓아라. 잘 수리하지 않으면 도둑이 들 수 있다."
그 마을 사람도 또한 같은 말을 하였다.

그런데 담을 바로 쌓지 않아 과연 사람이 들어와 도둑질해 가자 사람들은 그 아들은 현명하다 여기고 일러준 마을 사람이 도둑이라 여겼다.

鄭人有一子, 將宦, 謂其家曰:「必築壞牆, 是不善人將竊.」
其巷人亦云.
不時築, 而人果竊之, 以其子爲智, 以巷人告者爲盜.

【將宦】 벼슬하기 위해 집을 떠남.
【不善】 '善'은 '繕'과 같음. '修繕'함.
【時築】 담을 바로 개축함. 여기서 '時'는 '卽'과 같음.
【告者爲盜】 조심하라고 일러준 이웃 사람이 도둑일 것이라 의심함.

참고 및 관련 자료

1. 〈說難〉篇 065를 볼 것.

24. 관행觀行

　'관행觀行'이란 행동을 관찰함을 뜻하며 군주는 도술로써 신하들
의 행동을 살펴보아야 한다는 주장이다.
　거울로 자신을 살펴보듯 법술로써 신하를 살펴보아 군주로서의
법치를 이루어야 함을 설명한 것이다.

229(24-1)
거울의 효용

옛 사람들은 자신의 눈으로 자신을 보기가 어렵기 때문에 거울로써 자신의 얼굴을 보았으며 자신의 지혜는 자신을 알기가 어렵기 때문에 도道로써 자신을 바로잡았다.

그러므로 거울은 얼굴의 흠을 보여준다 해서 죄가 될 일이 없고 도는 자신의 과오를 밝혀주었다 해서 혐오를 받을 일이 없다.

눈에 거울이 없다면 수염이나 눈썹을 바르게 다듬을 수 없고, 자신에게 도가 없다면 미혹함을 알아낼 수 없다.

서문표西門豹는 자신의 성미가 너무 급하다 여겨 그 때문에 가죽 끈을 차서 스스로를 느슨히 하였고, 동안우董安于는 자신의 마음 씀이 너무 느긋하다고 여겨 활시위를 차고 다니며 스스로를 다그쳤다.

그러므로 남는 것으로써 모자람을 채우며 긴 것으로써 짧은 것을 이어주는 것을 일러 명주明主라 한다.

古之人, 目短於自見, 故以鏡觀面；智短於自知, 故以道正己.

鏡無見疵之罪, 道無明過之惡.

目失鏡, 則無以正鬚眉；身失道, 則無以知迷惑.

西門豹之性急, 故佩韋以自緩己; 董安于之心緩, 故佩弦以自急.

故以有餘補不足, 以長續短之謂明主.

【西門豹】전국 초기 魏나라 文侯를 도왔던 유명한 지방 장관.《史記》滑稽列傳에 河神을 빙자하여 나쁜 짓을 하는 巫堂을 물리친 일과 築渠의 치적에 대한 逸話가 실려 있음. 한편《史記》魏世家에 “任西門豹守鄴, 而河內稱治”라 함.

【韋】무두질한 가죽. 가죽 끈을 허리띠로 조여매어 그 고통을 느낌으로써 자신이 부드러워져야 한다고 경계를 삼은 것.

【董安于】'董閼于'로도 표기하며 春秋 말 晉나라 趙鞅의 賢明한 家臣. 내란의 幾微가 보이자 趙鞅에게 范氏와 中行氏의 공격에 대비하도록 경계를 시켰으며 智伯(荀礫)이 그의 재능을 시기하여 趙鞅을 압박하여 죽이도록 함.《史記》趙世家, 扁鵲倉公列傳,《戰國策》,《呂氏春秋》,《淮南子》,《論衡》,《說苑》,《左傳》등에 널리 그 이름이 보임.《左傳》定公 14년에 “梁嬰父惡董安于, 謂知文子曰:「不殺安于, 使終爲政於趙氏, 趙氏必得晉國, 盍以其先發難也討於趙氏?」文子使告於趙孟曰:「范·中行氏雖信爲亂, 安于則發之, 是安于與謀亂也. 晉國有命, 始禍者死. 二子旣伏其罪矣, 敢以告.」趙孟患之. 安于曰:「我死而晉國寧, 趙氏定, 將焉用生? 人誰不死? 吾死莫矣.」乃縊而死. 趙孟尸諸市, 而告於知氏曰:「主命戮罪人安于, 旣伏其罪矣, 敢以告.」知伯從趙孟盟, 而後趙氏定, 祀安于於廟”라 함.

【弦】활시위를 차고 다니며 시위가 늘어지면 아무런 쓸모가 없음을 경계로 삼아 자신을 緊張시킨 것.

참고 및 관련 자료

1.《藝文類聚》(23)
《韓子》曰: 西門豹性急, 佩韋以自緩; 董安于心緩, 佩帶以自急. 故能以有餘補不足, 以長續短之謂明主.

2.《藝文類聚》(70)
《韓子》曰: 古之人, 目短於自見, 故以鏡觀面; 智短於自知, 故以道正己. 鏡無見疵之罪, 道無明過之惡. 目失鏡, 無以正鬚眉; 身失道, 無以知迷惑.

3.《意林》(1)

古人目短於自見, 故以鏡觀面; 智短於自知, 故以道正己. 失鏡無以正鬚眉; 失道無以知迷惑. 西門豹性急, 佩韋以自緩; 董安于性緩, 佩弦以自急.

4. 기타《太平御覽》(376, 459, 590, 717) 및《初學記》(25),《群書治要》를 볼 것.

230(24-2)
어쩔 수 없는 세 가지

천하에는 어쩔 수 없는 것이 세 가지 있다.

첫째 지혜가 있다 해도 공을 세울 수 없는 경우, 둘째 힘이 있다 해도 들어 올릴 수 없는 경우, 셋째 아무리 강하다 해도 이길 수 없는 경우이다.

그러므로 비록 요堯임금과 같은 지혜가 있다 해도 많은 사람들의 도움이 없으면 큰 공을 세우지 못하는 것이며, 오획烏獲과 같은 힘이 있다 해도 남의 도움이 없이는 자기 몸을 들어 올릴 수 없으며, 맹분孟賁이나 하육夏育 같이 굳세다 해도 법술法術이 없으면 장생長生하지 못한다.

그러므로 형세에는 어쩔 수 없는 경우가 있으며, 일에는 이룰 수 없는 것이 있다.

그 때문에 오획이 천균千鈞은 가볍게 다루면서도 자기 몸은 무거워하는 것은 자기 몸이 천균보다 더 무거워서가 아니라 자세가 불편하기 때문이다.

이주離朱가 백보 먼 거리를 쉽게 보면서도 자신의 눈썹 사이를 보기 어려운 것은 백보 거리가 가깝고 눈썹 사이가 멀어서가 아니라 도리로써 할 수 없기 때문이다.

그러므로 현명한 군주는 오획이 자기 몸을 들어 올릴 수 없다고 하여 추궁하지 않으며, 이주가 자기 눈썹을 보지 못한다고 하여 그를 곤혹스럽게 하지 않는 것이다.

할 수 있는 형세에 따르고, 하기 쉬운 방법을 찾는 것이니 그 때문에 힘을 적게 들이고서도 공명을 세우는 것이다.

때란 가득 찰 때와 텅 빌 때가 있고, 일이란 유리함과 불리함이 있으며, 사물이란 살 때와 죽을 때가 있으니 군주가 이 세 가지 때문에 희로喜怒의 얼굴색을 나타낸다면 금석 같은 충성심을 가진 선비도 마음이 멀어질 것이다.

성현은 그 얕고 깊음을 측량할 수 있다.

그러므로 명석한 임금은 남을 관찰하지 남으로 하여금 자신을 관찰하도록 하지 않는다.

요임금이라 해도 혼자서는 일을 이룰 수 없고, 오획이라 해도 자신을 스스로 들어 올릴 수 없으며 맹분과 하육이라 해도 자신을 이길 수 없는 것이니, 법술로써 한다면 남을 관찰하는 도리가 완성되는 것이다.

天下有信數三:

一曰智有所不能立, 二曰力有所不能擧, 三曰彊有所不能勝.

故雖有堯之智而無衆人之助, 大功不立; 有烏獲之勁而不得人助, 不能自擧; 有賁·育之彊而無法術, 不得長生.

故勢有不可得, 事有不可成.

故烏獲輕千鈞而重其身, 非其身重於千鈞也, 勢不便也.

離朱易百步而難眉睫, 非百步近而眉睫遠也, 道不可也.

故明主不窮烏獲以其不能自擧, 不困離朱以其不能自見.

因可勢, 求易道, 故用力寡而功名立.

時有滿虛, 事有利害, 物有生死, 人主爲三者發喜怒之色, 則金石之士離心焉.

聖賢之撲朴淺深矣.

故明主觀人, 不使人觀己.

明於堯不能獨成, 烏獲之不能自擧, 賁育之不能自勝,

以法術, 則觀行之道畢矣.

【信數】 정해진 확실한 원리 원칙을 말함. 陳啓天은 "必然之理"라 함.

【堯】 전설상 上古시대 五帝의 하나. 陶唐氏. 唐堯로도
부름. 祁姓이며 이름은 放勳. 帝嚳의 아들. 《十八
史略》(1)에 "帝堯陶唐氏: 伊祁姓, 或曰名放勛, 帝嚳子也.
其仁如天, 其知如神, 就之如日, 望之如雲, 都平陽.
茆茨不剪, 土階三等. 有草生庭, 十五日以前, 日生一葉,
以後日落一葉, 月小盡, 則一葉厭而不落, 名曰蓂莢,
觀之以知旬朔"이라 함. 《史記》 五帝本紀를 볼 것.

〈堯〉

【烏獲】 전국시대 秦 武王의 力士. 周나라에 이르러
九鼎을 들다가 구정의 발을 부러뜨렸다 함. 그러나
《商君書》에 이미 '烏獲'이라는 사람이 등장하는 것
으로 보아 고대부터 있었으며 力士의 대명사로 쓰였
음을 알 수 있음.

【賁·育】 고대에 용맹을 대표하여 병칭되던 孟賁과 夏育. 孟賁은 秦 武王 때
烏獲과 함께 武王을 모시고 周나라 洛陽에 가서 九鼎을 들고 희롱하다가
그 鼎의 다리를 부러뜨린 일이 있음. 《戰國策》 秦策 참조. 夏育은 衛나라
사람으로 千鈞의 무게를 들어 올릴 수 있었다 함.

【離朱】 '離婁'. 고대 시력이 아주 뛰어났던 사람. 《孟子》 離婁篇 첫머리에 "孟子
曰:「離婁之明, 公輸子之巧, 不以規矩, 不能成方員; 師曠之聰, 不以六律, 不能
正五音; 堯舜之道, 不以仁政, 不能平治天下.」"라 하였으며, 《莊子》 天地篇·騈
拇篇에는 離朱로 되어 있음. 司馬彪는 「離朱. 黃帝時人, 百步見秋毫之末. 《孟子》
作離婁」라 함. 《淮南子》 原道訓에도 "離朱之明, 察箴末於百步之外"라 함.

【聖賢之撲】 盧文弨는 "賢聖舊倒, 今從藏凌本, 撲作樸"이라 하였을 뿐 구체적인
고증이 없음. 현대 많은 판본에는 '聖賢之測'으로 고쳐져 있음. '성현의 헤아림'

정도로 풀이하였으나 확정을 지을 수는 없음.

【淺深】 얕고 깊은 정도의 구분. 輕重, 善惡, 是非 등으로 해석함.

【以法術】 太田方의 《韓非子翼毳》에 "是三字疑衍"이라 함.

25. 안위 安危

    안전을 도모할 수 있는 치술이 7가지, 위험에 빠지는 잘못이 6가지라 하여 안전과 위험에 대한 구분을 나누어 설명하고 있다.
    군주가 법으로써 치술을 삼아 국가의 안위를 깊이 헤아려 통치 능력을 발휘해야 함을 강조한 것이다.

안전을 얻을 일곱 가지

나라를 안전하게 하는 법술은 일곱 가지가 있고, 나라를 위태롭게 하는 잘못된 길은 여섯 가지가 있다.

안전을 보장하는 일곱 가지 법술:
첫째, 상벌은 시비의 원칙을 따름.
둘째, 화복은 선악의 원칙을 따름.
셋째, 살생은 법도의 원칙을 따름.
넷째, 현·불초의 차이만 있을 뿐 애오愛惡의 차별은 없이 함.
다섯째, 우지愚智의 차이만 있을 뿐 비예非譽에 의한 처리는 없음.
여섯째, 척촌尺寸의 뚜렷한 잣대만 있을 뿐 억탁意度에 의한 처리는 없음.
일곱째, 신의만 있을 뿐 속임수는 없음.

安術有七, 危道有六.
安術:
一曰, 賞罰隨是非;
二曰, 禍福隨善惡;
三曰, 死生隨法度;

四曰, 有賢不肖而無愛惡;

五曰, 有愚智而無非譽;

六曰, 有尺寸而無意度;

七曰, 有信而無詐.

【隨】그 원칙에 따름.

【愛惡】愛憎과 같음. 사랑하거나 미워하는 이유로 달리 대우해서는 안 됨.

【非譽】誹譽와 같음. 非難과 稱讚.

【尺寸】尺度와 같음. 객관적인 기준을 말함.

【意度】억탁(臆度)과 같음. 임의로 억측을 부리거나 자신의 주관적인 생각. '意'은 '臆'과 같으며, '度'는 '탁'으로 읽음.

232(25-2)
위도危道

나라를 위태롭게 하는 여섯 가지 잘못된 길:

첫째, 먹줄 안에서 나무를 자르거나 깎는 행위.

둘째, 법 밖에서 자르거나 깎아내는 행위.

셋째, 남의 손해를 자신의 이익으로 여기는 심사.

넷째, 남의 재앙을 즐겁게 여기는 심리.

다섯째, 남의 안전을 위태롭게 여기는 행동.

여섯째, 사랑해야 할 대상은 가까이 하지 않고 미워해야 할 대상을 멀리 하지 않는 것.

이와 같이 한다면 사람들은 살아있음이 즐거운 이유를 모르게 되고, 죽음을 중히 여겨야 할 까닭을 잊게 된다.

사람들이 살아있음을 즐겁게 여기지 못하면 임금이 존중받지 못하고, 죽음을 중히 여기지 않게 되면 나라의 명령이 행해지지 않는다.

危道:

一曰, 斷削於繩之內;

二曰, 斷割於法之外;

三曰, 利人之所害;

四曰, 樂人之所禍;

五曰, 危人之所安;

六曰, 所愛不親, 所惡不疏.

如此, 則人失其所以樂生, 而忘其所以重死.

人不樂生, 則人主不尊: 不重死, 則令不行也.

【斲削於繩之內】'斲削'은 자르고 깎아버림. 繩은 먹줄. 먹줄로 필요한 나무를 재어놓고 정작 쓸 부분을 잘라 못쓰게 만드는 행위를 말함.

【斷割於法之外】정해진 법 테두리 안에서 罪를 다스려야 함에도 법 밖의 규정을 적용하여 자의적으로 제재를 가하거나 斷罪함.

【重死】죽음을 두려워함. '重'은 '忌憚'의 뜻. 죽음이 무서워 나라에서 禁하는 법이나 장려하는 규정 등을 잘 지킴.

233(25-3)
법이란 수레나 배와 같은 것

천하 사람들로 하여금 모두가 의표儀表에 지혜와 능력을 끝까지 하도록 하고, 권형權衡에 힘을 모두 쏟도록 해 움직이면 승리할 것이요, 조용히 있을 때면 안정될 것이다.

세상 다스림에 사람들로 하여금 옳은 일을 하는 데 살아 있음을 즐기고 그른 일 하는 데는 자신을 아끼도록 한다면 소인은 줄어들고 군자는 많아질 것이다.

그러므로 사직은 언제나 서 있을 것이요, 국가는 오래도록 안정을 누릴 수 있을 것이다.

미친 듯 달리는 수레 위에는 중니仲尼도 몸을 맡기지 않을 것이며 엎어질 배 밑에는 백이伯夷도 가려 하지 않을 것이다.

그러므로 호령이란 나라에 있어서 배나 수레와 같다.

안정되면 지혜와 청렴이 생겨나고 위태로우면 다툼과 비루함이 일어나게 마련이다.

그 때문에 나라를 편안하게 하는 방법은 굶주린다면 먹여주고, 춥다면 옷을 입히면 되는 것이니 이렇게 되면 명령을 내리지 않아도 저절로 다스려질 것이다.

선왕이 그 원리를 죽백竹帛에 기탁하여 두었으니 그 도리가 순리에 맞기 때문에 후세 사람들이 복종하여 따르는 것이다.

지금은 사람들로 하여금 굶주리고 추위에 떨게 하면서도 그 옷과 먹을 것을 제거하고 있으니 비록 맹분孟賁이나 하육夏育 같은 용사라 해도 움직일 수가 없으며 자연스러움이 폐기되고 나면 비록 순리에 맞는 도리라 해도 설 수가 없는 것이다.

용맹한 자라 해도 능히 행하지 못할 것을 억지로 강요하게 되면 윗사람이 안전을 누릴 수 없다.

윗사람이 끝없는 욕심으로써 책임을 떠넘겨 이윽고 끝까지 다하면 아랫사람에게는 더 이상 있는 것이 없다고 대답하게 될 것이며 더 이상 없게 되면 법을 경시하게 된다.

법이란 나라를 다스리는 수단인데 이를 가볍게 여기게 되면 공이 세워지지 못하며 명성도 이루어질 수 없다.

使天下皆極智能於儀表, 盡力於權衡, 以動則勝, 以靜則安.

治世使人樂生於爲是, 愛身於爲非, 小人少而君子多.

故社稷常立, 國家久安.

奔車之上無仲尼, 覆舟之下無伯夷.

故號令者, 國之舟車也.

安則智廉生, 危則爭鄙起.

故安國之法, 若饑而食, 寒而衣, 不令而自然也.

先王寄理於竹帛, 其道順, 故後世服.

今使人饑寒, 去衣食, 雖賁·育不能行; 廢自然, 雖順道而不立.

强勇之所不能行, 則上不能安.

上以無厭責已盡, 則下對「無有」; 無有, 則輕法.

法所以爲國也, 而輕之, 則功不立, 名不成.

【儀表】원래는 나무를 세워 표준으로 삼는 것. 여기서는 일정한 법규나 규범, 준칙 등을 가리킴.

【權衡】'權'은 저울의 추, '衡'은 저울대. 計量의 뜻. 사물을 객관적으로 정확히 파악함. 혹은 임금이 잡고 있어야 할 權力, 法令, 威勢 등의 뜻으로도 쓰임.

【奔車】미친 듯이 달리는 위험한 상태의 수레.

【仲尼】孔子의 字. 이름은 丘.

【伯夷】殷나라 말 孤竹國의 王子. 아우 叔齊와 서로 왕 자리를 양보하다가

〈伯夷〉《三才圖會》

周 文王의 어짊을 듣고 찾아갔으나 문왕은 이미 죽고 그 아들 武王이 殷의 紂를 정벌하러 나서는 것을 보고 下剋上이라 여겨 곡식을 먹지 않겠다고 首陽山에 올라 採薇하다가 굶어죽음. 고결한 사람으로 널리 거론됨.《孟子》公孫丑(下)에 "伯夷, 非其君不事, 非其友不友. 不立於惡人之朝, 不與惡人言. 立於惡人之朝, 與惡人言, 如以朝衣朝冠, 坐於塗炭. 推惡惡之心, 思與鄉人立, 其冠不正, 望望然去之, 若將浼焉"이라 함.《史記》伯夷列傳을 참조할 것.

【貴·育】고대에 용맹을 대표하여 병칭되던 孟賁과 夏育. 孟賁은 秦 武王 때 烏獲과 함께 武王을 모시고 周나라 洛陽에 가서 九鼎을 들고 희롱하다가 그 鼎의 다리를 부러뜨린 일이 있음.《戰國策》秦策 참조. 夏育은 衛나라 사람으로 千鈞의 무게를 들어 올릴 수 있었다 함.

【爭鄙】다툼과 비루함.

【寄理】통치 원리를 竹簡에 기탁하여 기록하여 두었음.

【竹帛】죽은 죽간, 백은 비단. 고대 종이가 발명되기 전 죽간이나 비단에 글을 썼음. 기록이라는 의미로 대신함.

【無厭】욕심에 만족하지 않음. 싫증내지 않음.

234(25-4)
통증을 참아야

듣기로 옛날 편작扁鵲은 병을 치료할 때 칼로 뼈를 찔렀으며 성인은 위험에 빠진 나라를 구제할 때 충언으로 임금의 귀를 거슬렸다 한다.

뼈를 찌르기 때문에 몸에는 작은 통증이 있지만 길게 보면 몸에 이득이 있는 것이요, 귀에 거슬리기 때문에 마음에는 약간의 거북함이 있지만 길게 보면 나라에 복이 있는 것이다.

그러므로 심한 병에 걸린 사람에게 이익은 통증을 참아 내는 데에 있고 고집 세고 뻣뻣한 임금은 귀에 거슬리는 말이 복이 되는 것이다.

통증을 참아 내기 때문에 편작이 재주를 다할 수 있고 귀에 거슬리기는 일이라면 오자서伍子胥의 충언도 놓치지 않을 수 있는 것이니 이것이 오래 살고 안전할 수 있는 방법이다.

이것이 오래 살고 나라를 안전하게 하는 방법이다.

병이 있는데도 통증을 참아내지 못하면 편작의 재주도 놓칠 수밖에 없고, 위험한데도 귀에 거슬린다고 받아들이지 않으면 성인의 의지도 놓치고 만다.

이렇게 되면 오래 갈 수 있는 이득이 멀리 지속되지 못하며 공명도 오래도록 세워지지 않는다.

聞古扁鵲之治其病也, 以刀刺則骨; 聖人之救危國也, 以忠拂耳.

刺骨, 故小痛在體而長利在身; 拂耳, 故小逆在心而久福在國.

故甚病之人利在忍痛, 猛毅之君以福拂耳.

忍痛, 故扁鵲盡巧; 拂耳, 則子胥不失, 壽安之術也.

病而不忍痛, 則失扁鵲之巧; 危而不拂耳, 則失聖人之意.

如此, 長利不遠垂, 功名不久立.

【扁鵲】秦越人. 전설상의 名醫 扁鵲은 따로 있었으나 흔히 秦越人을 편작으로 여겼음. 秦은 성씨, 越人은 이름. 秦越人은 盧醫로도 부르며 鄭縣(지금의 河北 任丘縣) 출신으로 그에 대한 사적은 기록마다 차이가 있으나 춘추 말부터 전국초기까지 활동했던 것으로 보임.《史記》扁鵲列傳을 참조할 것.

【拂耳】'逆耳'와 같음. '拂'은 '背'와 같음.

【猛毅】의지가 굳음. 억센 고집을 말함.

【子胥】춘추시대 楚나라 伍子胥(伍員). 그 아버지 伍奢와 형 伍尙이 자신으로 인해 平王에게 살해당하자 吳나라로 달아난 뒤 楚나라를 쳐서 원수를 갚기도 하였으며 吳王을 도와 越王 句踐에게 승리를 거두는 등 큰 활약을 하였으나 결국 夫差에게 죽임을 당함.《史記》伍子胥列傳을 볼 것.

【遠垂】멀리 오래도록 내려뜨려져 이어짐.

235(25-5)
오자서와 같은 충신

　임금이 자신도 요堯임금처럼 되겠다고 각고로 노력하지 않으면서 신하에게는 오자서伍子胥 같은 충신이 되라고 책임을 지운다면 이는 바로 은殷나라 사람들이 모두 비간比干 같은 충신이 되기를 바라는 것과 같다. 모두가 비간처럼 된다면 임금은 천하를 잃지 않을 것이며 백성은 자신을 망치지 않게 될 것이다.

　자신의 힘을 잘 관리하지 못하여 전상田常 같은 자가 나타났는데도 신하가 모두 비간처럼 되기를 바라므로 나라가 한 번도 안정을 얻을 수 없었던 것이다.

　요나 순舜같은 이를 버리고 걸桀이나 주紂 같은 자를 세운다면 사람들은 장점을 살려 즐기거나 단점을 두고 근심할 기회도 얻지 못할 것이다.

　장점을 잃으면 국가의 공을 이룰 수 없고, 단점을 그대로 고수하면 백성은 삶의 즐거움을 누릴 수 없다.

　아무런 공과도 없으면서 삶의 즐거움을 누리지 못하는 아랫사람들을 통제하니 일반 백성들에는 아무 것도 행해지지 않는 것이다.

　이와 같다면 윗사람이 아랫사람을 부릴 수 없고, 아랫사람은 윗사람을 섬길 수 없게 된다.

　人主不自刻以堯而責人臣以子胥, 是幸殷人之盡如比干;
盡如比干, 則上不失, 下不亡.

不權其力而有田成, 而幸其身盡如比干, 故國不得一安.

廢堯‧舜而立桀‧紂, 則人不得樂所長而憂所短.

失所長, 則國家無功; 守所短, 則民不樂生.

以無功御不樂生, 不可行於齊民.

如此, 則上無以使下, 下無以事上.

【刻】刻은 刻苦. 克己의 뜻. 堯를 본받으려고 뼈를 깎는 노력을 함.

【堯】전설상 上古시대 五帝의 하나. 陶唐氏. 唐堯로도 부름. 祁姓이며 이름은
放勳. 帝嚳의 아들.《十八史略》(1)에 "帝堯陶唐氏: 伊祁姓, 或曰名放勛, 帝嚳子也.
其仁如天, 其知如神, 就之如日, 望之如雲, 都平陽. 茆茨不剪, 土階三等. 有草生庭,
十五日以前, 日生一葉, 以後日落一葉, 月小盡, 則一葉厭而不落, 名曰蓂莢, 觀之
以知旬朔"이라 함.《史記》五帝本紀를 볼 것.

【子胥】춘추시대 楚나라 伍子胥(伍員). 그 아버지 伍奢와 형 伍尙이 자신으로
인해 平王에게 살해당하자 吳나라로 달아난 뒤 楚나라를 쳐서 원수를 갚기도
하였으며 吳王을 도와 越王 句踐에게 승리를 거두는 등 큰 활약을 하였으나
마침내 夫差에게 죽임을 당함.《史記》伍子胥列傳을 볼 것.

【比干】殷나라 王子. 紂의 叔父로 紂의 惡政을 諫하다가 心臟이 찢기는 변을
당함.《史記》殷本紀에는 "比干乃强諫紂. 紂怒曰:「吾聞聖人心有七竅, 剖比干
觀其心.」"이라 하였고,《十八史略》(1)에도 "紂淫虐甚, 庶兄微子數諫, 不從, 去之.
比干諫, 三日不去, 紂怒曰:「吾聞聖人之心有七竅.」 剖而觀其心, 箕子佯狂爲奴,
紂囚之, 殷大師, 持其樂器祭器奔周"라 함.

【紂】殷의 末王. 폭군으로 널리 알려짐. 帝辛, 商辛으로도 부르며 帝乙의 아들.
妲己에게 빠져 '炮烙之刑'과 '酒池肉林' 등의 악한 고사를 가지고 있으며 周
文王(姬昌)을 羑里(牖里)에 가두는 등 周나라와 맞서다가 武王(姬發)에게 망함.

【權其力】'力'은 신하의 정치 권력. '權'은 임금이 헤아려서 미리 억제하거나
조정함.

【田常】田恆. 田恒. '恆'은 '恒'의 異體字. 田常, 陳恒, 陳成子, 田成子 등으로 널리
불림. 시호는 成. 簡公을 유폐시켜 시살한 인물. '陳恆'으로도 표기하며 '恆'은
'恒'의 異體字. 원래 그의 선조 陳完(田完, 敬仲)은 陳나라 출신으로 齊나라에

옮겨와 정착하여 田氏로 성을 바꾸었으며 차츰 세력을 키워 卿에 오른 다음, 그 후손이 뒤에 姜氏(姜太公의 후손)의 齊나라를 차지하여 戰國시대 田氏齊를 세움.《史記》田敬仲完世家 참조.

【幸其身】 '幸'은 '倖'과 같음. 요행을 바람. '身'은 '臣'의 誤記. 盧文弨는 "身, 爲臣"이라 함.

【舜】 고대 五帝의 하나. 有虞氏. 姓은 姒氏, 이름은 重華. 虞舜으로도 부름. 堯임금으로부터 천하를 물려받아 帝位에 오름. 瞽瞍의 아들로 孝誠이 뛰어났던 분으로 널리 알려져 있으며 儒家에서 聖人으로 추앙함.《十八史略》(1)에 "帝舜有虞氏: 姚姓, 或曰名重華, 瞽瞍之子, 顓頊六世孫也. 父惑於後妻, 愛少子象, 常欲殺舜. 舜盡孝悌之道, 烝烝乂不格姦"이라 함.

【桀】 夏나라 末王. 이름은 癸. 妹喜에게 빠져 무도한 짓을 저질렀으며 殷의 湯王에게 망함. 殷나라 末王 紂와 함께 '桀紂'라 하여 폭군의 전형으로 거론됨.《史記》夏本紀를 참조할 것.《十八史略》(1)에 "孔甲之後, 歷王皐·王發·王履癸. 號爲桀, 貪虐, 力能伸鐵鉤索. 伐有施氏, 有施以末喜女焉, 有寵, 所言皆從, 爲傾宮瑤臺, 殫民財. 肉山脯林, 酒池可以運船, 糟堤可以望十里, 一鼓而牛飮者三千人, 末喜以爲樂. 國人大崩, 湯伐夏, 桀走鳴條而死"라 함.

【齊民】 '齊'는 '평등하다'의 뜻으로 일반 평민을 가리킴.《漢書》注에 "齊民, 平民也"라 함.

236(25-6)
걸桀은 천자였음에도

안위安危는 시비是非에 있지 강약强弱에 있지 않으며, 존망存亡은 권력의 허실虛實에 있지 무리의 많고 적음에 있지 않다.

그러므로 제齊나라는 만승이 나라였지만 명목과 실질이 일치하지 않아 위로는 나라가 공허하였고 안으로는 명실이 충분하지 않아 그 때문에 신하가 임금의 권력을 빼앗는 경우가 있었던 것이다.

걸桀은 천자였음에도 시비를 제대로 가리지 못하여 공도 없는 이에게 상을 주어 남을 비방하고 아첨하는 자로 하여금 더욱 거짓을 꾸며 높아질 수 있도록 하였으며, 죄 없는 자에게 벌을 주어 곱추로 하여금 본래 천성 대로 굽은 등뼈임에도 갈라보도록 하였다.

속임수와 거짓을 옳은 것이라 하고 타고난 천성을 잘못된 것이라 하였으니 작은 은殷나라 그 큰 하夏나라를 이길 수 있었던 것이다.

安危在是非, 不在於强弱; 存亡在虛實, 不在於衆寡.

故齊, 萬乘也, 而名實不稱, 上空虛於國, 內不充滿於名實, 故臣得奪主.

桀, 天子也, 而無是非, 賞於無功, 使讒諛以詐僞爲貴; 誅於無罪, 使傴以天性剖背.

以詐僞爲是, 天性爲非, 小得勝大.

【桀, 天子也】원본에는 '桀'자가 '殺'자로 되어 있으나 이는 오류임. 顧廣圻는
"殺, 當作桀, 形近之誤"라 함. 桀은 夏나라 마지막 임금.
【剖傴之背】傴는 '傴僂'. 등이 굽은 곱추. 등이 굽은 이유를 알아보겠다고 그의
등을 가름. 이는 桀이 아니라 전국시대 宋 康王이 저지른 악행이었음.《戰國策》
宋策에 "罵國老諫曰(者), 爲無顔之冠, 以示勇. 剖傴之背, 鍥朝涉之脛, 而國人
大駭. 齊聞而伐之, 民散, 城不守. 王乃逃倪侯之館, 遂得而死"라 하였고《新序》
雜事(4)에도 "罵國老之諫者, 爲無頭之棺, 以示有勇, 剖傴者之背, 鍥朝涉之脛,
而國人大駭. 齊聞而伐之, 民散城不守, 王乃逃兒侯之館, 遂得病而死"라 함.
【以小勝大】작은 殷(湯)나라가 큰 夏(桀)나라를 이김.

237(25-7)
마당에 있는 것을 줍듯이

현명한 군주는 나라 안을 튼튼히 하므로 밖으로 실패를 하지 않는 것이니 가까운 것을 잃으면서 먼 것을 잃지 않는 자는 있지 않았다.

그러므로 주周나라가 은殷나라를 빼앗은 것은 마당에 있는 것을 줍듯이 쉬웠던 것이다.

만약 은나라가 마당에 버려지지 않았다면 주나라가 감히 경계 밖에서 추호의 땅이라도 바라보지 못하였을 터인데 하물며 감히 그 자리를 바꿀 수 있었겠는가?

明主堅內, 故不外失, 失之近而不亡於遠者無有.

故周之奪殷也, 拾遺於庭.

使殷不遺於朝, 則周不敢望秋毫於境, 而况敢易位乎?

【拾遺於庭】 마당(또는 朝廷)에 버려진 물건을 줍듯이 아주 쉬움.
【秋毫】 짐승들은 가을에 아주 가는 털이 새롭게 나므로 매우 작은 것을 비유하여 쓰는 말.

238(25-8)
명주明主

현명한 임금의 통치술은 법에 충실하며 그 법은 사람 마음에 충실한
것이므로 그 때문에 백성에게 임하여 법으로 하고 그곳을 떠나더라도
사람들은 그를 그리워하게 된다.

요堯임금이 아교나 옻칠 같은 약속을 하지 않았어도 당대에 도가
행해졌고 순舜임금은 송곳 하나 세울 땅이 없었지만 후세에까지 그의
은덕이 결실을 맺었다.

능히 아주 먼 옛날에 도를 세웠으나 만세를 두고 그 덕이 이어지도록
하는 자를 일러 명주明主라 한다.

明主之道忠法, 其法忠心, 故臨之而法, 去之而思.

堯無膠漆之約於當世而道行, 舜無置錐之地於後世而
德結.

能立道於往古, 而垂德於萬世者之謂明主.

【忠法】 '忠'은 '中', '衷'과 같음. 마음속에 우러나는 진심.
【去之而思】 죽어 세상을 떠나더라도 그를 그리게 됨. '思'는 '慕'와 같음.

【堯】전설상 上古시대 五帝의 하나. 陶唐氏. 唐堯로도 부름. 祁姓이며 이름은
放勳. 帝嚳의 아들.《十八史略》(1)에 "帝堯陶唐氏: 伊祁姓, 或曰名放勛, 帝嚳子也.
其仁如天, 其知如神, 就之如日, 望之如雲, 都平陽. 茆茨不剪, 土階三等. 有草生庭,
十五日以前, 日生一葉, 以後日落一葉, 月小盡, 則一葉厭而不落, 名曰蓂莢, 觀之
以知旬朔"이라 함.《史記》五帝本紀를 볼 것.

【膠漆之約】아교나 옻칠로 하여 떨어질 수도 변할 수도 없는 굳은 약속.

【舜】고대 五帝의 하나. 有虞氏. 姓은 姒氏, 이름은 重華. 虞舜으로도 부름.
堯임금으로부터 천하를 물려받아 帝位에 오름. 瞽瞍의 아들로 孝誠이 뛰어
났던 분으로 널리 알려져 있으며 儒家에서 聖人으로 추앙함.《十八史略》(1)에
"帝舜有虞氏: 姚姓, 或曰名重華, 瞽瞍之子, 顓頊六世孫也. 父惑於後妻, 愛少
子象, 常欲殺舜. 舜盡孝悌之道, 烝烝乂不格姦"이라 함.

【垂德】덕을 후세에 전함. '垂'는 '傳'과 같음.

참고 및 관련 자료

1.《太平御覽》(764)을 볼 것.

〈虞舜〉《三才圖會》

26. 수도 守道

　나라를 지켜낼 수 있는 방법을 뜻한다.

　법도를 세우고 상賞으로써 선善을 권장하며 위엄으로써 포악함을 제압하여야 한다는 주장으로 후상엄형厚賞嚴刑을 강하게 설파하고 있다.

239(26-1)
임비任鄙같은 장사

성왕聖王이 법을 제정함에는 그 상은 족히 선행을 권할 만하고 그 위엄은 족히 포악함을 이겨내며, 그 방비는 족히 법을 온전히 할 수 있도록 하였다.

잘 다스려지는 세상에서 신하는 공이 많은 자가 높은 지위에 올랐고, 힘껏 노력한 자는 후한 상을 받았으며, 성의를 다한 자는 이름을 세울 수 있었다.

선행이 생겨남은 마치 봄볕에 생기가 나듯 하며 악을 징벌함에는 마치 가을에 살기가 도는 듯하여 그 때문에 백성은 있는 힘을 다하겠다고 권면하고 자신의 정성을 다 쏟는 것을 즐거워하였으니 이를 일러 위아래가 서로 맞는다고 하는 것이다.

위아래가 서로 맞으니 그 때문에 힘을 쓰는 자로 하여금 스스로 그 권형을 지극하게 하여 임비任鄙 같은 장사의 경지에 이르도록 노력하고 전사戰士는 나가 죽으면서도 맹분孟賁이나 하육夏育 같은 용사가 되기를 원하며, 도道를 지키는 자로 하여금 모두가 금석 같은 의지를 품게 하여 오자서五子胥 같은 충절로 죽을 수 있게 할 수 있는 것이다.

힘을 쓰는 자가 임비 같이 되고, 싸움에서는 맹분이나 하육같이 되며 마음속에 금석 같은 충절을 갖게 된다면 임금 된 자는 베개를 높이 베고 자면서 나라를 지키는 일은 이미 완성된 것이다.

聖王之立法也, 其賞足以勸善, 其威足以勝暴, 其備足以必完法.

治世之臣: 功多者位尊, 力極者賞厚, 情盡者名立.

善之生如春, 惡之死如秋, 故民勸極力而樂盡情, 此之謂上下相得.

上下相得, 故能使用力者自極於權衡, 而務至於任鄙; 戰士出死, 而願爲賁·育; 守道者皆懷金石之心, 以死子胥之節.

用力者爲任鄙, 戰如賁·育, 中爲金石, 則君人者高枕而守己完矣.

【死如秋】 살기, 즉 죽음의 기운이 가을 서릿발같이 감도는 상태. 五行에서 가을은 肅殺, 刑獄 등을 상징함.

【相得】 서로 이해함. 뜻이 잘 맞음.

【權衡】 '權'은 저울의 추, '衡'은 저울대. 計量의 뜻. 사물을 객관적으로 정확히 파악함. 혹은 임금이 잡고 있어야 할 權力, 法令, 威勢, 決定權 등의 뜻으로도 쓰임.

【任鄙】 전국시대 秦 武王을 섬기던 힘센 장사. 《史記》 秦本紀에 "武王謂甘茂曰:「寡人欲容車通三川, 窺周室, 死不恨矣.」 其秋, 使甘茂·庶長封伐宜陽. 四年, 拔宜陽, 斬首六萬. 涉河, 城武遂. 魏太子來朝. 武王有力好戲, 力士任鄙·烏獲·孟說皆至大官. 王與孟說擧鼎, 絶臏"라 함.

【守道】 政治 道義를 뜻함.

【賁·育】 고대에 용맹을 대표하여 병칭되던 孟賁과 夏育. 孟賁은 秦 武王 때 烏獲과 함께 武王을 모시고 周나라 洛陽에 가서 九鼎을 들고 희롱하다가 그 鼎의 다리를 부러뜨린 일이 있음. 《戰國策》 秦策 참조. 夏育은 衛나라 사람으로 千鈞의 무게를 들어 올릴 수 있었다 함.

【子胥】춘추시대 楚나라 伍子胥(伍員). 그 아버지 伍奢와 형 伍尙이 자신으로 인해 平王에게 살해당하자 吳나라로 도망친 후 楚나라를 쳐서 원수를 갚기도 하였으며 吳王을 도와 越王 句踐에게 승리를 거두는 등 큰 활약을 하였으나 마침내 夫差에게 죽임을 당함.《史記》伍子胥列傳을 볼 것.

【中爲金石】〈集解〉에 "顧廣圻曰: 藏本·今本「中」作「守」. 先愼曰: 「中」字是. 「中爲金石」, 卽心懷金石也, 此指上「守道者皆懷金石之心」而言"이라 하여 '守'의 뜻으로도 해석하나 여기서는 '中'으로 풀이함. '마음속'의 뜻.

참고 및 관련 자료

1.《藝文類聚》(54)

《韓子》曰: 聖人立法, 賞足以勸善, 威足以勝暴, 備足以必完.

240(26-2)
살아날 수 없음을 알도록 해야

옛날 나라를 잘 지키던 자는 엄한 형벌로써 가벼운 죄도 금하게 하였으며 견디기 어려운 벌을 가지고 쉽게 저지를 수 있는 잘못도 하지 못하게 하였다. 그 때문에 군자와 소인이 다 같이 바르게 되고, 도척盜跖과 증삼曾參이나 사어史魚도 다 같이 청렴해질 수 있었다.

무엇으로 알 수 있는가?

무릇 탐욕스런 도둑이라 할지라도 빠져나올 수 없는 골짜기로 들어가 돈을 줍지는 않는 것은 깊은 골짜기로 들어가서 돈을 주우면 몸이 되살아나올 수 없기 때문이다.

맹분孟賁이나 하육夏育도 상대의 힘을 헤아리지 않고는 용맹하다는 이름을 떨칠 수 없으며, 도척도 그 가능한 지의 여부를 계산하지 않고서는 이익을 얻을 수 없는 것이다.

현명한 군주가 금령禁令으로써 지키기 때문에 맹분이나 하육도 능히 자신이 이겨낼 수 없는 데에서 억눌림을 당하고, 도척도 능히 취할 수 없는 데에서 자신이 손해를 입게 되는 것이니 이 때문에 능히 맹분과 하육도 덤벼들 수 없게 금할 수 있었고, 도척도 마구 가질 수 없게 할 수 있었다면 포악한 자는 근신하게 되고, 사악한 자는 바른 길로 되돌아갈 수밖에 없었을 것이다.

큰 용맹을 가진 자가 근신하고, 큰 도둑이 바르게 되면 천하가 공평해져서 일반 백성의 정서도 바르게 되는 것이다.

古之善守者, 以其所重禁其所輕, 以其所難止其所易,
故君子與小人俱正, 盜跖與曾·史俱廉.

何以知之?

夫貪盜不赴谿而掇金, 赴谿而掇金則身不全.

賁·育不量敵, 則無勇名; 盜跖不計可, 則利不成.

明主之守禁也, 賁·育見侵於其所不能勝, 盜跖見害於
其所不能取, 故能禁賁·育之所不能犯, 守盜跖之所不
能取, 則暴者守愿, 邪者反正.

大勇愿, 巨盜貞, 則天下公平, 而齊民之情正矣.

【盜跖】 춘추시대의 大盜. 跖은 그의 이름. 고대 惡行과 造反의 대표적 인물로
늘 거론됨.《莊子》盜跖篇 참조. 柳下季(惠)의 아우라 하였으나 이는 寓言에
등장시키기 위한 것으로 보임.

【曾·史】 '曾'은 孝行으로 널리 알려진 공자 제자 曾子(曾參). '史'는 公子에게
칭찬한 衛의 대부 史魚를 가리킴. 둘 모두 훌륭한 인물로 함께 竝稱한 것.
史魚의 이름은 鰌(鰍). 字는 子魚. 蘧伯玉을 추천하지 못하고 彌子瑕를 퇴진
시키지 못하자 죽음에 이르러 그 아들로 하여금 正堂에서 治喪하지 못하도록
한 고사로 유명함. 衛靈公이 問喪을 왔을 때 그 아들이 "臣下의 道理를 다
하지 못하여 正堂에서 治喪하지 못하게 하였다"라고 하는 말을 듣고, 蘧伯玉을
들어 쓰고 彌子瑕는 퇴진시켰으며 이를 흔히 '尸諫'이라 함.《韓詩外傳》(7)·
《新序》(雜事)·《孔子家語》(困誓)·《說苑》(雜言)·《史記》(韓非子列傳)·《文選》
(注)·《後漢書》(注)·《藝文類聚》·《太平御覽》·《冊府元龜》등에 아주 널리 전재
되어 있음. 한편《論語》衛靈公篇에 "子曰:「直哉史魚! 邦有道, 如矢; 邦無道,
如矢. 君子哉蘧伯玉! 邦有道, 則仕; 邦無道, 則可卷而懷之」"라 함.

【賁·育】 고대에 용맹을 대표하여 병칭되던 孟賁과 夏育. 孟賁은 秦 武王 때
烏獲과 함께 武王을 모시고 周나라 洛陽에 가서 九鼎을 들고 희롱하다가

그 鼎의 다리를 부러뜨린 일이 있음.《戰國策》秦策 참조. 夏育은 衛나라 사람
으로 千鈞의 무게를 들어 올릴 수 있었다 함.

【愿】 '愿'은 깊이 삼감.《荀子》注에 "愿 慤也"라 하였고, 尹桐陽은 "愿, 謹也"라 함.
謹愼의 뜻.

【貞】 '正'과 같음.

241(26-3)
법을 버리고 사람을 잃으면

임금이 법을 버리고 사람을 잃으면 백이伯夷처럼 남의 자리는 함부로 갖지 않는 자로부터 화는 면할 수 있지만 전상田常이나 도척盜跖같은 자가 나라를 빼앗는 재앙은 면하지 못한다.

어찌 그렇겠는가?

지금 세상에는 백이 같은 이는 한 사람도 없는데 도리어 간악한 사람은 대가 끊이지 않고 나타나므로 법과 기준을 세우게 된 것이다.

기준이 미덥게 되면 백이가 옳은 길을 잃지 않게 될 것이며 도척도 그릇된 짓을 저지를 수 없게 될 것이다.

법을 분명히 하면 똑똑한 자라고 해서 어리석은 자를 침탈할 수 없고, 강한 자라고 해서 약한 자를 침해할 수 없으며, 무리가 많다고 해서 소수에게 포학하게 할 수 없다.

천하를 요堯임금의 법에 맡긴다면 곧은 선비는 그 본분을 잃지 않게 될 것이며, 간악한 자는 요행을 바라지 않게 될 것이다.

예羿의 화살에 돈 천금을 붙여 놓는다면 백이도 그것을 잃지 않을 것이요, 도척도 감히 그것을 빼앗지 못할 것이다.

요임금은 간악한 자를 놓치지 않게 법을 분명히 하였으므로 천하에 사악함이 없어진 것이요, 예가 활솜씨는 실수가 없으므로 천금도 잃지 않게 되는 것이다.

사악한 사람이 장수하지 못하고 도척이 악행을 멈추는 것이 이와 같은 것이니, 그 때문에 도판圖版에 재여宰予가 실릴 필요가 없고 육경六卿을 거론할 필요가 없으며 오자서伍子胥의 일을 역사책에 기록하지 않아도 될 것이요 부차夫差를 밝히지 않아도 될 것이며, 손자孫子나 오기吳起의 병서도 쓸모없다고 폐기될 것이며 도척의 나쁜 마음도 엎드려 다시는 더 드러나지 못하게 될 것이다.

임금은 아름다운 궁전 안에서 맛난 음식과 훌륭한 옷으로 즐기면 될 뿐, 눈을 부릅뜨거나 이를 갈며 훼멸할 근심은 없게 될 것이며, 신하는 신하대로 튼튼한 성 안에서 팔짱을 끼고 있으면 될 뿐, 팔을 불끈 쥐고 입술을 깨물며 분통을 터뜨릴 그런 앙화殃禍는 없게 될 것이다.

人主離法失人, 則危於伯夷不妄取, 而不免於田成·
盜跖之禍.

何也?

今天下無一伯夷, 而姦人不絶世, 故立法度量.

度量信, 則伯夷不失是, 而盜跖不得非.

法分明, 則賢不得奪不肖, 强不得侵弱, 衆不得暴寡.

託天下於堯之法, 則貞士不失分, 姦人不徼幸.

寄千金於羿之矢, 則伯夷不得亡, 而盜跖不敢取.

堯明於不失姦, 故天下無邪; 羿巧於不失發, 故千金
不亡.

邪人不壽而盜跖止, 如此, 故圖不載宰予, 不擧六卿;
書不著子胥, 不明夫差; 孫·吳之略廢, 盜跖之心伏.

人主甘服於玉堂之中, 而無瞋目切齒傾取之患; 人臣
垂拱於金城之內, 而無扼腕聚脣嗟嗒之禍.

【伯夷】殷나라 말 孤竹國의 王子. 아우 叔齊와 서로 왕 자리를 양보하다가
周 文王의 어짊을 듣고 찾아갔으나 문왕은 이미 죽고 그 아들 武王이 殷의
紂를 정벌하러 나서는 것을 보고 下剋上이라 여겨 곡식을 먹지 않겠다고
首陽山에 올라 採薇하다가 굶어죽음. 고결한 사람으로 널리 거론됨.《孟子》
公孫丑(下)에 "伯夷, 非其君不事, 非其友不友. 不立於惡人之朝, 不與惡人言.
立於惡人之朝, 與惡人言, 如以朝衣朝冠, 坐於塗炭. 推惡惡之心, 思與鄕人立,
其冠不正, 望望然去之, 若將浼焉"이라 함.《史記》伯夷列傳을 참조할 것.
【田成】田常. 田恆. 田恒. '恆'은 '恒'의 異體字. 田常, 陳恒, 陳成子, 田成子 등으로
널리 불림. 簡公을 유폐시켜 시살한 인물. '陳恆'으로도 표기하며 '恆'은 '恒'의
異體字. 원래 그의 선조 陳完(田完, 敬仲)은 陳나라 출신으로 齊나라에 옮겨와
정착하여 田氏로 성을 바꾸었으며 차츰 세력을 키워 卿에 오른 다음, 그 후손이
뒤에 姜氏(姜太公의 후손)의 齊나라를 차지하여 戰國시대 田氏齊를 세움.《史記》
田敬仲完世家 참조.
【盜跖】춘추시대의 大盜. 跖은 그의 이름. 고대 惡行과 造反의 대표적 인물로
늘 거론됨.《莊子》盜跖篇 참조. 柳下季(惠)의 아우라 하였으나 이는 寓言에
등장시키기 위한 것으로 보임.
【何也】〈乾道本〉에는 '可也'로 되어 있음.〈集解〉에 "先愼曰: 乾道本「何」作「可」,
今據趙本改"라 함.
【度量】법도와 기준.
【堯】전설상 上古시대 五帝의 하나. 陶唐氏. 唐堯로도 부름. 祁姓이며 이름은
放勳. 帝嚳의 아들.《十八史略》(1)에 "帝堯陶唐氏: 伊祁姓, 或曰名放勛, 帝嚳子也.
其仁如天, 其知如神, 就之如日, 望之如雲, 都平陽. 茆茨不剪, 土階三等. 有草生庭,
十五日以前, 日生一葉, 以後日落一葉, 月小盡, 則一葉厭而不落, 名曰蓂莢, 觀之
以知旬朔"이라 함.《史記》五帝本紀를 볼 것.
【羿】后羿, 夏나라 때 제후 有窮氏의 군주였으며, 有窮后羿라 부름. 활의 명수
로서 하늘에 아홉 개의 해가 나타나자 이를 쏘아 하나만 남겼다는 '射滅九日',
그리고 그 아내가 달로 달아난 '嫦娥奔月' 등 많은 신화 전설을 남긴 인물.
《十八史略》(1)에는 "有窮后羿, 立其弟仲康而專其政, 羲和守義不服, 羿假王命,
命胤侯征之. 仲康崩, 子相立, 羿逐相自立. 嬖臣寒浞, 又殺羿自立. 相之后, 有仍國
君女也, 方娠, 奔有仍, 而生少康"이라 하여 중강의 아들 상을 축출하고 자립
하였다가 한착 등에게 죽임을 당함.
【宰予】孔子 弟子. 자는 子我. 齊 簡公의 신하가 되었다가 田常에게 살해됨.

【六卿】 晉나라 후기 여섯 卿. 智氏, 趙氏, 韓氏, 魏氏, 中行氏, 范氏이며 이 가운데 韓, 魏, 趙가 晉나라를 셋으로 나누어 三晉이라 불리며 戰國七雄의 반열에 오르게 된 것임.

【子胥】 춘추시대 楚나라 伍子胥(伍員). 그 아버지 伍奢와 형 伍尙이 자신으로 인해 平王에게 살해당하자 吳나라로 달아난 뒤 楚나라를 쳐서 원수를 갚기도 하였으며 吳王을 도와 越王 句踐에게 승리를 거두는 등 큰 활약을 하였으나 마침내 夫差에게 죽임을 당함.《史記》伍子胥列傳을 볼 것.

【夫差】 吳王 闔廬의 아들로 뒤를 이어 吳王이 되어 春秋 말기를 장식한 오나라 마지막 임금. B.C.495~473년까지 23년간 재위함. 伍子胥와 太宰 伯嚭를 등용하여 越王 句踐의 范蠡와 文種에 맞서 치열한 투쟁을 벌였으나 결국 越王 句踐에게 나라가 망함.

【孫吳之略】 孫子는 孫武와 孫臏을 가리킴. 孫武는 春秋시대 齊나라 사람으로 유명한 兵家의 한 사람.《孫子兵法》13편이 전함. 孫臏은 戰國시대 齊나라 사람으로 역시 병가의 하나.《孫臏兵法》이 있었으나 실전되었다가 1974년 山東 臨沂縣 銀雀山의 漢墓에서 竹簡 440여 枚가 발견되었으며 文物出版社에서 30篇으로 정리하여 출간하였음. 吳起 역시 孫子(孫臏)와 더불어 대표적인 병법가. 戰國時代 衛나라 左氏(지금의 山東 曹縣) 출신으로 용병과 병법에 뛰어나 처음 魯나라 장수를 거쳐 魏 文侯의 장수가 되어 中山을 정벌하고 秦나라 5개성을 점령하여 西河太守가 되기도 함. 그러나 武侯가 즉위하여 미움을 받자 楚나라로 도망, 楚 悼王을 도와 개혁

〈孫武〉

정책을 실현하고 令尹에 오름. 그러나 悼王이 죽고 宗室의 亂에 枝解(支解)의 형을 당하여 생을 마침. 병법서《吳子》6편을 남김.《史記》吳起列傳 참조.

【甘服】 맛있는 음식과 아름다운 옷을 누리며 살아감.《老子》80장에 "甘其食, 美其服, 安其居, 樂其俗"이라 함.

【傾取】 邵增華의《韓非子今註今譯》에 "毁滅"의 뜻이라 하였음.

【垂拱】 옷자락을 드리운 채 팔짱을 끼고 아무 일도 하지 않음. '無爲而治'의 다른 표현임.

【金城】 견고한 성을 뜻함. 金城湯池와 같음.《管子》度地篇에 "內爲之城, 城外 爲之郭, 郭外爲之土閬, 命之曰金城"이라 함.

【扼腕】 '扼'은 '움켜쥐다'의 뜻이며 '腕'은 '팔'. 화가 나거나 분통이 터져 주먹을

불끈 쥠.

【聚脣】 ‘聚’는 ‘撮’과 같음. 입술을 삐죽이 비틂. 화가 나거나 못마땅한 표정을 뜻함.

【嗟唶】 ‘쯧쯧’과 같음. 탄식하는 소리.

참고 및 관련 자료

1. 《文選》(〈七命〉注)을 볼 것.

《孫子》四庫全書 文淵閣本

242(26-4)
호랑이를 우리에 가두지 않고

호랑이를 제압하면서 우리를 이용하지 않고 간악함을 금하면서 법을 쓰지 않으며 거짓 속임수를 막으면서 부절符節을 쓰지 않는 것은 맹분孟賁이나 하육夏育도 걱정하는 바이며 요堯임금이나 순舜임금도 어렵게 여기는 바이다.

그러므로 우리를 만드는 것은 쥐를 막기 위함이 아니라 겁 많고 약한 자로 하여금 호랑이를 제압하도록 하기 위한 것이며, 법을 세우는 것은 증삼曾參이나 사어史魚를 피하기 위한 것이 아니라 범용한 임금으로 하여금 능히 도척盜跖을 저지시키도록 하기 위한 것이며, 부절을 쓰는 것은 미생尾生 같은 자를 대비하기 위한 것이 아니라 많은 사람들로 하여금 서로 속이지 않도록 하기 위한 것이다.

비간比干의 죽음으로 지키는 충절을 믿을 것도 아니요, 난신亂臣이 속이지 않은 것을 요행으로 여길 것도 아며, 겁 많은 자가 능히 호랑이를 제압할 수 있도록 한 장치를 믿어야 하고, 범용한 임금이 쉽게 지킬 수 있는 방법을 장악해야 하는 것이다.

지금 이 세상에 임금을 위해 충성스러운 계책을 짜고, 천하를 위해 덕으로써 맺는 일에는 이와 같이 하는 것보다 더 유리한 방법은 없다.

그러므로 임금이 된 자가 나라를 망칠 일을 도모하지 않고 충성스러운 신하가 자신을 잃을 일을 계획하지 않아야 한다.

자신의 지위를 존중하기에 분명한 자에게는 반드시 상을 주기 때문에 능히 사람들로 하여금 법도에 따라 있는 힘을 다할 수 있도록 하고 관직에서는 그 절의를 죽음으로 지켜내도록 해야 한다.

맹분이나 하육 같은 심정을 이해하더라도 죽음과 삶을 바꾸는 짓을 하지 않게 하며, 도척 같은 탐욕에 현혹되더라도 재물과 자신의 몸을 맞바꾸는 일이 없도록 한다면 그것으로 나라 지키는 도는 완전히 갖추어진 셈이다.

服虎而不以柙, 禁姦而不以法, 塞僞而不以符, 此賁·育之所患, 堯·舜之所難也.

故設柙, 非所以備鼠也, 所以使怯弱能服虎也; 立法, 非所以避曾·史也, 所以使庸主能止盜跖也; 爲符, 非所以豫尾生也, 所以使衆人不相謾也.

不恃比干之死節, 不幸亂臣之無詐也; 恃怯之所能服, 握庸主之所易守.

當今之世, 爲人主忠計, 爲天下結德者, 利莫長於如此.

故君人者, 無亡國之圖, 而忠臣無失身之畫.

明於尊位必賞, 故能使人盡力於權衡, 死節於官職.

通賁·育之情, 不以死易生; 惑於盜跖之貪, 不以財易身; 則守國之道畢備矣.

【不以柙】 '柙'은 '檻'과 같음. 짐승을 가두는 우리.

【符】 둘로 쪼갠 대나무 쪽을 서로 맞추어 증거로 삼는 신표. 符節. 證明書. 거짓을 부릴 수 없도록 증거나 증명서를 들이댐.

【賁·育】 고대에 용맹을 대표하여 병칭되던 孟賁과 夏育. 孟賁은 秦 武王 때 烏獲과 함께 武王을 모시고 周나라 洛陽에 가서 九鼎을 들고 희롱하다가

그 鼎의 다리를 부러뜨린 일이 있음.《戰國策》秦策 참조. 夏育은 衛나라 사람
으로 千鈞의 무게를 들어 올릴 수 있었다 함.

【堯】 전설상 上古시대 五帝의 하나. 陶唐氏. 唐堯로도 부름. 祁姓이며 이름은
放勳. 帝嚳의 아들.《十八史略》(1)에 "帝堯陶唐氏: 伊祁姓, 或曰名放勛, 帝嚳子也.
其仁如天, 其知如神, 就之如日, 望之如雲, 都平陽. 茆茨不剪, 土階三等. 有草生庭,
十五日以前, 日生一葉, 以後日落一葉, 月小盡, 則一葉厭而不落, 名曰蓂莢, 觀之
以知旬朔"이라 함.《史記》五帝本紀를 볼 것.

【舜】 고대 五帝의 하나. 有虞氏. 姓은 姚氏, 이름은 重華. 虞舜으로도 부름.
堯임금으로부터 천하를 물려받아 帝位에 오름. 瞽瞍의 아들로 孝誠이 뛰어났던
분으로 널리 알려져 있으며 儒家에서 聖人으로 추앙함.《十八史略》(1)에 "帝舜
有虞氏: 姚姓, 或曰名重華, 瞽瞍之子, 顓頊六世孫也. 父惑於後妻, 愛少子象,
常欲殺舜. 舜盡孝悌之道, 烝烝乂不格姦"이라 함.

【曾·史】 '曾'은 孝行으로 널리 알려진 공자 제자 曾子(曾參). '史'는 公子에게
칭찬한 衛의 대부 史魚를 가리킴. 둘 모두 훌륭한 인물로 함께 竝稱한 것.
史魚의 이름은 鰌(鰍). 字는 子魚. 蘧伯玉을 추천하지 못하고 彌子瑕를 퇴진
시키지 못하자 죽음에 이르러 그 아들로 하여금 正堂에서 治喪하지 못하도록
한 고사로 유명함. 衛靈公이 問喪을 왔을 때 그 아들이 "臣下의 道理를 다 하지
못하여 正堂에서 治喪하지 못하게 하였다"라고 하는 말을 듣고, 蘧伯玉을 들어
쓰고 彌子瑕는 퇴진시켰으며 이를 흔히 '尸諫'이라 함.《韓詩外傳》(7)·《新序》
(雜事)·《孔子家語》(困誓)·《說苑》(雜言)·《史記》(韓非子列傳)·《文選》(注)·《後
漢書》(注)·《藝文類聚》·《太平御覽》·《冊府元龜》 등에 아주 널리 전재되어 있음.
한편《論語》衛靈公篇에 "子曰:「直哉史魚! 邦有道, 如矢; 邦無道, 如矢. 君子
哉蘧伯玉! 邦有道, 則仕; 邦無道, 則可卷而懷之.」"라 함.

【盜跖】 춘추시대의 大盜. 跖은 그의 이름. 고대 惡行과 造反의 대표적 인물로
늘 거론됨.《莊子》盜跖篇 참조. 柳下季(惠)의 아우라 하였으나 이는 寓言에
등장시키기 위한 것으로 보임.

【尾生】 고대 무지할 만큼 약속을 지켰던 인물.《莊子》盜跖篇에 "尾生與女子
期於梁下, 女子不來, 水至不去, 抱梁柱而死"라 하였고,《史記》蘇秦傳에도
"信如尾生, 與女子期於梁下, 女子不來, 水至不去, 抱柱而死"라 함. 한편《論語》
公冶長篇의 "子曰:「孰謂微生高直? 或乞醯焉, 乞諸其鄰而與之.」"의 微生高가
바로 이 尾生이라고도 함.

【比干】 殷나라 王子. 紂의 叔父로 紂의 惡政을 諫하다가 心臟이 찢기는 변을

당함. 《史記》 殷本紀에는 "比干乃强諫紂. 紂怒曰: 「吾聞聖人心有七竅, 剖比干
觀其心.」"이라 하였고, 《十八史略》(1)에도 "紂淫虐甚, 庶兄微子數諫, 不從, 去之.
比干諫, 三日不去, 紂怒曰: 「吾聞聖人之心有七竅.」 剖而觀其心, 箕子佯狂爲奴,
紂囚之, 殷大師, 持其樂器祭器奔周"라 함.

【庸主】 凡庸한 군주에 대한 일반 통칭으로 쓰임.

【迷生】 다리 밑에서 약속한 여자를 기다리다가 물이 불어 빠져 죽은 이로 신의를
지키다 죽는 예를 상징함.

【曾子】 曾參. 자는 子輿. 춘추시대 魯나라 南武城 출신으로 曾點(曾晳)의 아들
이며 曾元의 아버지. 公子 제자로 효성으로 이름이 높았음. 子思(孔伋)에게 학문을
전하여 《大學》을 짓도록 하였다 하며 《孝經》은 증자가 정리한 것이라 함.

【通】 이해함. 그들의 정서나 감정에 대하여 동의함.

27. 용인用人

　용인술을 뜻한다.
　군주가 신하를 부릴 수 있는 무기는 여러 가지가 있으나 이 가운
데에 상과 벌이 가장 효과적이라 주장하며 이를 여덟 단계로 나누
어 설명하고 있다.
　특히 말미에 염치廉恥와 인의仁義를 거론하였고, 〈飭令篇〉과 겹치
는 곳도 있어 의심을 자아내기도 한다.

243(27-1)
얼음과 숯은 한 그릇에 담지 않는다

듣기로 옛날 사람을 잘 부리는 자는 반드시 하늘을 따르고 사람의 뜻에
순응하되 상벌을 명확히 한다고 하였다.

하늘을 따르면 힘을 적게 들이고도 공이 세워지며, 사람의 뜻에 순응
하면 형벌이 줄어들어도 법령이 행해지며, 상벌을 명확히 하면 백이伯夷와
도척盜跖의 구별에도 혼란이 없어질 것이다.

이와 같이 하면 백과 흑이 구분될 것이다.

잘 다스려지는 나라의 신하는 나라에 공을 바쳐 자신의 지위를 실천
하며, 그 관직에 능력을 보임으로서 직책을 받으며, 법도에 온 힘을 다함
으로써 일을 맡게 된다.

신하는 모두가 그 능력에 걸맞고, 그 관직은 이겨낼 수 있으며, 그 임무는
가볍게 해낼 수 있어 남는 여력을 마음에 두지 않아도 되며 여러 가지
관직을 겸하느라 임금에게 책임을 느끼지 않아야 한다.

그러므로 안으로는 숨은 원한 때문에 일어날 난이 없고, 밖으로는
마복馬服과 같은 우환을 당할 일이 없어야 한다.

현명한 군주는 일을 시킴에 서로 간섭함이 없도록 하기 때문에 소송이
일어나지 않는 것이요, 사士로 하여금 겸직하지 않도록 하기 때문에 자신의
장기를 발휘할 수 있는 것이며, 같은 공을 공유하도록 하지 않기 때문에
다툼이 없게 되는 것이다.

송사가 그치고 장기를 발휘하도록 하면 강한 자와 약한 자가 서로 다툴 일이 없게 될 것이요, 얼음과 숯이 같은 형태로 같은 그릇에 담겨 있을 일도 없으며, 천하는 서로 상처를 주는 일이 없게 될 것이니 이것이 다스림의 극치이다.

聞古之善用人者, 必循天順人而明賞罰.

循天, 則用力寡而功立; 順人, 則刑罰省而令行; 明賞罰, 則伯夷·盜跖不亂.

如此, 則白黑分矣.

治國之臣, 效功於國以履位, 見能於官以受職, 盡力於權衡以任事.

人臣皆宜其能, 勝其官, 輕其任, 而莫懷餘力於心, 莫負兼官之責於君.

故內無伏怨之亂, 外無馬服之患.

明君使事不相干, 故莫訟; 使士不兼官, 故技長; 使人不同功, 故莫爭.

爭訟止, 技長立, 則彊弱不觳力, 冰炭不合形, 天下莫得相傷, 治之至也.

【伯夷】殷나라 말 孤竹國의 王子. 아우 叔齊와 서로 왕 자리를 양보하다가 周 文王의 어짊을 듣고 찾아갔으나 문왕은 이미 죽고 그 아들 武王이 殷의 紂를 정벌하러 나서는 것을 보고 下剋上이라 여겨 곡식을 먹지 않겠다고 首陽山에 올라 採薇하다가 굶어죽음. 고결한 사람으로 널리 거론됨.《孟子》

公孫丑(下)에 "伯夷, 非其君不事, 非其友不友. 不立於惡人之朝, 不與惡人言.
立於惡人之朝, 與惡人言, 如以朝衣朝冠, 坐於塗炭. 推惡惡之心, 思與鄕人立,
其冠不正, 望望然去之, 若將浼焉"이라 함.《史記》伯夷列傳을 참조할 것.

【盜跖】춘추시대의 大盜. 跖은 그의 이름. 고대 惡行과 造反의 대표적 인물로
늘 거론됨.《莊子》盜跖篇 참조. 柳下季(惠)의 아우라 하였으나 이는 寓言에
등장시키기 위한 것으로 보임.

【伏怨之亂】원한이 속에 숨어 있다가 결국 반란을 일으키게 됨.

【馬服】원래 戰國시대 趙나라 지명. 지금의 河北 邯鄲 서북쪽. 趙奢의 봉지로서
趙奢를 馬服君이라 불렀음. 그러나 長平(지금의 山西 高平)에서 秦나라 장수
白起와 전투를 벌일 때 趙王이 秦나라의 反間計에 걸려 실전 경험이 전혀 없는
趙奢의 아들 趙括을 廉頗 대신 장수로 삼아 결국 참패 끝에 趙나라 군사
40만이 생매장 당하는 결과를 가져왔음. 이것이 戰國시대 가장 치열했던 長平
之戰임.《史記》廉頗藺相如列傳을 참조할 것.

【觳力】'觳'은 '角逐'과 같음. 경쟁함. 角逐戰을 벌임.

【冰炭】얼음과 숯은 서로 그 역할이 달라 같은 그릇에 함께 담을 수 없음. 陳奇猷
는 "冰炭不同器而久"라 함.

244(27-2)
뛰어난 장인도 규구規矩가 없이는

법술을 버려두고 마음 내키는 대로 다스린다면 요堯임금이라 할지라도 능히 나라 하나를 바르게 할 수 없고, 규구規矩를 버리고 마구 억측으로 길이를 잰다면 해중奚仲이라 할지라도 수레바퀴 하나를 완성할 수가 없으며, 촌척을 없애고 장단의 차이를 구분한다면 왕이王爾라 할지라도 그 중간을 알아볼 수 없을 것이다.

중간쯤의 임금이지만 그로 하여금 법술을 고수하도록 하고, 서투른 장인이지만 그로 하여금 규구나 촌척을 잡게 한다면 만 가지에 하나도 실패가 없을 것이다.

임금 된 자가 능히 똑똑한 이나 재주 있는 자라 해도 그로써 할 수 없는 것은 제거해 주고, 중간 정도 임금이나 서투른 장인이지만 만에 하나 실패하지 않는 것을 지켜 준다면 사람들은 그 힘을 다할 것이며 그 공명이 세워질 것이다.

釋法術而任心治, 堯不能正一國, 去規矩而妄意度, 奚仲
不能成一輪; 廢尺寸而差短長, 王爾不能半中.
使中主守法術, 拙匠執規矩尺寸, 則萬不失矣.
君人者能去賢巧之所不能, 守中拙之所萬不失, 則人
力盡而功名立.

【堯】전설상 上古시대 五帝의 하나. 陶唐氏. 唐堯로도 부름. 祁姓이며 이름은
放勳. 帝嚳의 아들.《十八史略》(1)에 "帝堯陶唐氏: 伊祁姓, 或曰名放勳, 帝嚳子也.
其仁如天, 其知如神, 就之如日, 望之如雲, 都平陽. 茆茨不剪, 土階三等. 有草生庭,
十五日以前, 日生一葉, 以後日落一葉, 月小盡, 則一葉厭而不落, 名曰蓂莢, 觀之
以知旬朔"이라 함.《史記》五帝本紀를 볼 것.

【心治】군주 한 사람의 마음을 기준으로 다스리는 통치 방식.

【規矩】規는 그림쇠. 圓形을 그리는 기구. 矩는 方形을 그릴 때 쓰는 製圖器의
하나.

【意度】억탁(臆度). 억측으로 헤아림.

【奚仲】夏禹 시대의 車正. 수레를 잘 만들던 匠人. 또는 처음으로 수레를 만들
었던 사람이라 함.《管子》形勢篇에 "奚仲之爲車器也, 方圓曲直皆中規矩"라 함.

【尺寸】길이를 재는 尺度.

【王爾】옛날 뛰어난 匠人의 이름.《淮南子》本經訓 "公輸·王爾無所錯其剞劂
削鋸"의 注에 "王爾, 古之巧匠"이라 함.

【半中】半을 똑같이 나눔. 정확한 中央을 반으로 나눔.

【中主】중간 수준의 임금. 庸主와 같음. '拙匠'에 상대하여 쓴 것.

┌─────────────────┐
│ 참고 및 관련 자료 │
└─────────────────┘

1.《藝文類聚》(54)

《韓子》曰: 釋法術而心治, 堯不能正一國. 使中主守法術, 拙匠執規矩尺寸, 則萬
不失一.

2. 기타《太平御覽》(830) 및《群書治要》를 볼 것.

245(27-3)
속마음 알기 어려우니

현명한 군주는 누구나 다 받을 수 있는 상을 제정하고, 누구나 피할 수 있는 벌을 설정한다.

그러므로 어진 자는 상을 권장하여 자서子胥 같은 화를 당하지 않을 수 있었고, 불초한 자는 죄를 적게 받아 곱추 등이 찢기는 일을 당하지 않을 수 있었으며, 눈먼 이는 평지에 살면서 깊은 골짜기를 만나지 않을 수 있었고, 어리석은 자도 평정을 지켜 위험한 상황에 빠지지 않을 수 있었던 것이다.

이와 같이 된다면 상하의 은애가 맺어질 것이다.

옛 사람이 "그 속마음은 알기가 어렵고, 희로의 감정에 맞추기가 어렵다"라고 하였다.

그러므로 푯말을 세워 눈에 보이도록 하고 북을 울려 귀에 듣도록 하며, 법을 마련하여 마음에 가르침을 받도록 해야 하는 것이다.

임금 된 자가 이 세 가지 쉬운 방법을 버려두고 한 가지 알기 어려운 마음으로써 행하려 하니 이와 같이 한다면 위로 군주에게는 노여움이 쌓이고 아래로 백성에게는 원한만 쌓이게 된다.

쌓인 노여움을 가지고 쌓인 원한을 다스린다면 양쪽이 모두 위험하게 된다.

明主立可爲之賞, 設可避之罰.

故賢者勸賞而不見子胥之禍, 不肖者少罪而不見傴剖背,
盲者處平而不遇深谿, 愚者守靜而不陷險危.

如此, 則上下之恩結矣.

古之人曰: 「其心難知, 喜怒難中也.」

故以表示目, 以鼓語耳, 以法敎心.

君人者釋三易之數而行一難知之心, 如此, 則怒積於
上而怨積於下.

以積怨而御積怒, 則兩危矣.

【勸賞】賞을 권장하여 착한 길로 나감. 그러나 '勸'을 '勉', 즉 '힘쓰다'의 뜻으로
보기도 함.

【子胥】춘추시대 楚나라 伍子胥(伍員). 그 아버지 伍奢와 형 伍尙이 자신으로
인해 平王에게 살해당하자 吳나라로 달아난 뒤 楚나라를 쳐서 원수를 갚기도
하였으며 吳王을 도와 越王 句踐에게 승리를 거두는 등 큰 활약을 하였으나
마침내 夫差에게 죽임을 당함. 《史記》伍子胥列傳을 볼 것.

【傴剖背】傴는 '傴僂'. 등이 굽은 곱추. 등이 굽은 이유를 알아보겠다고 그의
등을 가름. 전국시대 宋 康王이 저지른 惡行. 《戰國策》宋策에 "罵國老諫曰(者),
爲無顔之冠, 以示勇. 剖傴之背, 鍥朝涉之脛, 而國人大駭. 齊聞而伐之, 民散,
城不守. 王乃逃倪侯之館, 遂得而死"라 하였고 《新序》雜事(4)에도 "罵國老之
諫者, 爲無頭之棺, 以示有勇, 剖傴者之背, 鍥朝涉之脛, 而國人大駭. 齊聞而伐之,
民散城不守, 王乃逃兒侯之館, 遂得病而死"라 함.

【表】푯말을 세워 눈으로 쉽게 알아보고 확인할 수 있도록 함. 표는 '表木', 標木.
《管子》君臣(上)의 "猶揭表而令止之也"의 注에 "表謂以木爲標有所告示也"라 함.

246(27-4)
임금이 사심이 없으면

현명한 임금이 세운 푯말은 쉽게 볼 수 있으므로 약속이 잘 지켜지고, 그의 가르침은 알기 쉬우므로 그 말을 알아들을 수 있으며, 그의 법은 실행하기 쉬우므로 명령이 잘 행해진다.

이 세 가지가 확립되고 임금이 사심私心이 없다면 아랫사람들은 법만 따르면 되기에 잘 다스려지고, 푯말을 보고 행동하면 되고, 먹줄을 따라 자르면 되고, 바늘구멍을 따라 꿰매면 된다.

이와 같이 하면 위에서 임금은 사사롭게 위엄의 독함을 쓸 필요가 없고 아랫사람들은 어리석고 모자라므로 당하는 죽음이 없게 된다.

그러므로 위에서 임금은 밝게 살펴 노기를 줄일 수 있고 아래로 신하들은 충성을 다하여 죄를 줄일 수 있다.

明主之表易見, 故約立; 其教易知, 故言用; 其法易爲, 故令行.

三者立而上無私心, 則下得循法而治, 望表而動, 隨繩而斷, 因攢而縫.

如此, 則上無私威之毒, 而下無愚拙之誅.

故上君明而少怒, 下盡忠而少罪.

【隨繩而斲】먹줄로 그은 금을 따라 나무를 자르고 깎음. '繩'은 노끈이나 줄, 먹줄을 뜻하는데, 뜻이 확대되어 '법'을 뜻하기도 함.

【因攢而縫】'攢'은 '鑽', '劗'과 같음. 구멍을 뚫는 기구. 穿器. 옷감이나 가죽 등에 미리 구멍을 뚫는 바늘이나 송곳 따위. '그 구멍을 따라 꿰매나가기만 하면 된다' 의 뜻.《讀書通》에 "劗, 通作攢. 剪衣之形, 隨其形而縫之"라 함.

247(27-5)
일을 벌여놓고 근심이 없을 수야

듣기로 "일을 벌여놓고 아무런 걱정이 없을 수 있는 것은 요堯임금도 할 수 없다"라 하였으며 세상에 아무 일도 없었던 적은 일찍이 없었다.

임금 된 자가 작록을 가볍게 여기지 않고 부귀를 대단치 않게 생각하지 않는다면 그러한 임금과는 위급한 나라를 구할 수 없다.

그러므로 명철한 임금은 염치를 장려하며 인의를 들어 올려 선양한다.

옛날 개자추介子推는 작록이 없는데도 의리로써 문공文公을 따랐고, 문공의 배고픔을 참아 볼 수 없어 인仁으로써 자신의 살을 베어 먹였으니 그 때문에 임금이 그 은덕을 기려 서책과 도판에 그 이름을 기록하였던 것이다.

임금이란 남들이 공公으로써 온 힘을 다할 수 있도록 하는 것을 즐거움으로 삼으며, 사私로써 신하가 자신의 권위를 빼앗을까 괴로워한다. 그런가 하면 신하로써는 능력으로써 직무를 받는 것을 안전히 여기며, 자신 한 몸에 두 가지 책임을 떠맡는 것을 괴로워한다.

그러므로 현명한 임금은 신하가 괴로워하는 것은 없애 주고, 임금 자신이 즐거움으로 삼는 것을 세워야 하는 것이니 군신 상하 사이 이익으로 이보다 더 오래갈 수 있는 것은 없다.

그러나 신하들 사사로운 집안일을 살펴보지 못하고, 중요한 일들을 가볍게 생각하며, 하찮은 죄를 엄히 처벌하고, 세세한 과오를 오래두고 원망하고, 늘 남을 모욕하는 것으로 일시의 즐거움을 삼으며, 덕을 베풀어

놓고 옛 재앙을 추궁하여 따진다면 이는 마치 손을 자르고 그 끊어진 손을 옥으로 잇는 것과 같으니 그 때문에 세상에 임금 자신의 자리가 바뀔 걱정이 생기게 되는 것이다.

聞之曰:「擧事無患者, 堯不得也.」而世未嘗無事也.

君人者不輕爵祿, 不易富貴, 不可與救危國.

故明主厲廉恥, 招仁義.

昔者, 介子推無爵祿而義隨文公, 不忍口腹而仁割其肌, 故人主結其德, 書圖著其名.

人主樂乎使人以公盡力, 而苦乎以私奪威; 人臣安乎以能受職, 而苦乎以一負二.

故明主除人臣之所苦, 而立人主之所樂, 上下之利, 莫長於此.

不察私門之內, 輕慮重事, 厚誅薄罪, 久怨細過, 長侮偸快, 數以德追禍, 是斷手而續以玉也, 故世有易身之患.

【堯】전설상 上古시대 五帝의 하나. 陶唐氏. 唐堯로도 부름. 祁姓이며 이름은 放勳. 帝嚳의 아들.《十八史略》(1)에 "帝堯陶唐氏: 伊祁姓, 或曰名放勳, 帝嚳子也. 其仁如天, 其知如神, 就之如日, 望之如雲, 都平陽. 茆茨不剪, 土階三等. 有草生庭, 十五日以前, 日生一葉, 以後日落一葉, 月小盡, 則一葉厭而不落, 名曰蓂莢, 觀之以知旬朔"이라 함.《史記》五帝本紀를 볼 것.
【不輕爵祿】작위와 봉록을 소중히 아껴서 손쉽게 주지 않음.
【不易富貴】부귀에 집착하여 겸손하게 자신을 낮추지 않음.
【厲廉恥】염치를 장려함. '厲'는 '勵'와 같음.
【介子推】'介之推'로도 표기하며 晉 文公(重耳)이 망명할 때 따라다니며 온갖

〈介子推〉像 山西 介休市 綿山(介山)

고생을 겪었던 신하. 重耳가 산속에서 먹을 것이 없어 굶을 때 자신의 허벅지 살을 몰래 베어 살려내었으나 뒤에 重耳가 귀국하여 임금이 된 뒤 개자추에게 상을 내릴 것을 잊음. 개자추는 노모를 모시고 綿山(지금의 山西 介休市 동남쪽)으로 숨어들어 농사를 짓고 살았으며 뒤에 문공이 찾자 더 깊은 산으로 들어감. 문공이 산 주위에 불을 놓아 나오도록 하였으나 나무를 껴안고 타 죽어 寒食의 고사가 생김. 지금의 山西 介休市 남동쪽 綿山(介山)에 그의 사당이 있음. 참고란을 볼 것.

【文公】晉 文公. 重耳. 獻公의 둘째 아들. 驪姬의 핍박으로 19년간 해외 망명을 거쳐 귀국, 왕위에 오름. 뒤에 齊 桓公에 이어 春秋五霸의 지위에 오름. B.C.636~B.C.628년까지 9년간 재위함.《史記》晉世家에 "重耳母, 翟之狐女也; 夷吾母, 重耳母女弟也. …自獻公爲太子時, 重耳固以成人矣"라 하였고,《國語》는 重耳의 망명 생활에 대하여 매우 많은 양을 자세히 싣고 있으며 晉語(4)에는 "狐氏出自唐叔. 狐姬, 伯行之子也, 實生重耳"라 함.《左傳》,《國語》,《史記》 등을 참조할 것.

참고 및 관련 자료

1.《意林》(1)

斷手續之以玉, 故世有易身之患.

2.《左傳》僖公 24年 傳

晉侯賞從亡者, 介之推不言祿, 祿亦弗及. 推曰:「獻公之子九人, 唯君在矣. 惠·懷

無親, 外内弃之. 天未絶晉, 必將有主. 主晉祀者, 非君而誰? 天實置之, 而二三子
以爲己力, 不亦誣乎? 竊人之財, 猶謂之盜, 況貪天之功以爲己力乎? 下義其
罪, 上賞其姦; 上下相蒙, 難與處矣.」其母曰:「盍亦求之? 以死, 誰懟?」對曰:
「尤而效之, 罪又甚焉! 且出怨言, 不食其食.」其母曰:「亦使知之, 若何?」對曰:
「言, 身之文也. 身將隱, 焉用文? 是求顯也.」其母曰:「能如是乎? 與女偕隱.」
遂隱而死. 晉侯求之不獲. 以緜上爲之田, 曰:「以志吾過, 且旌善人!」

3.《莊子》盜跖篇

介子推至忠也, 自割其股以食文公, 文公後背之, 子推怒而去, 抱木而燔死.

4.《說苑》復恩篇

介子推曰:「獻公之子九人, 唯君在耳, 天未絶晉, 必將有主, 主晉祀者非君而何?
唯二三子者, 以爲己力, 不亦誣乎?」文公卽位, 賞不及推, 推母謂曰:「盍亦求之?」
推曰:「尤而效之, 罪又甚焉. 且出怨言, 不食其食.」其母曰:「亦使知之.」推曰:
「言, 身之文也; 身將隱, 安用文?」其母曰:「能如是, 與若俱隱.」至死不復見推,
從者憐之. 乃懸書宮門曰:『有龍矯矯, 頃失其所, 五蛇從之, 周徧天下, 龍饑
無食, 一蛇割股, 龍反其淵, 安其壤土, 四蛇入穴, 皆有處所, 一蛇無穴, 號於中野.』
文公出見書曰:「嗟! 此介子推也. 吾方憂王室, 未圖其功.」使人召之則亡. 遂求
其所在, 聞其入綿上山中. 於是文公表綿上山中而封之, 以爲介推田, 號曰介山.

5.《呂氏春秋》介立篇

晉文公反國, 介子推不肯受賞, 自爲賦詩曰:『有龍于飛, 周徧天下, 五蛇從之,
爲之丞輔. 龍反其鄉, 得其處所, 四蛇從之, 得其露雨, 一蛇羞之, 橋死於中野.』
懸書公門而伏於山下. 文公聞之曰:「嘻! 此必介子推也.」避舍變服, 令士庶人
曰:「有能得介子推者, 爵上卿, 田百萬.」或遇之山中, 負釜蓋簦, 問焉. 曰:
「請問介子推安在?」應之曰:「夫介之推苟不欲見而欲隱, 吾獨焉知之.」遂肯
而行, 終身不見.

6.《史記》晉世家

晉初定, 欲發兵, 恐他亂起, 是以賞從亡者未至隱者介子推. 介子推不言祿, 祿亦
不及. 推曰:「獻公子九人, 唯君在矣. 惠·懷無親, 外内棄之, 天未絶晉, 必將有主,
主晉祀者, 非君而誰. 天實開之, 二三子以爲己力, 不亦誣乎? 竊人之財, 猶曰
是盜, 況貪天之功以爲己力乎? 下冒其罪, 上賞其姦, 上下相蒙, 難與處矣!」其母
曰:「盍亦求之, 以死誰懟?」對曰:「尤而效之, 罪有甚焉. 且出怨言, 不食其祿.」
母曰:「亦使知之, 若何?」對曰:「言, 身之文也, 身將隱, 安用文之, 文之, 是求
顯也.」其母曰:「能如此乎? 與汝偕隱.」至死不後見. 介子推從者憐之, 乃懸

書宮門曰:「龍欲上天, 五蛇爲輔, 龍已升雲, 四蛇各入其宇, 一蛇獨怨, 終不見
處所.」文公出, 見其書曰:「此介子推也, 吾方憂王室, 未圖其功.」使人召之,
則亡. 遂求所在, 聞其入緜上山中. 於是文公環緜上山中而封之, 以爲介推田,
號曰: 介山,「以記吾過, 此旌善人.」

7.《新序》節士(上)

晉文公反國, 酌士大夫酒, 召咎犯而將之, 召艾陵而相之, 授田百萬. 介子推無爵
齒而就位, 觴三行, 介子推奉觴而起曰:「有龍矯矯, 將失其所, 有從之, 周流天下.
龍旣入深淵, 得其安所, 脂盡乾, 獨不得甘雨. 此何謂也?」文公曰:「噫, 是寡
人之過也! 吾爲子爵與, 待旦之朝也; 吾爲子田與, 河東陽之間.」介子推曰;
「推聞君子之道, 謁而得位, 道士不居也, 爭而得財, 廉士不受也.」文公曰;「使我
得反國者也, 吾將以成子之名.」介子推曰;「推聞君子之道, 爲人子而不能承
其父者, 則不敢當其後; 爲人臣而不見察於其君者, 則不敢立於其朝. 然推亦
無索於天下矣.」遂去而之介山之上. 文公使人求之, 不得, 爲之避寢三月, 號呼
朞年. 詩曰:『逝將去汝, 適彼樂郊, 適彼樂郊, 誰之永號.』此之謂也. 文公待
之不肯出, 求之不能待, 以謂焚其山宜出. 及焚其山, 遂不出而焚死.

8.《十八史略》(1)

後世至文公, 霸諸侯. 文公名重耳, 獻公之次子也. 獻公嬖於驪姬, 殺太子申生,
而伐重耳於蒲. 重耳出奔, 十九年而後反國. 嘗餒於曹, 介子推割股以食之. 及歸
賞從亡者, 孤偃·趙衰·顚頡·魏犨, 而不及子推. 子推之從者, 懸書宮門曰:『有龍
矯矯, 頃失其所. 五蛇從之, 周流天下. 龍饑乏食, 一蛇剖股. 龍返於淵, 安其
壤土. 四蛇入穴, 皆有處處. 一蛇無穴, 號于中野.』公曰:「噫! 寡人之過也.」
使人求之, 不得. 隱緜上山中, 焚其山, 子推死焉. 後人爲之寒食. 文公環緜上
田封之, 號曰介山.

9. 한편 이 고사는 뒤에 演變되어 《荊楚歲時記》(1)에는 "去冬節一百五日卽
有疾風甚雨, 謂之寒食, 禁火三日, ……琴操曰: 晉文公與介子綏俱亡, 子綏割
股以噉文公, 文公復國, 子綏獨無所得, 子綏作龍蛇之歌而隱, 文公求之, 不肯出,
乃燔左右木, 子綏抱木而死. 文公哀之, 令人五月五日不得擧火. ……云寒食斷
火起於子推, 琴操所云子綏, 卽推也, 又云五月五日與今有異, 皆因流俗傳, 據左
傳及史記並無介子推被焚之事"라 하여 寒食과 연관된 기원으로 널리 인용되고
있음.

10. 그 외《淮南子》說山訓,《潛夫論》遏利篇 등에 널리 전하고 있음.

248(27-6)
백이伯夷와 도척盜跖이 함께 욕을 먹으면

임금이 실행하기 어려운 법을 세워놓고 그에 미치지 못하는 자에게 죄를 준다면 사사롭게 원망이 생겨날 것이요, 신하가 자신의 장기를 발휘하지 못하고 해낼 수 없는 일에 종사하게 되면 원망이 숨은 채 맺히게 될 것이다.

노로고운 일을 처리하였음에도 위무해 주지 않고, 슬픈 일이 있음에도 불쌍히 여기지 않으면서 자신이 즐거우면 소인도 칭찬하고, 현賢·불초 不肖를 가리지 않고 상을 내리면서 자신이 화가 나면 군자도 훼멸하고, 백이伯夷와 도척盜跖을 함께 욕을 보이니 그 때문에 신하 가운데 임금을 배반하는 자가 있게 되는 것이다.

人主立難爲而罪不及, 則私怨生; 人臣失所長而奉難給, 則伏怨結.

勞苦不撫循, 憂悲不哀憐; 喜則譽小人, 賢不肖俱賞; 怒則毀君子, 使伯夷與盜跖俱辱; 故臣有叛主.

【伯夷】殷나라 말 孤竹國의 王子. 아우 叔齊와 서로 왕 자리를 양보하다가 周 文王의 어짊을 듣고 찾아갔으나 문왕은 이미 죽고 그 아들 武王이 殷의

紂를 정벌하러 나서는 것을 보고 下剋上이라 여겨 곡식을 먹지 않겠다고 首陽山에 올라 採薇하다가 굶어죽음. 고결한 사람으로 널리 거론됨.《孟子》公孫丑(下)에 "伯夷, 非其君不事, 非其友不友. 不立於惡人之朝, 不與惡人言. 立於惡人之朝, 與惡人言, 如以朝衣朝冠, 坐於塗炭. 推惡惡之心, 思與鄕人立, 其冠不正, 望望然去之, 若將浼焉"이라 함.《史記》伯夷列傳을 참조할 것.

【盜跖】춘추시대의 大盜. 跖은 그의 이름. 고대 惡行과 造反의 대표적 인물로 늘 거론됨.《莊子》盜跖篇 참조. 柳下季(惠)의 아우라 하였으나 이는 寓言에 등장시키기 위한 것으로 보임.

【撫循】어루만져 慰撫하며 따르게 함.

249(27-7)
남의 백성을 사랑한다면

만일 연왕燕王으로 하여금 안으로 그 백성을 미워하고 대신 밖으로 노魯나라 사람을 사랑하도록 한다면 연나라 백성은 쓸모가 없게 되고 노나라 또한 그에게 다가오지 않을 것이다.

연나라 백성은 미움을 받으므로 온 힘을 다하거나 공을 세우겠다고 힘쓸 필요가 없고, 노나라 사람은 사랑은 받지만 목숨을 잃는 경우에 걸려들면서 다른 나라 임금을 가까이 할 수 없기 때문이다.

이와 같다면 백성과 신하들은 서로 틈이 벌어져 임금이 홀로 서서 고립되게 된다.

틈이 벌어진 신하로써 고립된 임금을 섬기는 경우를 일러 위태危殆롭다고 하는 것이다.

使燕王內憎其民而外愛魯人, 則燕不用而魯不附.

見憎, 不能盡力而務功; 魯見說, 而不能離死命而親他主.

如此, 則人臣爲隙穴, 而人主獨立.

以隙穴之臣而事獨立之主, 此之謂危殆.

【離死命】목숨을 잃는 경우에 걸려듦. '離'는 '罹', '遭'와 같음.
【隙穴】군신 사이가 친밀하지 못함. 틈과 구멍이 생김.
【獨立】'孤立'과 같음.

250(27-8)
마구 쏘아도 아무것이나 맞추기는 하되

바른 과녁을 버려두고 마구 화살을 날린다면 비록 어떤 작은 것일지라도 맞기는 하나 그것을 두고 활솜씨가 대단하다고 하지는 않으며, 법과 제도를 버려두고 마구 화를 낸다면 비록 사람을 죽이더라도 간악한 사람은 두려움을 느끼지 않는다.

죄는 갑甲이 저질렀는데 화가 을乙에게 돌아간다면 숨겨진 원망이 맺히게 된다.

그러므로 지극히 잘 다스려지는 나라에는 상벌만 있지 희로喜怒의 감정은 없다.

그 때문에 성인은 형법을 매우 높은 기준으로 여겼으며 사형을 내리더라도 석독螫毒의 잔혹함은 없기에 간악한 자들도 복종했던 것이다.

활을 쏘아 과녁을 맞추고, 상벌은 그 사실에 부합하기에 요堯임금이 다시 부활하고 예羿가 다시 세워지는 것이다.

이와 같이 한다면 위로는 은殷나라나 하夏나라와 같이 망할 걱정은 하지 않아도 되고, 아래로는 비간比干과 같은 앙화를 입는 일은 없게 될 것이며 임금은 베개를 높이 베고 신하는 자신의 생업을 즐기면 될 것이며, 도가 천지에 두루 덮이고 덕은 만세까지 지극하게 미치게 될 것이다.

釋儀的而妄發, 雖中小不巧; 釋法制而妄怒, 雖殺戮而姦人不恐.

罪生甲, 禍歸乙, 伏怨乃結.

故至治之國, 有賞罰而無喜怒, 故聖人極有刑法, 而死無螫毒, 故姦人服.

發矢中的, 賞罰當符, 故堯復生, 羿復立.

如此, 則上無殷·夏之患, 下無比干之禍, 君高枕而臣樂業, 道蔽天地, 德極萬世矣.

【儀的】활의 재능을 알기 위한 정당한 과녁.

【螫毒】'螫'은 전갈 등 치명적인 독을 가진 벌레. 매우 잔인하게 사람을 죽임.

【堯】전설상 上古시대 五帝의 하나. 陶唐氏. 唐堯로도 부름. 祁姓이며 이름은 放勳. 帝嚳의 아들.《十八史略》(1)에 "帝堯陶唐氏: 伊祁姓, 或曰名放勳, 帝嚳子也. 其仁如天, 其知如神, 就之如日, 望之如雲, 都平陽. 茆茨不剪, 土階三等. 有草生庭, 十五日以前, 日生一葉, 以後日落一葉, 月小盡, 則一葉厭而不落, 名曰蓂莢, 觀之以知旬朔"이라 함.《史記》五帝本紀를 볼 것.

【羿】后羿. 夏나라 때 제후 有窮氏의 군주였으며, 有窮后羿라 부름. 활의 명수로서 하늘에 아홉 개의 해가 나타나자 이를 쏘아 하나만 남겼다는 '射滅九日', 그리고 그 아내가 달로 달아난 '嫦娥奔月' 등 많은 신화 전설을 남긴 인물.《十八史略》(1)에는 "有窮后羿, 立其弟仲康而專其政, 羲和守義不服, 羿假王命, 命胤侯征之. 仲康崩, 子相立, 羿逐相自立. 嬖臣寒浞, 又殺羿自立. 相之后, 有仍國君女也, 方娠, 奔有仍, 而生少康"이라 하여 중강의 아들 상을 축출하고 자립하였다가 한착 등에게 죽임을 당함. "羿復立"은 과녁을 정확히 맞춤으로써 名弓 羿와 같은 사람이 다시 나타날 수 있음을 비유함.

【夏·殷之患】夏나라 末王 桀과 殷나라 末王 紂처럼 망하게 될 걱정.

【比干】殷나라 王子. 紂의 叔父로 紂의 惡政을 諫하다가 心臟이 찢기는 변을 당함.《史記》殷本紀에는 "比干乃强諫紂. 紂怒曰:「吾聞聖人心有七竅, 剖比干觀其心.」"이라 하였고,《十八史略》(1)에도 "紂淫虐甚, 庶兄微子數諫, 不從, 去之. 比干諫, 三日不去, 紂怒曰:「吾聞聖人之心有七竅」剖而觀其心, 箕子佯狂爲奴, 紂囚之, 殷大師, 持其樂器祭器奔周"라 함.

【蔽】덮어줌. '被'와 같음.

251(27-9)
소장蕭牆 안의 일

무릇 군주가 벽 틈이나 구멍은 막지 않고 붉은 흙 흰 흙으로 아름답게 꾸미기에만 힘을 들인다면 폭우나 질풍에 그 집은 틀림없이 무너지고 말 것이다.

눈앞에 닥친 화근은 없애지 않고 맹분孟賁이나 하육夏育 같은 이가 목숨 바치기를 바라며, 소장蕭牆 안에 일어나는 조심하지 않고 먼 국경에 튼튼한 금성金城을 쌓으며, 가까이 있는 현명한 자의 모책은 쓰지 않고 천리 밖 만승萬乘의 나라와 외교를 맺고 있다 해도 하루아침에 회오리 바람이 불어닥치면 맹분이나 하육이라 해도 구출해 주지 못할 것이며 외교를 맺은 나라도 이르지 못할 것이니 재앙은 이보다 더 큰 것이 없게 된다.

지금과 같은 세상에서 군주를 위하여 충성스러운 계책을 짜내는 자가 결코 연왕燕王이 노魯나라 사람을 좋아하도록 해서는 안 될 것이며 근세 사람이면서 옛사람을 사모하도록 해서는 안 될 것이며, 월越나라 사람으로 하여금 중원의 물에 빠진 자를 구해 줄 것을 생각하도록 해서는 안 될 것이다.

이와 같이 한다면 상하가 친해질 것이며 안으로는 공적이 쌓이고 밖으로는 명성을 이룰 수 있을 것이다.

夫人主不塞隙穴而勞力於赭堊, 暴雨疾風必壞.

不去眉睫之禍而慕賁·育之死; 不謹蕭牆之患, 而固金城於遠境; 不用近賢之謀而外結萬乘之交於千里, 飄風一旦起, 則賁育不及救, 而外交不及至, 禍莫大於此.

當今之世, 爲人主忠計者, 必無使燕王說魯人, 無使近世慕賢於古, 無思越人以救中國溺者.

如此, 則上下親, 內功立, 外名成.

【赭堊】赭는 붉은 색의 흙. 堊은 堊土. 즉 생석회의 흰 색. 집의 벽을 붉고 희게 칠하여 아름답게 꾸밈. 太田方의 《韓非子翼毳》에 "赭, 赤土; 堊, 白土. 所以飾牆壁也"라 함.

【眉睫】눈썹과 속눈썹. 아주 화급함을 뜻함. 焦眉와 같음.

【賁·育】고대에 용맹을 대표하여 함께 일컬어지던 孟賁과 夏育. 孟賁은 秦 武王 때 烏獲과 함께 武王을 모시고 周나라 洛陽에 가서 九鼎을 들고 희롱하다가 그 鼎의 다리를 부러뜨린 일이 있음. 《戰國策》秦策 참조. 夏育은 衛나라 사람으로 千鈞의 무게를 들어 올릴 수 있었다 함.

【蕭牆】집안. 《論語》季氏篇에 "吾恐季孫之憂, 不在顓臾, 而在蕭牆之內也"의 주에 "蕭牆, 屛也"라 하여 대문 안의 照壁. 뒤에 집안, 내부의 뜻으로 의미가 넓어짐.

【金城】아주 튼튼한 城이나 방어시설.

【燕王說魯人】'說'은 '悅'과 같음. 자신 가까이 있는 훌륭한 이를 버려두고 엉뚱한 남의 나라 사람을 좋아함의 예를 든 것.

【無思越人以救中國溺者】'思'는 '使'와 같음. '中國'은 '中原'을 뜻함. 남쪽 먼 월나라에 헤엄을 잘 치는 자를 불러 중원에 물에 빠진 자를 구해내고자 함. 이는 〈說林上〉(176)에 "魯穆公使衆公子或宦於晉, 或宦於荆. 犂鉏曰: 「假人於越而救溺子, 越人雖善遊, 子必不生矣. 失火而取水於海, 海水雖多, 火必不滅矣, 遠水不救近火也. 今晉與荆雖强, 而齊近, 魯患其不救乎!」"의 예를 다시 거론한 것.

28. 공명功名

　공명功名은 입공성명立功成名의 줄인 말로 군주가 어떠한 방법을
써야 공을 세우고 명예를 이룰 수 있는가의 문제이다.
　그 구체적인 내용은 천시天時, 인심人心, 기능技能, 세위勢位 등 네 가
지를 들고 있다.

252(28-1)
공을 세울 수 있는 네 가지 요인

현명한 군자가 공을 세우고 명성을 이룰 수 있는 방법은 네 가지 있다. 첫째는 천시天時, 둘째 인심人心, 셋째 기능技能, 넷째 세위勢位이다.

천시를 얻지 못하면 비록 열 사람의 요堯라 할지라도 겨울에 벼 이삭 하나 자라게 할 수 없고, 인심을 거스르면 비록 맹분孟賁이나 하육夏育 같은 이라 할지라도 사람들에게 힘을 모두 발휘하게 할 수 없다.

그러므로 천시를 얻으면 힘쓰지 않아도 저절로 살아나고, 인심을 얻으면 재촉하지 않아도 저절로 힘쓰게 되며, 재능에 의거하면 급히 굴지 않아도 저절로 빠르게 되며, 세위를 얻으면 추진하지 않아도 명성이 이루어진다.

이는 마치 물이 흐르는 것과 같고 배가 뜨는 것과 같다.

자연의 도를 지키며 끝없는 명령을 실행시키므로 그러한 자를 현명한 군주라 일컫는 것이다.

明君之所以立功成名者四:

一曰天時, 二曰人心, 三曰技能, 四曰勢位.

非天時, 雖十堯不能冬生一穗; 逆人心, 雖賁·育不能盡人力.

故得天時, 則不務而自生; 得人心, 則不趣而自勸; 因技能, 則不急而自疾; 得勢位, 則不進而名成.

若水之流, 若船之浮.

守自然之道, 行毋窮之令, 故曰明主.

【天時】天道 運行의 원칙.《周易》乾卦 文言傳에 "先天而天弗違, 後天而奉天時"라 하였고,《孟子》公孫丑(下)에 "天時不如地利, 地利不如人和"라 함.

【堯】전설상 上古시대 五帝의 하나. 陶唐氏. 唐堯로도 부름. 祁姓이며 이름은 放勳. 帝嚳의 아들.《十八史略》(1)에 "帝堯陶唐氏: 伊祁姓, 或曰名放勳, 帝嚳子也. 其仁如天, 其知如神, 就之如日, 望之如雲, 都平陽. 茆茨不剪, 土階三等. 有草生庭, 十五日以前, 日生一葉, 以後日落一葉, 月小盡, 則一葉厭而不落, 名曰蓂莢, 觀之以知旬朔"이라 함.《史記》五帝本紀를 볼 것.

【技能】실제 일을 성취시킬 수 있는 구체적 능력이나 기술.

【勢位】勢를 사용할 수 있는 地位.

【非天時】여기서의 '非'는 '北'과 같으며 '北'은 '背'와 같음. 違背함.《說文》에 "非, 違也. 從飛下翅, 取其相背也"라 함.

【賁·育】고대에 용맹을 대표하여 함께 일컬어지던 孟賁과 夏育. 孟賁은 秦 武王 때 烏獲과 함께 武王을 모시고 周나라 洛陽에 가서 九鼎을 들고 희롱하다가 그 鼎의 다리를 부러뜨린 일이 있음.《戰國策》秦策 참조. 夏育은 衛나라 사람으로 千鈞의 무게를 들어 올릴 수 있었다 함.

【不趣】'趣'는 '促'과 雙聲으로 같은 督促, 재촉의 의미로 쓰인 것.

【不進】〈乾道本〉에는 '不推進'으로 되어 있음.

참고 및 관련 자료

1.《群書治要》(40)을 볼 것.

253(28-2)
세勢를 타지 못하면

무릇 재능은 있더라도 세勢가 없으면 비록 현능한 자라도 불초한 자를 제압할 수가 없다.

그러므로 한 자밖에 안 되는 나무를 높은 산 위에 세우면 천길 깊은 골짜기를 내려다 볼 있는 것은 나무가 길어서가 아니라 그 위치가 높기 때문이다.

걸桀이 천자가 되어 능히 천하를 제압할 수 있었던 것은 현능해서가 아니라 권세가 대단했기 때문이었으며, 요堯가 필부였다면 세 집안도 능히 바로잡을 수 없었던 것은 그가 불초해서가 아니라 지위가 낮았기 때문이었다.

천균千鈞 무게의 물건도 배를 사용하면 물 위에 뜨고, 치수錙銖처럼 가벼운 물건도 배를 잃으면 물속에 가라앉는 것은 천균은 가볍고 치수는 무거워서가 아니라 세가 있는 것과 세가 없는 것의 차이이다.

그러므로 짧은 것이 높은 곳에서 내려다볼 수 있는 것은 위치 때문이며, 어리석은 자가 현능한 자를 제압할 수 있는 것은 세 때문이다.

군주란 천하가 힘을 하나라 합쳐 함께 추대하므로 안전한 것이요, 많은 사람들이 한 마음으로 함께 옹립하므로 존엄할 수 있는 것이다.

신하란 자신의 장점이 지켜내고 그 능한 바를 다 발휘하기 때문에 충성을 할 수 있는 것이다.

존엄한 군주 자리로써 충성스러운 신하를 주재하고 제어한다면 길이 즐거운 생을 누리며 공과 명예를 이루게 될 것이다.

명목과 실질은 서로 지탱해주어야 성취하는 것이며, 형체와 그림자는 서로 응하여야 성립하는 것이니 그 때문에 신하와 군주란 욕망은 같이 하면서도 사명은 서로 달리 하는 것이다.

군주의 환난이란 불러도 응하는 자가 없는 데에 있으므로 "한 손만으로 칠 때는 아무리 빨리 친다 해도 소리가 나지 않는다"라고 하는 것이다.

신하의 환난이란 한 가지 일만을 오로지 할 수 없는 데에 있으니 그 때문에 "오른 손으로는 동그라미를 그리고 왼손으로는 네모를 그린다면 두 가지를 한꺼번에 이룰 수 없다"라고 하는 것이다.

그러므로 "매우 잘 다스려진 나라에서 군주는 마치 북채와 같고 신하는 북과 같으며, 기능은 마치 수레와 같고 일은 말과 같다"라고 하는 것이다.

따라서 사람이 힘에 여분이 있으면 응하기가 쉽고, 기능에 여유가 있으면 일을 하기에 편하다.

그런데 공을 세우려는 자는 힘이 부족하고, 가까이 측근으로 다가오려는 자는 믿음이 부족하며, 명성을 이루고자 하는 자는 세가 부족하여, 측근은 이미 친히 해 두었으나 먼 곳과 교류를 맺지 못하면 그 명분이 실질과 맞지 않게 되고 마는 것이다.

성인으로써 그 덕이 요순堯舜과 같고, 그 행동이 백이伯夷와 같더라도 세상에서 추대해 주는 지위를 얻지 못하면 공이 세워지지 않고 명성이 이루어지지 못하고 만다.

그러므로 옛날 능히 공과 명성을 모두 이루었던 자는 많은 사람들이 힘으로 도와주었고, 가까운 자는 서로 친분을 맺어 일을 성취시켜주었으며, 멀리 있는 자는 그의 명성을 칭찬해 주었고, 높은 자는 그에게 세를 실어 주었던 이들이다.

이와 같이 함으로써 태산 같은 공을 국가에 장구하게 세우고 해와 달 같은 명성을 천지에 길이 드러낼 수 있었던 것이다.

이것이 바로 요堯가 남면하여 명성을 지킬 수 있었던 이유이며, 순舜이 북면하여 공적을 바칠 수 있었던 까닭이다.

夫有材而無勢, 雖賢不能制不肖.

故立尺材於高山之上, 下臨千仞之谿, 材非長也, 位高也.

桀爲天子, 能制天下, 非賢也, 勢重也; 堯爲匹夫, 不能正三家, 非不肖也, 位卑也.

千鈞得船則浮, 錙銖失船則沈, 非千鈞輕錙銖重也, 有勢之與無勢也.

故短之臨高也以位, 不肖之制賢也以勢.

人主者, 天下一力以共載之, 故安; 衆同心以共立之, 故尊.

人臣守所長, 盡所能, 故忠.

以尊主主御忠臣, 則長樂生而功名成.

名實相持而成, 形影相應而立, 故臣主同欲而異使.

人主之患在莫之應, 故曰:「一手獨拍, 雖疾無聲.」

人臣之憂在不得一, 故曰:「右手畫圓, 左手畫方, 不能兩成.」

故曰:「至治之國: 君若桴, 臣若鼓; 技若車, 事若馬.」

故人有餘力易於應, 而技有餘巧便於事.

立功者不足於力, 親近者不足於信, 成名者不足於勢, 近者已親, 而遠者不結, 則名不稱實者也.

聖人德若堯·舜, 行若伯夷, 而位不載於世, 則功不立, 名不遂.

故古之能致功名者, 衆人助之以力, 近者結之以成, 遠者譽之以名, 尊者載之以勢.

如此, 故太山之功長立於國家, 而日月之名久著於天地.
此堯之所以南面而守名, 舜之所以北面而效功也.

【臨】 낮은 골짜기를 내려다보는 자리에 임함.

【桀】 夏나라 末王. 이름은 癸. 妹喜에게 빠져 무도한 짓을 저질렀으며 殷의 湯王에게 망함. 殷나라 末王 紂와 함께 '桀紂'라 하여 폭군의 전형으로 거론됨.《史記》夏本紀를 참조할 것.《十八史略》(1)에 "孔甲之後, 歷王皐·王發·王履癸, 號爲桀, 貪虐, 力能伸鐵鉤索. 伐有施氏, 有施以末喜女焉, 有寵, 所言皆從, 爲傾宮瑤臺, 殫民財. 肉山脯林, 酒池可以運船, 糟堤可以望十里, 一鼓而牛飮者三千人, 末喜以爲樂. 國人大崩, 湯伐夏, 桀走鳴條而死"라 함.

【堯】 전설상 上古시대 五帝의 하나. 陶唐氏. 唐堯로도 부름. 祁姓이며 이름은 放勳. 帝嚳의 아들.《十八史略》(1)에 "帝堯陶唐氏: 伊祁姓, 或曰名放勳, 帝嚳子也. 其仁如天, 其知如神, 就之如日, 望之如雲, 都平陽. 茆茨不剪, 土階三等. 有草生庭, 十五日以前, 日生一葉, 以後日落一葉, 月小盡, 則一葉厭而不落, 名曰蓂莢, 觀之以知旬朔"이라 함.《史記》五帝本紀를 볼 것.

【伯夷】 殷나라 말 孤竹國의 王子. 아우 叔齊와 서로 왕 자리를 양보하다가 周 文王의 어짊을 듣고 찾아갔으나 문왕은 이미 죽고 그 아들 武王이 殷의 紂를 정벌하러 나서는 것을 보고 下剋上이라 여겨 곡식을 먹지 않겠다고 首陽山에 올라 採薇하다가 굶어죽음. 고결한 사람으로 널리 거론됨.《孟子》公孫丑(下)에 "伯夷, 非其君不事, 非其友不友. 不立於惡人之朝, 不與惡人言. 立於惡人之朝, 與惡人言, 如以朝衣朝冠, 坐於塗炭. 推惡惡之心, 思與鄉人立, 其冠不正, 望望然去之, 若將浼焉"이라 함.《史記》伯夷列傳을 참조할 것.

【千鈞·錙銖】 천균은 매우 무거움을 상징하며 錙銖는 아주 가벼움을 뜻함.

【異使】 '使'는 '事'로도 풀이함. 저마다 맡은 일이 다름.

【一手獨拍, 雖疾無聲】 '孤掌難鳴'과 같음. 손바닥도 마주쳐야 소리가 남.

【若桴】 桴는 북채.

【太山】 태산과 같음. 구체적인 東嶽 太山(泰山)을 지칭하기보다 큰 산을 비유함.

【舜】 고대 五帝의 하나. 有虞氏. 姓은 姒氏, 이름은 重華. 虞舜으로도 부름. 堯임금으로부터 천하를 물려받아 帝位에 오름. 瞽瞍의 아들로 孝誠이 뛰어났던 분으로 널리 알려져 있으며 儒家에서 聖人으로 추앙함.《十八史略》(1)에

"帝舜有虞氏: 姚姓, 或曰名重華, 瞽瞍之子, 顓頊六世孫也. 父惑於後妻, 愛少子象, 常欲殺舜. 舜盡孝悌之道, 烝烝乂不格姦"이라 함.

【北面】 신하의 자리 방향. 舜이 帝位에 오르기 전 堯의 신하로써 임무를 잘 수행하였음을 말함.

참고 및 관련 자료

1.《荀子》勸學篇
西方有木焉, 名曰射干, 莖長四寸, 生於高山之上, 而臨百仞之淵, 本莖非能長也, 所立者然也.

2.《藝文類聚》(71)
《韓子》曰: 千鈞得舡則浮, 錙銖失舡則沉. 非千鈞輕而錙銖重也, 有勢之與無勢也.

3.《意林》(1)
舜爲匹夫, 不能正三家, 有才而無勢; 雖賢不能制也. 故立木於高山之上, 下臨千仞之溪, 材非長也, 其位高也.

4.《文選》解嘲 注
《韓子》曰: 泰山之功, 長立於國家; 日月之名, 久著於天地. 雖其人之膽智哉! 亦會其時之可爲也. 故爲可爲於可爲之時, 則從; 爲不可爲於不可爲之時, 則凶.

5. 기타《太平御覽》(370, 768) 및《白孔六帖》을 볼 것.

29. 대체大體

　'대체大體'란 사지四肢 수족手足을 가리키는 소체小體에 상대되는 뜻으로 본체를 뜻하며 더 넓게 정체整體, 요령要領, 통치의 강령綱領 등을 말한다.

　물고기가 물을 벗어날 수 없듯이 신하와 백성이 법을 떠날 수 없도록 하여야 함을 강조하고 있다.

254(29-1)
대체大體와 소체小體

옛날 대체大體를 온전히 한 자는 천지를 바라보고, 강해江海를 살펴보며 산곡山谷을 근거로 하여 일월이 비추듯, 사시四時가 운행하듯, 구름이 덮이고 바람이 일 듯하였다.

지혜로써 마음을 괴롭히는 일이 없었으며 사사로움으로써 자신을 얽어 매지 않았으니, 치란治亂은 법술法術에 맡기고 시비是非는 상벌賞罰에 의탁하고, 경중輕重은 권형權衡으로 재었으며, 천리天理를 거역하는 일이 없었으며 정성情性을 손상시키지도 않았고, 털 속까지 호호 불어 흠을 잡아내는 일을 하지 않았으며, 묻은 때까지 털어내며 알기 어려운 것을 살피려 들지 않았고, 먹줄 밖까지 끌어들이려 하지 않았으며, 먹줄 안에 든 것을 밀어 내려 하지 않았고, 법 밖의 것에 조급하지 않았으며, 법 테두리 안이라 하여 느슨하게 하지 않았고, 이치대로 이루어진 것은 지키면서 자연 그 자체에 의지하였으며, 화와 복은 도법에 생겨나게 하되 애오愛惡에서 나오도록 하지 않았고, 영욕의 책임은 자신에게 있을 뿐 남에게 있는 것이라 여기 지도 않았다.

그러므로 가장 평안하던 시대에는 법은 마치 아침 이슬과 같아 순박 하여 흐트러짐이 없었고, 마음에는 원한을 맺지 않았으며 입으로는 번거 롭게 변명의 말도 할 필요가 없었다.

그 때문에 거마는 먼 길을 가느라 피로할 일이 없었고, 정기旌旗는 대택大澤에서 혼란스럽게 나부낄 필요가 없었으며, 천하 만민은 도둑이나 적들에게 목숨을 잃을 일도 없었으며 웅준雄駿한 전사들도 깃발을 지키느라 상처를 입고 죽을 일도 없었으며 역사책에 이름을 남길 호걸들도 없었다.

반우盤盂에 공을 기록할 일도 없어 연도年度를 적은 기록 책도 텅 비어 있었다.

그 때문에 "간략함 보다 더 장구한 이득은 없으며 평안함보다 더 장구한 복은 없다"라고 말하는 것이다.

古之全大體者, 望天地, 觀江海, 因山谷, 日月所照, 四時所行, 雲布風動.

不以智累心, 不以私累己; 寄治亂於法術, 託是非於賞罰, 屬輕重於權衡; 不逆天理, 不傷情性; 不吹毛而求小疵, 不洗垢而察難知; 不引繩之外, 不推繩之內; 不急法之外, 不緩法之內; 守成理, 因自然; 禍福生乎道法, 而不出乎愛惡; 榮辱之責在乎己, 而不在乎人.

故至安之世, 法如朝露, 純樸不散, 心無結怨, 口無煩言.

故車馬不疲弊於遠路, 旌旗不亂於大澤, 萬民不失命於寇戎, 雄駿不創壽於旗幢; 豪傑不著名於圖書.

不錄功於盤盂, 記年之牒空虛.

故曰:「利莫長於簡, 福莫久於安.」

【大體】천하의 원리를 터득하여 적용하는 要領. 綱領. 整體.
【望天地】천지의 이치를 살펴 그에 의해 정치를 베풂.
【屬輕重】'屬'은 '囑'과 같으며 맡겨둠. '任'의 뜻.

【吹毛而求小疵】吹毛覓疵와 같음.

【繩之外】먹줄을 그어 금지하는 제한 구역 밖.

【如朝露】만물을 적셔주는 것을 비유함.

【煩言】《左傳》定公 4년 "嘖有煩言"의 注에 "煩言, 忿爭"이라 함.

【雄駿】'駿'은 '俊'과 같음. 용맹스런 戰士.

【創壽於旗幢】깃발을 지키기 위해 목숨을 잃음. '創'은 장(戕)과 같음. '旗幢'은 전쟁터에서 지휘하는 깃발들.

【盤盂】고대의 청동기. 흔히 銘文을 새겨 공적을 기록하거나 警惕으로 삼기도 하였음.

【記年之牒】연대기를 적은 譜牒.《竹書紀年》과 같은 예.

참고 및 관련 자료

1.《群書治要》및《太平御覽》(429)을 볼 것.

255(29-2)
태산은 바로잡을 수 없듯이

만약 장석匠石으로 하여금 천년을 살아 있도록 하여 곡척曲尺을 손에 잡고 규구規矩를 살펴보며, 먹줄을 들고 태산을 바로잡게 한다거나, 맹분孟賁이나 하육夏育으로 하여금 간장干將을 허리에 차게 하여 만민을 가지런히 길들이도록 한다면 기교를 부리기에 온 힘을 다 쏟고, 그 긴 장수의 기간을 다 바친다 해도 태산은 바로잡히지 않을 것이며 백성은 하나처럼 길들여지지 않을 것이다.

그러므로 "옛날 천하를 잘 다스리는 자는 장석으로 하여금 그 재주를 다 하도록 하다가 도리어 태산을 망가뜨리는 일은 하지 않았으며, 또 맹분이나 하육으로 하여금 그 위세를 다 부리도록 하다가 만민의 본성을 훼상시키는 일 따위는 하지 않았다"라고 말하는 것이다.

도道에 근거하여 법을 온전히 하기에 군자는 즐거웠고 큰 간악함을 그쳐졌던 것이다.

담연히 한가하고 조용하여 천명에 근거함으로써 대체를 장악하였던 것이다.

그러므로 사람들로 하여금 법에 걸리는 죄를 짓지 않도록 하고 물고기로 하여금 물을 잃는 재앙을 당하지 않도록 해야 한다.

이와 같이 하므로 천하에 할 수 없는 일이 없게 되는 것이다.

使匠石以千歲之壽操鉤, 視規矩, 擧繩墨, 而正太山;
使賁‧育帶干將而齊萬民; 雖盡力於巧, 極盛於壽, 太山
不正, 民不能齊.

故曰:「古之牧天下者, 不使匠石極巧以敗太山之體,
不使賁‧育盡威以傷萬民之性.」

因道全法, 君子樂而大姦止.

澹然閒靜, 因天命, 持大體.

故使人無離法之罪, 魚無失水之禍.

如此, 故天下少不可.

【匠石】옛날 유명한 匠人. 이름은 石. 자는 伯.《莊子》徐无鬼篇에 "匠石運斤成風"
이라 하였고 人間世에는 "匠石之齊"라 하여 그 이름이 보임.
【操鉤】'鉤'는 곱은 형태를 그리는 자. 曲尺. 일부 판본에는 '鈞'으로 되어 있으나
이는 오류임. 太田方의《韓非子翼毳》에 "所以爲曲也.《莊子》:「直者中繩, 曲者
中鉤.」"라 함.
【規矩】匠人들에게 중요한 도구의 하나. 規는 圓을 그리는 자. 矩는 方을 그리는 자.
【賁‧育】고대에 용맹을 대표하여 함께 일컬어지던 孟賁과 夏育. 孟賁은 秦 武王
때 烏獲과 함께 武王을 모시고 周나라 洛陽에 가서 九鼎을 들고 희롱하다가
그 鼎의 다리를 부러뜨린 일이 있음.《戰國策》秦策 참조. 夏育은 衛나라 사람
으로 千鈞의 무게를 들어 올릴 수 있었다 함.
【干將】吳의 刀工이름. 名劍의 대명사.
【齊萬民】온 백성을 훈련시켜 통일되게 명령을 듣도록 길들임.
【離法】법에 저촉함. '離'는 '罹'와 같으며 '遭'의 뜻.
【魚失水之禍】어는 군주를 상징함. 물고기가 물을 잃는 것은 군주가 백성을
잃는 것과 같음.
【少不可】다스려지지 않는 것이 없음. '少'는 '缺少', '無'의 뜻.

256(29-3)
하늘과 땅처럼

윗사람이 하늘과 같지 않으면 아랫사람을 두루 다 덮어주는 것이 없게
되고, 땅을 마음으로 삼지 않으면 모두 실어주지 못하는 것이 된다.

태산에게는 좋고 싫은 것을 가려서 이루어진 것이 아니므로 그토록
높음을 이룰 수 있고, 강과 바다는 작은 냇물을 도움을 선택하여 받는
것이 아니므로 그토록 풍부함을 이룰 수 있는 것이다.

그러므로 대인大人은 천지에 몸을 맡겨 만물이 자신에게 모두 갖추어
지고 산과 바다에 마음을 두므로 국가가 부유해지는 것이다.

위에는 분노로 사람을 해치는 독이 없고 아래에는 적체된 원망의
환난이 없어 상하가 서로 순박하여 '도道'로써 집을 삼아야 한다.

그 때문에 장구한 이득이 쌓이고 큰 공에 세워지며 앞에는 공이 이루
어짐이 있고 후세에는 그 덕이 길이 늘어뜨려지도록 하는 것, 이것이
다스림의 지극함이다.

上不天則下不徧覆, 心不地則物不畢載.

太山不立好惡, 故能成其高; 江海不擇小助, 故能成
其富.

故大人寄形於天地而萬物備, 歷心於山海而國家富.

上無忿怒之毒, 下無伏怨之患, 上下交順, 以道爲舍.
故長利積, 大功立, 名成於前, 德垂於後, 治之至也.

【必載】 완전하게 실어서 지탱해줌. 必은 畢자로 통함.

【不擇小助】 작은 물 흐름의 도움을 선택해서 받아들이는 것이 아님.

【寄形】 몸을 의탁함. 形은 心의 대칭으로 삼음.

【歷心】 마음을 둠. '歷'은 〈乾道本〉에는 '措'로 되어 있음.

【交順】 〈乾道本〉에는 '順'자가 '撲'으로 되어 있으며 이는 '樸', '璞'과 같은 뜻임.

참고 및 관련 자료

1. 《史記》 李斯列傳

臣聞地廣者粟多, 國大者人衆, 兵彊則士勇. 是以太山不讓土壤, 故能成其大;
河海不擇細流, 故能就其深; 王者不卻衆庶, 故能明其德.

2. 기타 《群書治要》(40)을 볼 것.

임동석(茁浦 林東錫)

慶北 榮州 上茁에서 출생. 忠北 丹陽 德尙골에서 성장. 丹陽初中 졸업. 京東高 서울 敎大 國際大 建國大 대학원 졸업. 雨田 辛鎬烈 선생에게 漢學 배움. 臺灣 國立臺灣師範 大學 國文硏究所(大學院) 博士班 졸업. 中華民國 國家文學博士(1983). 建國大學校 敎授. 文科大學長 역임. 成均館大 延世大 高麗大 外國語大 서울대 등 大學院 강의. 韓國中國言語學會 中國語文學硏究會 韓國中語中文學會 會長 역임. 저서에 《朝鮮 譯學考》(中文)《中國學術槪論》《中韓對比語文論》. 편역서에 《수레를 밀기 위해 내린 사람들》《栗谷先生詩文選》. 역서에 《漢語音韻學講義》《廣開土王碑硏究》《東北 民族源流》《龍鳳文化源流》《論語心得》〈漢語雙聲疊韻硏究〉 등 학술 논문 50여 편.

임동석중국사상100

한비자韓非子

韓非 撰 / 林東錫 譯註
1판 1쇄 발행/2013년 7월 1일
2쇄 발행/2020년 6월 15일
발행인 고정일
발행처 동서문화사
창업 1956. 12. 12. 등록 16-3799
서울 중구 마른내로 144(쌍림동) ☎546-0331~6 (FAX)545-0331
www.dongsuhbook.com
잘못 만들어진 책은 바꾸어 드립니다.

*

*
사업자등록번호 211-87-75330
ISBN 978-89-497-0822-5 04080
ISBN 978-89-497-0542-2 (세트)